ZHONGGUO PUTONG GAOZHONG JIAOYU FAZHAN ZHANLUE YANJIU

袁振国　主　编

田慧生　副主编

中央教育科学研究所2008年度科研业务费专项资金项目成果丛书

中国普通高中教育发展战略研究

"中国普通高中教育发展战略研究"课题组　著

教育科学出版社
·北京·

编 委 会

课 题 组

Contents

目 录

I

第二章

国内外普通高中教育发展战略的历史选择和新取向

第三章

我国普通高中教育发展的战略定位

第四章

我国普通高中教育发展的战略目标

第五章

我国普通高中教育发展战略的模式选择

第六章

我国普通高中教育发展战略需要着力解决的问题

结 语

普通高中发展战略选择的必由之路是坚持特色办学

Preface

前　言

　　本书系中央教育科学研究所基本科研业务费 2008 年度重点课题"中国普通高中教育发展战略研究"的成果，聚焦中国普通高中教育发展的战略问题，展开系统的实证研究、比较研究和理论研究，提供政策咨询建议。

　　普通高中教育发展战略问题，关系到我国普通高中教育发展的方向、全局和未来，是国家发展战略的重要组成部分。党的"十七大"报告提出"加快普及高中阶段教育"。但关于普通高中教育发展战略尚缺乏系统的科学研究，改革思路和对策不够明朗，引起了人民群众和社会各界的密切关注。需要高度重视，深入研究，快出成果，出好成果。

　　本书是在广泛深入的实地调研、数据采集、国际比较和理论研究基础上，进行系统的经验会聚和理论概括而成。我们先后召开了数十次中小型专题研讨会、咨询会和专家论证会，广泛听取学界、政策界和实践一线的意见和建议。由于本选题的研究几乎是空白，为了保证所作的事实判断和理论结论客观、翔实、科学和权威，数据采集上溯到 1998 年甚至 1986 年，向未来延伸到 2010 年以至 2015 年，史实和案例资料则上溯到百年名校，国际材料通过广泛收集资料、现场考察、直接对话等方式，尽力充分占有和客观分析借鉴。

　　本书重点是实事求是描述我国普通高中教育发展现状，科学界定和描述我国普通高中教育发展战略，提出求真务实的决策建议。难点是数据采集的规范性、客观性，所作战略定位分析的科学性，对我国普通高中教育发展模式所作理论概括的准确性和适切性。

　　本书除了导论和结语，由六章构成。

　　导论界定我国普通高中教育发展战略的概念，分析形势、意义和方法，揭示所面临的重大机遇与挑战。

第一章基于实地调研和数据，判明制定我国普通高中教育发展战略的现实基础，图文分析制定我国普通高中教育发展战略的现实问题及其成因。

第二章重点分析我国高中百年名校的历史选择及对当代普通高中教育发展战略的启示，分析国外普通高中教育发展战略的历史选择与新取向，提供国际视野和有益经验借鉴。

第三章基于数据和事实分析，从理论、实践和政策的结合上，判定我国普通高中教育发展的战略定位、基本性质和主要功能。立体体现我国普通高中教育发展战略的方向定位、思想定位和性质功能定位。

第四章重点勾画我国普通高中教育发展的战略目标，着重对我国普通高中教育发展的规模和结构作出理论阐述和数据描述。

第五章重点概括我国普通高中教育战略发展的四大区域模式选择，并从区域模式和校本模式两个向度作理论抽绎和实践图景描述，明晰我国普通高中教育战略发展的重点、理论识破点和实践着力点。

第六章阐述我国普通高中教育战略发展需要着力解决的重大问题，聚焦均衡与质量，改革投入体制机制，着力改革考试招生制度，重点加强师资队伍建设等基础性问题。

结语反思我国百年名校的兴衰发展道路，比较国际普通高中学校的历史变迁，确立特色办学是中国普通高中发展战略选择的必由之路，顺应生态多样性，实现三大超越，获得核心竞争力。中国普通高中教育发展战略研究实际上演绎为一个相对浑然一体的理论架构和实践操作体系。

本书是集体研究的成果。课题组负责人为中央教科所所长袁振国教授，常务负责人为中央教科所刘惊铎教授。课题组核心成员：江苏教科院基教所彭钢所长，甘肃教科所靳建设副所长，中央教科所尚大鹏博士、卿素兰副研究员、徐卫红博士。辽宁教科院刘国瑞院长、徐治中副院长，甘肃教科所李波所长，中央教科所许洪帅博士、杨希洁、江苏教科院王一军博士、孙孔懿博士、张扬生博士，中央教科所科研处陈如平处长、政策研究中心吴霓主任、程方平研究员，江苏教科院章立早、张国英、束鹏芳、尤敬党、孙向阳、王俊博士等，分别参与了相关专题的调研、资料收集、分报告或案例的撰写及部长汇报会筹备工作。杨希洁、尚大鹏、彭钢负责数据采集表的设计和调查统计。结题总报告由袁振国、刘惊铎、尚大鹏、卿素兰撰写，袁振国、刘惊铎负责整个研究报告初稿的全面修改、最终统稿和定稿。此外，中央教科所储朝晖博士、李水山博士、李继星副研究员、徐美贞副研究员等参与了课题相关部分的资料收集和讨论。

本书初稿的具体分工是：导论刘惊铎，第一章刘惊铎、尚大鹏、卿素兰，第二章刘惊铎、徐卫红、许洪帅，第三章彭钢、王一军、张扬生，第四章彭钢、孙孔懿，第五章刘惊铎、徐治中、刘国瑞、靳建设、李波、彭钢、王一军、孙孔懿、张扬生，第六章靳建设、李波，结语刘惊铎、彭钢。袁振国、刘惊铎负责本书思想体系、理论观点和逻辑框架的确定，并负责本书初稿的全面修改、最后统稿和定稿。

本课题在数据采集过程中，得到了全国各相关省市区教科研系统的大力支持。广西教育厅教科所袁旭所长、陕西省教育厅马金虎主任、北京教科规划办耿申主任、上海教科院顾泠沅副院长等提供了热情的支持和帮助。案例校天津市耀华中学、大连市第十五中学、山东省潍坊一中、兰州一中、陕西师大附中、内蒙古通辽一中、南昌二中等提供了鲜活的案例资料。北京市海淀区教委、江苏省张家港市教育局、哈尔滨市南岗区教育局、河南省许昌市教育局、中国人民大学附属中学、上海尚德实验学校、西北大学附属中学、河南省郑州回民中学、哈尔滨市第73中学等，对本课题的个案调研提供了积极的帮助和有益的经验资料。教育科学出版社石雷先编辑高度负责，多次与课题负责人进行观点、数据与表述的沟通、核对和讨论，提出了不少宝贵的意见和建议，在此一并致谢！

本书研究的普通高中教育发展战略问题备受社会关注，然而由于作者水平和时间所限，其中的粗疏不足之处在所难免，恳请广大同仁提出宝贵意见和建议。"路漫漫其修远兮，吾将上下而求索。"我们愿为我国普通高中教育发展战略的持续研究作出不懈努力。

"中国普通高中教育发展战略研究"课题组

2010 年 10 月

导　论

形势、意义和方法

一、概念的界定

国际国内关于战略研究的内容越来越多，也越来越深入，为我们提供了日益丰厚的战略思想资源和战略理论支持。所谓战略研究，就是对那些具有长远意义或带有全局性影响的理论问题或实践事件，进行系统的科学研究并获得规律性结论的过程。为了准确把握中国普通高中教育发展战略研究的侧重点及其理论内涵，有必要先对"战略"及其研究的含义作出简要的阐述和描绘。

首先值得关注的是，关于"战略"理论内涵的厘清和界定研究，可以为我们对于中国普通高中教育发展战略研究提供必要的理论支持。众所周知，"战略"一词源自军队，它是筹划和指导战争全局的方略，即根据对国际形势和敌对双方政治、军事、经济、科学技术、地理等诸因素的分析判断，科学预测战争的发生与发展，制定战略方针、战略原则和战略计划，筹划战争准备，指导战争实施所遵循的原则和方法。凡属有关战争准备与实施，军事力量的建设和使用的全局性的内容，都是战略所要研究和解决的问题。20世纪30年代，毛泽东在《中国革命战争的战略问题/》中指出："战略问题是研究战争全局的规律的东西。"毛泽东关于战略的论述，奠定了现代中国战略定义的基础。相比较而言，战略是指重要的事情，而形容细节的词是"战术"。但细节有时也具有战略性。鲁梅尔特（Rumelt）说："一个人的战略是另一个人的战术——什么是战略取决于你所处的位置。"它也取决于你何时处于那个位置：有些战略今天看起来似乎是权宜性的，明天则可能是战略性的。尽管人们一直在使用"战略"一词，但是，在国际上目前还无法给战略下统一的定义，迄今，对战略主要有四种定义：计划（Plan）、谋略（Ploy, Strategy）、定位（Position）和视角（Perspective，或称思维模式）。

对于中国普通高中教育发展战略具有第一启发意义的是，凸显了战略作为处理某一形势的"指导方针"之理论内涵的揭示。这就是，战略作为计划和谋略：大多数人都认为战略是"计划"，是某种有意识的行动过程，是处理某一形势的指导方针。按这个定义，战略有两个必要特点：它们在被应用之前预先形成；它们是有意识和有目的地被开发的。对德鲁克来说，战略是"有目的的行动"；对摩尔来说，它是"对行动的设计"。不同领域的大量定义强化了这一观点。譬如，在军事学里，战略与以下内容联系在一起：

"起草战争的计划、设计各个战役，并且决定各个战役内的各个战斗。"在博弈论里，战略是"一个完整的计划，一个详细说明在每个可能情形中博弈者将作出何种选择的计划"。在管理学里，"战略是一个统一的、综合的和完整的计划……精心设计来确保企业的基本目标得以实现。"通常情况下，战略是一个计划、方法或一系列为获得一个特殊目的或结果的机巧或谋略。作为计划，战略可能是一般的，也可能是特定的。在特定意义上，作为计划，战略也可以是谋略，是某个特定的"机巧"，其目的是用智慧战胜对手或竞争者。当战略主要是防御威胁，而不是扩张本身的时候，这就是谋略。

对中国普通高中教育发展战略具有第二启发意义的是，凸显了战略作为一种"可以被实现的模式"的界定。这就是，战略作为模式：如果战略可以被预谋，它们当然也可以被实现。换句话说，把战略定义为计划是不够的，我们还需要一个定义来把作为其结果的行为包含进来。因此有人提议第三个定义：战略是一种模式——明确地讲，在一系列行动里显现出来的模式。按照这个定义，战略是行为的连贯性，不管是有意还是无意的行为。分析起来，战略作为计划和模式的定义可以彼此相对独立：计划或许不能实现，而模式或许不需预先构想就出现。用休谟的话来说，战略也许来自于人类行动，但不是来自于人类设计。如果我们把第一种定义称做主观意图的战略，第二种就可以称为实现了的战略，那么我们就能够区分"深思熟虑的战略"和"自然生成的战略"。前者中，事前存在的目的被实现了；后者中，模式在没有事先考虑的情况下得到发展，或者尽管目的存在，但没有被实现。

对中国普通高中教育发展战略具有第三启发意义的是，凸显了战略作为一种"定位"的研究。即作为定位的战略：是在组织理论家所谓的"环境"中定位组织的方法。按照这个定义，战略变成了组织和环境之间的媒介力量。用社会生态学的术语来说，战略变成了一个"小生境"；用经济学术语来说，战略成了一个带来租金的地方；用正式的管理学术语来说，战略成了一个产品—市场"领域"，是环境中资源集中的地方。这个战略的定义可以与前述的任何一个定义保持一致：定位可以被事先选择和执著追随，自始至终贯穿一个计划或谋略，并且（或者）可以通过一种行为模式来达到。从军队和博弈论的战略观点来看，定位一般用于被称做"二人博弈"的环境中，在商业中更为熟知地称做正面竞争。但战略作为定位也能够延伸到经济的和非经济的竞争之外。事实上，"小生境"这个词的意思是一种定位，通过占领它来避免竞争。因此，我们可以离开 18 世纪 60 年代 Ulysses Grant 将军使用的定义，"战略是以最可能击败敌人的方式有效利用一个人的资源"，来到 20 世纪 80 年代鲁梅尔特教授的定义，"战略是为经济利润创造形势并找到维持它的方法"。

作为视角（思维模式）的战略：它是一个概念。它说明所有战略都是只存在于相关者（那些实践它们的人）脑袋里的抽象观念，都受这种实践的影响。每个战略都是一个发明，是想象中的事物。然而，视角是共享的，换言之，战略是一个被组织成员共享的思维方式，这种共享通过他们的目的或行动来进行。当我们在这个环境里讨论战略时，我们就进入了集体思考的领域。因此，研究战略形成的一个主要问题就是如何去解读这种集体思想。

当然，中国普通高中教育发展战略是一个综合性的概念，又是一种政策性、行动性很强的模式。如此一来，我们就领悟到了一个重要的法则，即定义需要折中主义。当不同的定义存在各种关系时，没有一种关系能够优于其他关系。这些定义在某些方面互相竞争，但也许在更重要的方面互为补充。不是所有的计划都能成为模式，也不是所有模式的发展都是计划好的。一些战略次于定位，一些战略高于定位但次于视角。战略同时作为定位和视角，可以与战略作为计划和（或）模式保持一致。但实际上，不同定义间的关系比这些更复杂。比如，当一些人把视角看做计划，另一些人则把它描述为使计划产生。但是，不管它们之间的关系如何，我们有理由相信计划和定位或许可以时有时无，视角却是不可改变的。作为模式，战略专注于行动，这提醒我们：如果不考虑行动，概念将是一个空洞的概念。战略作为模式也引出组织的另一个重要现象，那就是集中，在行为上达到一致性。作为定位，战略促使我们在环境里看待组织，特别是在它们的竞争环境里。这使得我们能从生态学角度去考虑组织，把它看做小生境中的有机体，在敌对、不确定和共生的世界里求生存。如果我们对组织的定义是为追求相同使命的集体行动，那么战略作为远景则把我们的注意力集中在集体的行动和沉思上。最终，这种战略观点给我们提供了最佳希望，逐渐抓住最令人着迷的问题——"组织的大脑"。

由此可见，"战略"不仅只是诸多文献中描述的概念，它能引起我们对组织作为集体观念和行为工具的一些最基本问题的思考。通过说明和使用上述四种定义，我们或许能够消除一些概念上的混淆，融通关于战略问题研究的内在关系和逻辑线索。

那么，究竟什么是普通高中教育发展战略呢？目前研究这个问题有何有利条件呢？

综合上述关于战略及其研究的诸多定义及其应用，本书所谓的中国普通高中教育发展战略，是筹划和指导我国普通高中教育发展全局的方略，即根据对国际形势和国内传统与需求、社会基础与环境等诸因素的分析判断，科学预测我国普通高中教育发展方向、定位，筹划我国普通高中教育改革蓝图和实施方案，指导我国普通高中教育发展所遵循的原则和方法。中国普通高中教育发展战略研究，则是指对我国普通高中教育发展中那些具有长远意义或带有全局性影响的理论问题或实践事件，进行系统的科学研究并获得规律性结论的过程。概言之，中国普通高中教育发展战略是符合中国国情的普通高中教育发展方向、总体布局和实践模式的总称。它既有作为计划、谋略（方略）的内涵，也有作为模式、定位的含义，又有作为视角或称思维模式的意涵。根据中国普通高中教育发展战略研究本身的需求，在研究不同的具体问题时，会各有一些侧重，但是在整体上会形成一个从视角、计划、谋略到定位、模式的相对完整的思想与行动脉络。目前，对于上述一系列关于战略问题研究的理论成果的综合和应用，就有利于中国普通高中教育发展战略研究上升到一个时代的高度，触摸到国际国内战略研究的理论前沿。

二、国际国内形势有利于我国研制普通高中教育发展战略

（一）我国研制普通高中教育发展战略的国际国内条件日趋成熟

20世纪90年代以来，国际国内形势的变化日益凸显普通高中教育发展战略问题。这种对普通高中教育发展战略问题的凸显和重视，在总体上不仅加强了普通高中教育的地位，而且使得普通高中教育发展朝着更加规范化、科学化的方向迈进。

特别是中国改革开放30年来，中国的经济、社会和文化发生了翻天覆地的变革，中国教育事业也发生了历史性的变革，实现了跨越式的发展。这就为高中阶段教育和普通高中教育发展战略的研制提出了内在要求，也赢得了空前的大好机遇。

在普通高中教育发展战略调整过程中，我们通过反观近年来普通高中教育发展取得的巨大成就，同时，在一个新的高度上进一步聚焦我国普通高中教育发展的战略性问题。我们发现，原来在局部看来不是问题的做法变成了

问题，在局部看来是成绩的反而成了问题，甚至有些问题还相当严重。为此，我们有必要顺应国际、国内的新形势，尽快明确我国普通高中教育发展的战略定位、目标任务、规模速度和模式方法。

综合考察，世界各国已经普遍认识到，高中阶段教育和普通高中教育发展战略不仅对于高中教育本身的发展至关重要，而且对于整个教育体系的调整和改革也十分关键。高中阶段教育和普通高中教育作为基础教育的高级阶段，是基础教育与高等教育的衔接口，在整个国民教育体系中起着承上启下的关键作用，其发展目标、规模、速度和水平等，直接影响着九年义务教育的巩固和高等教育的健康协调发展。应当清楚地看到，学生高中毕业，无论升学或就业，其思想道德素质、科学文化素质和身心素质如何，不仅仅是学生个人的事情，也不仅仅是学生家庭及学校的事情，而且反映出国民教育体系的健康和谐度，甚至影响以至决定国家的综合国力与人才的国际竞争力。正因如此，美国政府高度重视高中教育发展战略，高度关注高中教育质量的提高，长期致力于高中教育体制的创新与发展，甚至将高中教育的发展与国家机密联系在一起。有教育专家指出，美国高中教育强调要使高中毕业生作好上大学或就业的准备，保持美国的经济竞争力。在一种日益全球化的技术经济时代，仅仅具有较高的学术能力是不够的。高中毕业生还必须掌握"软技能"或"应用技能"，还有一些人称之为"21世纪的技能""生存技能"等。所谓"软技能"主要包括：日常社交技能；与来自不同文化的人共同工作的能力；能够创造性地解决问题；具有口头与文字表达能力；能够进行多学科的思考、用多种观点看问题；能够批判性地评价信息；能够做到守时、可靠、勤奋。这些技能是在新经济时代取得较高经济地位的"门票"。

根据中国国情，高中阶段教育和普通高中教育发展战略还关乎我国社会主义人才培养的总格局与和谐社会建设的重要使命。可以说，高中阶段教育和普通高中教育发展战略直接关系着培养合格的社会主义建设者和接班人的重要使命，关系着把经济建设转到依靠科技进步和提高劳动者素质的轨道上来的历史使命，从基础部位决定着"提高全民族的素质，把沉重的人口负担转化为人力资源优势"的国家发展战略目标的实现，直接决定着我国的人力资本存量[①]。大力发展普通高中教育，对于进一步培养学生的创新能

---

① 资料来源：中共中央、国务院1993年2月13日印发《中国教育改革和发展纲要》（中发〔1993〕3号）。

力，全面提高人口素质，增强综合国力和国际竞争力，具有极其重要的战略意义。因此，当今世界各国都把发展高中教育作为培养21世纪的新一代人才和劳动者的战略重点和突破口。发达国家更是不遗余力，把普及高中教育发展战略的制定作为政府的应尽职责来抓。

（二）重视普通高中教育发展战略是当前世界各国的基本趋势

1. 世界各国普遍重视普通高中教育发展战略

从国际普通高中教育发展的基本趋势看，普通高中教育发展战略的研制已经普遍受到世界各国的高度重视。其基本事实是：20世纪90年代，一系列日益严重的全球性问题，如人口膨胀、能源危机、环境恶化、贫困加剧、种族冲突等，已经成为制约全球社会发展的主要障碍。世界各国曾经长期追求的、单纯依靠经济发展所带动的社会发展和进步，从根本上来看变得越来越脆弱。从更长远的需求和利益出发，积极转变发展观念，将人的发展和人才储备置于社会、经济和政治、生态文明发展的行动计划的中心，扩大经济发展和社会发展的科技和人才基础，已成为解决全球性问题的必然选择。与此同时，世界各国都已经逐渐形成共识：国家的崛起和民族的复兴有赖于人的发展。教育通过促进人的发展在社会发展和国家崛起进程中发挥着重要的促进作用。教育的这种促进作用往往是间接而复杂的，难以立竿见影，影响却深刻、长远，这就需要我们在制定教育发展规划和重大政策上有长远的眼光。其中，普通高中教育是基础教育的高级阶段，又是高等教育的主要人才来源和学习的基础，因而是造就人才和提高国民素质的奠基工程。为此，必须从全社会健康、和谐、发展的高度重视普通高中教育战略的研究和制定工作。

国际上对普通高中教育发展战略重要性的认识，较早集中体现在世界银行于1995年发表的《教育的重点与策略》中，这份有关基础教育的政策报告书中明确指出："教育对经济增长是有贡献的，但教育本身不会产生经济增长。最大的增长来自人力与物质两方面的投资，而这些投资又必须发生在有关的市场与生产要素的经济制度之中。要有这样的市场，又必须有稳定的宏观经济、畅顺的劳动力市场，而且对国际贸易与科技交流开放。"随着经济全球化及欧盟一体化进程的加快，欧盟各成员国都意识到必须优先考虑进行教育改革，加强教育合作，发展优质教育，提高教育质量和公民素质，以增强欧盟在世界上的竞争力。1998年，布拉格欧盟教育部长会议决定建立一个由各国教育专家组成的工作小组，目的是制定欧盟教育质量的指标，以便对欧盟各国的教育体系进行评估。随后该工作小组指出：高中教育特别是普通高中教育，是青年人成功进入职业生活和进入高等院校学习的基础。经济全球化和信息技术的高速发展，对高中教育特别是普通高中教育提出了更高的要求。高中教育特别是普通高中教育要适应社会的发展，要与高等教育相衔接，在普通教育和职业教育间建立平衡。要培养学生在实践中运用知识的意识，为终身学习打好基础。并将此作为发展欧盟各国高中教育特别是普通高中教育的重要依据。

各国对普通高中教育发展战略研制之重要性的认识，随着对整个教育发展战略制定之重要性的认识的提升，在不断自觉地深化之中。进入 21 世纪，特别是近一两年来，美国联邦教育部制定了《2007 年至 2012 年教育战略规划》，英国出台了规划未来 10 年儿童发展的《儿童计划——创造更美好的未来》，法国制定了《学校未来的导向与纲要法》，日本通过了《教育振兴基本计划》，俄罗斯连续颁布了《联邦教育发展纲要》《俄罗斯联邦国民教育要义》《俄罗斯 2001 年至 2010 年连续师范教育发展大纲》《2010 年前俄罗斯教育现代化构想》《2006 年至 2010 年联邦教育发展目标大纲》《2020 年前的俄罗斯教育——服务于知识经济的教育模式》等一系列教育法令与纲领。世界各国的教育发展战略及其规划与重大政策无不体现着政府从宏观上对教育发展进程与方向的调控。尽管各国教育发展战略规划与政策建立在各国特殊国情和教育发展的现实需要基础之上，处于不同的政策文化和制度框架之中，但是它们在一些教育热点、难点问题上呈现出的共同趋势是日益重视和加速制定教育发展战略规划。普通高中教育发展战略的研制就在这样的国际背景下日益凸显。

"全民教育"观的提出，进一步凸显出高中教育特别是普通高中教育的战略作用。1990 年 3 月，在泰国宗滴恩举行的世界全民教育大会最重要的议题就是在全球范围内提出"全民教育"的新概念。此次会议对 20 世纪 90 年代世界各国基础教育改革提出了新的要求：满足全民的基本学习需求，仅靠加强现存的基础教育是不够的，它需要一种"扩大的设想"。同时，它也强调世界各国必须注重基础教育的质量，即学习者所获得的实际学习结果和所具有的相关性。20 世纪 90 年代以来，无论发达国家还是发展中国家，高中教育特别是普通高中教育发展战略均被提到各国的重要议事日程之上，普及和提高高中教育特别是普通高中教育，已经成为各国面临的两大战略任务。

2. 世界各国把普及普通高中教育作为高中教育发展的重要战略

20 世纪中后期以来，世界各国经济社会发展和进步越来越体现为主要依靠知识、技术、技能和能力的特征。于是，人力资源日益上升为各个国家在全球市场生存和竞争中的决定性因素。近年来，以联合国教科文组织为首，世界各国十分强调触及那些还没有被触及的处境不利群体的教育需要。这些未被触及的人群包括在种族和宗教上占少数的群体、游牧部落、遥远岛屿或山区的人口、移民、难民、流浪儿童及童工，也包括大量的贫困儿童或特殊儿童。为此，不断提高高中阶段教育和普通高中教育的普及率，就成为世界许多国家教育发展的新趋势，也成为高中阶段教育包括普通高中教育的重要发展战略。经济合作与发展组织（OECD）发布的《2007年教育概览：经合组织教育指标》中显示，在各成员国和爱沙尼亚、以色列、俄罗斯及斯洛文尼亚4个伙伴国中，22个国家的成年人拥有高中毕业文凭率达到60%以上。25～34岁年龄组的高中毕业率比45～54岁年龄组平均高13%。经合组织数据显示，与1995年相比，各国高中毕业率平均提高了7%。21个国家的高中毕业率超过70%，芬兰、德国、希腊、爱尔兰、日本、韩国、挪威则在90%以上。墨西哥、土耳其与其他经合组织成员国的毕业率差距也在缩小。在高中毕业率方面，性别差距逐渐缩小，扭转了以往的趋势，只有韩国、瑞士、土耳其的女性高中毕业率低于男性。

3. 普通高中教育被纳入义务教育成为世界一些国家教育发展的新战略

将普及义务教育视为一项重要的政策目标是世界各国教育发展的新战略。随着完成初等教育学生人数的增长，各国对高中教育包括普通高中教育的需求量逐渐增加。2008年《全民教育全球监测报告》显示：1991年全球中等教育毛入学率平均值为52%，1999年和2005年分别为60%和66%。北美和西欧的多数国家则几乎实现了普及中等教育的目标，中欧、东欧及中亚的中等教育净入学率相对也较高。

联合国教科文组织于1998年发布的《世界教育报告》显示：在有数据可查的171个国家中，义务教育的平均年限为8年，非洲的平均年限已达7.2年，北美、欧洲主要发达国家的平均年限为10～12年。经济合作与发展组织于1998年出版的《教育概鉴——经合组织指标》一书指出，在绝大多数成员国中，所有年轻人实际上已经享有至少11年的基础教育，只是参与模式不尽相同。多数国家义务教育的起始年龄为5～6岁，完成年龄在14～18岁之间。由于失业危机的增加，不具有充分教育准备的青年难以顺利就业，各国政府努力将高中教育包括普通高中教育纳入义务教育，将16岁左右的学生继续留在学校，直到他们完成高中教育，即离校年龄逐步趋于17或18岁。

三、我国普通高中教育发展战略研制面临重大机遇与挑战

在世界各国普遍重视和加强高中教育特别是普通高中教育的同时，中国国内的形势也发生着深刻的变化，正朝着有利于普通高中教育战略调整的方向发展。为此，有必要深入了解、认识和分析这样一种崭新的形势变化，以配套相应的政策和实践改革措施。

（一）中国社会经济发展的宏观大利好背景对普通高中教育发展战略研制提出新要求

我国普通高中教育发展战略的研制，必须充分考虑和照顾到中国是一个人口大国的事实。如何把沉重的人口负担转化为丰富的人力资源优势，把教育大国发展成为教育强国，把人口大国建成人力资源强国，一直是近年来我国各级政府、专家学者及有关方面关注的焦点问题。特别是在全面建设小康社会、和谐社会的今天，中国政府正在致力于建设世界最大的学习型社会，这又进一步凸显了这一问题的社会性和影响面。教育能够改变和决定一个人未来的命运，教育也能够改变和决定一个国家未来的发展。作为国民教育体系之重要基础和中间环节的普通高中教育，其发展战略的时代性调整和优化，不仅将促进普通高中教育自身的发展，而且势必影响到义务教育体系和高等教育质量，具有举足轻重的战略地位和扩散效应。

2001年3月15日第九届全国人民代表大会第四次会议已批准通过的《中华人民共和国国民经济和社会发展第十个五年计划纲要》，明确提出了21世纪初叶中国经济社会发展的奋斗目标和指导方针。2002年11月8日，江泽民同志代表党中央在党的十六大上提出了在21世纪的头20年全面建设小康社会的奋斗目标。党和国家关于21世纪初中国社会发展的宏观规划，全面预示着我国将在21世纪的头20年这个重要的战略机遇期，实现社会经济和人民生活水平的跨越式发展，而这种发展给普通高中教育带来的影响是全面的、深刻的。胡锦涛总书记在中共中央"十七大"报告中明确提出，要"加快普及高中阶段教育"。（胡锦涛，2007）

在21世纪初经济社会快速发展的背景下，我国面临着将沉重的人口负担迅速转化为人力资源的历史任务，而在这一过程中，普通高中教育将担负起极其重要的责任。新的普通高中教育发展战略必须反映这一历史任务。因为，经济社会的快速发展以及把沉重的人口负担转化为人力资源优势，取决

于国民素质的全面提高以及高层次人才资源的合理储备和配置等多重因素，这必然要求我国必须全面实施"科教兴国"战略，巩固普及九年义务教育的质量，加快发展中等职业教育，积极发展高等教育。普通高中教育作为承上启下的中间教育层次，对上肩负着支持高等教育规模发展的责任，对下联结着九年义务教育的进一步发展，它的发展状况，直接关系到目前我国国民受教育程度的提高以及高层次人才资源的合理储备。因此，在 21 世纪初经济社会快速发展的背景下，普通高中教育面临着快速发展的战略需求与战略选择。

其次，21 世纪初期我国经济社会发展中现代化、城镇化进程的加快，将大大加强普通高中教育发展的战略需求。随着 21 世纪我国经济结构、产业结构的调整，以及在城市化进程中数以亿计的农村剩余劳动力向非农业产业转移，劳动力市场会出现初中以下学历劳动力供大于求与高层次、高质量专门人才供不应求并存的局面。这种形势下，我国高中以上高层次教育的发展面临着较大的社会需求，从而使普通高中教育发展战略的调整具备了客观的社会需求条件。

研究表明，表征经济发展水平的指标主要有两个：一是产业结构和就业结构状况，二是人均国内生产总值。从产业结构和就业结构来看，总体趋势是第一产业产值与劳动力比重逐年下降，第三产业的比重将逐年上升，2000 年其产值已占 35.5%，这种产业结构的调整是不同产业之间从业人员的大幅度流动。2006 年我国农村劳动力中，高中以上文化程度的仅占 12.95%，其中大专及以上文化程度的不足 1%，仅占 0.77%；在外出务工劳动力中，文盲占 2.0%，小学文化程度占 16.4%，初中文化程度占 65.5%，高中文化程度占 11.5%，中专及以上文化程度占 4.6%，接受过专业技能培训的占 28.2%。虽然外出务工劳动力中的人力资本存量比以前有所提高，但农村劳动力人力资本低存量的状况仍然没有得到根本的改变。农民工人力资本存量低，所拥有的知识、技能、经验、劳动熟练程度含量少，这往往使他们在劳动力供给中很难满足社会对劳动力高素质的要求。这说明我国劳动者的素质较低，不能完全适应国际竞争和产业结构调整的需求。这就为我国普通高中教育发展战略的调整和优化提供了社会内需。

根据国务院发展研究中心 UNDP 项目组发布的测算结果，预测 2010 年全社会人口学历分布情况如表 1 所示。

表1　预测2010年全社会人口学历分布情况

年　份	劳动力人数（万人）				劳动力文化程度构成（%）		
	高等教育	高中阶段教育	初中及以下	合　计	高等教育	高中阶段教育	初中及以下
1990	1 212	7 167	48 361	56 740	2.14	12.63	85.23
2000	2 654	11 677	51 198	65 529	4.05	17.82	78.13
2010	5 166	18 816	43 897	67 879	7.61	27.72	64.67

从表中可以看出，从人力需求角度出发，劳动力文化素质有较大提高，到2010年受过高等教育和高中阶段教育的比例分别提高到7%和27%左右。由于初中教育的逐步普及和适龄人口在2000年前后急剧上升，高中升学压力提前出现且呈现明显的阶段性特征（需要注意的是2001年之后适龄人口减少，初中毕业生人数随之减少）。为了减轻社会矛盾，并满足经济社会发展对高中文化程度劳动力的需求，经测算，可以将1997—2010年高中阶段教育招生规模增加过程分为三个阶段：1997—2001年，年招生增长率为12%，同龄人口（15岁）入学率由33.2%提高到44%，2001年招生规模达1 053万人；2002—2005年，年招生增长率为8%，同龄人口入学率提高到62.2%，2005年招生规模达1 433万人；2006—2010年，年招生增长率为4%，同龄人口入学率提高到85%。可以看出，普通高中教育发展战略调整，在当前和今后相当长的时期，随着我国经济社会的快速发展对人口素质要求的不断提高，空间很大，任务很重。

应当看到，信息技术的迅猛发展使传统教育正突破时空限制，为全社会的人力资源开发以及终身学习从理念迈向实践提供了前所未有的技术支持，这也为各阶段教育包括普通高中教育的快速发展、质量提高提供了新的途径和手段。传统的教育发展、教育规模的扩大依赖于教育的软、硬件条件的相应增加，包括校舍、办学条件、师资等数量的扩张和教育经费投入的大量增加。但是，信息技术的迅速发展，可以突破传统的教育发展观念，其不仅在教育教学模式上改变着传统教育，同时也有利于挖掘现有教育资源潜力，扩大受教育机会，有利于促进包括普通高中教育在内的各级各类教育的迅速发展和规模的扩大。所以，教育信息化为21世纪我国普通高中教育的进一步发展和普及提供了一种可能，这也使得我国普通高中教育发展战略的制定必须符合我国国情，实现教育观念和手段的适度超前发展和对社会发展的战略引领。

（二）我国经济、社会和教育发展新形势对普通高中教育发展战略寄予新的任务和期待

根据全国第五次人口普查数据建立的人口仿真模型预测，21 世纪前 20 年，我国劳动力供给总量将持续上升，到 2013 年，劳动年龄人口将达到峰值 10 亿人左右，要到 2025 年，我国劳动人口规模才会出现逐步下降趋势。其中，劳动适龄人口比重将继续上升，并始终高于世界平均水平及各种收入国家的平均水平。教育部 2003 年公布的《中国教育与人力资源问题报告》显示：2000 年，我国适龄劳动人口已攀升至 8.7 亿人。相比较这样巨大的人力资源，人口整体素质却与发达国家差距明显。虽然"扫盲"多年，成绩斐然，但我国文盲人口数量仍然巨大。2000 年我国有 15 岁以上文盲8 700万人，比德国一个国家的总人口还多；25～64 岁人口受教育的平均年限也仅为 7.97 年，相当于美国 100 年前的水平。

专家们将第三次和第五次人口普查数据比较后发现，近 20 年里，我国 15 岁以上人口中具有大专及以上受教育水平的劳动者增长了 4 倍多，而 15 岁以上人口中具有高中和中专受教育水平的比例却仅增加了 4%，增长速度较为缓慢。专家们认为，高中教育水平人口比例增长缓慢是导致我国人力资源整体水平偏低的最根本原因之一。而在世界一些发达国家和新型工业化国家中，接受过高等教育和中等教育的人口所占比例较高。如美国和韩国，25～64 岁人口中具有高中及以上受教育水平者比例分别占 87% 和 66%。其中，接受过高等教育的人口比例分别占 35% 和 23%。

可以看出，高中文化程度人口比重偏低，成为我国人力资源素质提高的瓶颈。专家们对我国目前初中毕业生升学率仅为 52.6% 十分忧虑。尤其是中部地区一些人口大省的初中毕业生，升学率多年徘徊在 45% 左右。近半数合格初中毕业生无法升学，这就意味着他们将直接参与就业或在家待业，长此以往，我国将会积聚大批初中及以下受教育水平的劳动者，对我国人力资源整体素质的提升形成不利影响。据全国第五次人口普查资料显示，2000 年我国从业人员中仍以具有初中和小学受教育水平的人员为主体，占 75% 左右，其中仅接受过小学教育的占 33%。而接受过高中和中等职业技术教育的占 12.7%，接受过高等教育的占 4.7%。① 这种受教育比例远不能满足现代经济对劳动者知识、技能的需要。现实中也表现为高层次专业人员和劳

---

① 资料来源：教育部 2003 年公布的《中国教育与人力资源问题报告》。

动熟练工人严重缺乏。随着知识经济的到来，这种现实产生的影响将会越来越大。以上便是我国普通高中教育发展战略调整的人口基础。

从党的"十六大"提出了全面建设小康社会的奋斗目标，到党的"十七大"报告提出"加快普及高中阶段教育"，我国高中阶段教育的地位和作用更加突出，加快高中发展的任务更加紧迫。但是，与义务教育和高等教育发展相比，有关我国普通高中教育发展的经验和问题还缺乏系统的科学研究，改革思路和对策还不够明朗，战略问题研究比较薄弱。面对新问题、新需求和优质高中教育资源供给不足的矛盾，普通高中教育发展战略的研制，无疑面临着新的机遇和挑战。

大力发展高中阶段教育和普通高中教育，是与教育内部的整体发展态势紧密相关的。建设人力资源强国必须普及高中阶段教育，尤其是普通高中教育，而支持高等教育的快速健康发展必须建立坚实的高中阶段教育和普通高中教育基础，实现基础教育现代化则必须解决义务教育的出口和吸引力问题。由此可见，在新的历史条件下，提出大力发展高中阶段教育和普通高中教育，是有深刻的宏观社会和时代背景的。

综上所述，研制我国普通高中教育发展战略的内在需求和有利形势已经形成。特别是进入21世纪以来，我国教育事业，包括高中教育事业得到了快速健康发展，这与党和国家对教育作出的一系列科学的战略决策和部署分不开。但是，我国普通高中教育发展战略中存在的问题是一些深层问题。新时期我国普通高中教育发展战略的研制，要充分考虑普通高中教育在我国教育发展战略布局中的地位和作用，前期在这方面出现的问题、使人存在着难以排解的困惑和担心，是可以理解的，这主要是因为普通高中教育发展战略不明、定位不清所致。所谓"战略决定成败"，必须"走出战略误区"，实现"战略制胜。"（余来文，2005；何学林，2005）从事普通高中教育研究甚至从事教育研究，都必须对此有足够的认识，必须引起足够的重视，并应给予深入系统的研究。研制科学可行的普通高中教育发展战略，并及时出台适切的政策，同时作出改革实践上的战略性调整，以适应国际国内社会发展和教育发展的新形势对普通高中教育发展战略带来的空前机遇和寄予的崭新任务期待。

四、研究普通高中教育发展战略具有深远的历史意义和时代价值

随着我国现行教育政策执行力度的不断加大，其战略发展重点日益突

出，政府明确倡导和支持的"三大教育"，即义务教育、高等教育和职业教育，应充分利用政策扶持优势，紧紧抓住战略发展机遇期谋求快速改革与发展，持续释放出巨大的战略发展速度和能量。相比而言，普通高中教育却处于我国教育战略和教育政策发展的灰色地带甚至真空地带，其发展战略缺乏科学研究和理论阐述，进而我国普通高中教育的发展战略及其政策不够明朗，发展模式模糊不清。目前我国教育的这种战略发展格局，使得我国普通高中教育在战略发展上，出现了"沉舟侧畔千帆过，病树前头万木春"的战略发展被动局面。为此，有必要自觉重视和切实加强我国普通高中教育发展战略的系统科学研究和理论阐述工作。因此，目前研究普通高中教育发展战略具有深远的历史意义和时代价值，具体地说，其重要意义体现在以下几个主要方面。

（一）普通高中教育发展战略的研制是"办让人民满意教育"的重要科研举措，具有填补空白的意义

从全国高中阶段教育发展战略和普通高中教育发展战略研究的基本情况综合分析，目前发展高中阶段教育和普通高中教育的改革实践正如火如荼，有关的理论探索也在开展之中。国内学者的研究选题更多的是对全国或区域高中阶段教育发展的研究，其中主要涉及高中阶段教育办学体制改革研究、高中阶段教育办学模式改革研究、高中阶段教育方法的国际比较研究等问题，虽然这些研究还属于初期的尝试，但可喜的是这方面的探索已经起步。不过，也应当看到，上述研究从总体上来讲，还主要是围绕高中阶段教育，而且主要是仅仅提出问题或者仅是针对某一方面的研究，多偏重于微观研究，如办学体制、投资体制、教学方式等，关于高中阶段教育和普通高中教育的总体策略研究、高中阶段教育发展的资源供求关系研究、高中阶段教育的结构调整研究、高中阶段教育规模与质量关系研究等战略问题则相对较少，而关于普通高中教育发展战略的研究则更是缺乏。因此，有组织地开展普通高中教育发展战略研究，具有空前重要的理论意义和实践价值。

就我国当前的具体国情而言，研制普通高中教育发展战略，还有着更加特殊的国家战略性意义：第一，研制普通高中教育发展战略，是由我国的基本国情和人口波动的现状所决定的，是现实形势所迫、大势所趋；第二，研制普通高中教育发展战略，有助于缓解巨大的就业压力，保持经济的发展和社会的稳定；第三，研制普通高中教育发展战略，有助于把人口负担转化为人口财富，把人力资源转化为人力资本，为第三步战略目标的顺利实现打下坚实的人力资源基础。因此，尽快研制我国普通高中教育发展战略，大力推进普通高中教育健康持续地发展，乃是当前和今后相当长历史时期内我国必须关注和实施的重大课题。

（二）开展普通高中教育发展战略研究是我国经济、社会和教育发展的内在需求

可以毫不夸张地说，普通高中教育是经济、社会和教育发展目标不可或缺的重要组成部分，普通高中教育发展战略是国家整体战略的有机组成部分。温家宝总理指出："当前，我国教育改革和发展正处在关键时期。应该肯定，新中国成立 60 年来我国教育事业有了很大发展，无论是在学生的就学率还是在教育质量上，都取得了巨大成绩，这些成绩是不可磨灭的。但是，为什么社会上还有那么多人对教育有许多担心和意见？应该清醒地看到，我们的教育还不适应经济社会发展的要求，不适应国家对人才培养的要求。国家的兴衰、国家的发展系于教育。只有一流的教育才有一流的人才，才能建设一流的国家。从国内外的比较看，中国培养的学生往往书本知识掌握得很好，但是实践能力和创造精神还比较缺乏。这应该引起我们深入的思考，也就是说我们在过去相当长的一段时间里比较重视认知教育和应试的教学方法，而相对忽视对学生独立思考和创造能力的培养。应该说，我们早就看到了这些问题，并且一直在强调素质教育。但是为什么成效还不够明显？我觉得要培养全面发展的优秀人才，必须树立先进的教育理念，敢于冲破传统观念的束缚，在办学体制、教学内容、教育方法、评价方式等方面进行大胆的探索和改革。我们正在研究制定的《国家中长期教育改革和发展规划纲要》，就是想通过改革来努力解决教育中存在的问题。"（温家宝，2009）温家宝总理的讲话，深刻揭示出教育特别是普通高中教育注重学生掌握"书本知识"，而缺乏"实践能力和创造精神"的培养，这样培养出来的人才，很难适应社会发展。而教育特别是普通高中教育，在我国经济社会发展中有着双重的重要地位。首先，教育目标是经济社会发展目标的重要组成部分，教育发展程度是经济社会发展程度的重要标志之一。其次，教育发展在一定程度上支撑着其他经济社会发展目标的实现。因为，人是生产力发展中最活跃的因素，人的发展取决于教育的发展，教育的发展就必然决定了经济社会发展其他目标的实现。从《中华人民共和国国民经济和社会发展第十个五年计划纲要》以及各主要省份"十五"经济社会发展目标中可见，包括普通高中教育目标在内的教育发展目标是经济社会发展目标的重要组成部分。如江泽民同志在党的"十六大"提出的全面建设小康社会发展奋斗目标中也提出在 21 世纪的头 20 年,"全民族的思想道德素质、科学文化素质和健康素质明显提高,形成比较完善的现代国民教育体系、科技和文化创新体系、全民健身和医疗卫生体系。人民享有接受良好教育的机会,基本普及普通高中教育、消除文盲。形成全民学习、终身学习的学习型社会,促进人的全面发展"。(江泽民,2002)

《国家教育事业发展"十一五"规划纲要》明确提出,"十一五"时期,深化教育改革,推进教育持续协调健康全面发展,就要大力发展职业教育,促进高中阶段教育协调发展,到 2010 年高中阶段教育毛入学率达到80%左右,在校生规模达到 4 500 万人左右。所有这些说明,包括普通高中教育战略目标在内的教育发展目标,是我国经济、社会发展战略目标的重要指标。但与此同时还必须看到,教育作为全局性、基础性、先导性产业,又是支撑社会经济其他发展战略目标实现的基础。因为,经济社会发展的根本是人的发展以及由人的发展而实现的经济、社会的进一步发展。在 21 世纪,人力资源开发已成为我国社会主义现代化建设和中华民族伟大复兴的全局性问题,我国社会发展的根本任务之一就是将沉重的人口负担转化为人力资源优势。在这一过程中,教育尤其是高中以上层次的教育将担负着重要的使命,将成为支持 21 世纪我国经济社会发展的一个很关键的因素,因此也必然面临着快速发展的战略选择。

(三)新时期人民群众对教育发展的新需求呼唤普通高中教育发展战略研究

从总体上看,人民生活水平的提高对普通高中教育发展战略的调整提出了更高的要求。从 20 世纪 90 年代我国教育成本分担与补偿制度确定以来,我国的教育事业取得了巨大的成就,教育经费总量大幅度增长,各级教育的规模急剧扩大,教育质量保持稳定提高,教育资源不断得到优化。在教育投资总量不断增长的同时,教育经费来源的结构也在发生着显著的变化。突出表现为教育成本分担向个人和家庭倾斜,居民教育支出大幅增长。我国教育经费的来源主要有国家财政性教育经费、公民个人负担的教育经费和社会捐资、集资办学经费。我国个人教育支出呈现明显增长的态势。与国家教育经费供给不足形成鲜明对比的是,我国城镇家庭对教育的需求迅速增长。对我国的居民收入、家庭人口状况改变的分析表明,我国城镇居民收入、储蓄和消费的提高,为个人分担教育经费提供了坚实的经济基础。随着我国社会主义市场经济体制的确立和财税体制改革，我国收入分配格局也发生了巨大变化，个人收入占国民生产总值的比重得到大幅度的提高，由1978年的40%增加到1998年的70%以上，城镇居民的人均收入得到显著的提高。

从城镇居民储蓄情况看，自20世纪80年代末期以来，我国城镇居民储蓄一直呈稳步增长的态势。无论从储蓄的年末金额还是从年净增额的增长数来看，其增长趋势基本都是稳定上升的。用物质基础和经济能力来承担部分教育成本，使我国居民个人分担教育经费不仅是理论上使然，而且在现实中也具有可行性。同时，自20世纪80年代以来，我国计划生育政策有效实施，人口出生率降低。我国城镇家庭抚养子女指数的下降，表明家庭的经济收入相对增加，家庭教育支出能力得到提高[①]。

随着我国城镇居民的生活水平日益提高，家庭消费观念发生了深刻的变化。基础消费已基本得到了满足，正朝着高层次消费方向发展。再加上社会对教育的需求日趋强烈，在当时整个国民收入水平相对较低和收入渠道仍然较单一的情况下，追求高学历自然成了改善个人及家庭经济状况和提高经济地位的一条重要途径。20世纪90年代初上海市有一个有关居民准备把子女培养到何种文化程度的专项抽样调查，结果是：研究生5.4%，大学本科55.5%，大学专科12.8%，也就是说拟把子女培养到大学学历以上的占被调查者的73.7%。

中国经济景气监测中心对我国老百姓的教育投资欲望的调查表明：八成的城市居民认同"再苦不能苦孩子，再穷不能穷教育"的看法；六成的人甚至为培养孩子举债度日也在所不惜；七成的人在孩子出生前就提前准备教育资金。（丁洪亮，1999）这就使教育支出成为家庭消费主要选择的方向。因此，随着生活水平的提高，每个家庭都希望子女接受高水平、高质量的教育。

普通高中教育处于初等教育和高等教育之间，对人的一生发展是至关重要的奠基学段。所以，每个家庭都希望子女能够接受高水平、高质量的普通高中教育。普及普通高中教育逐渐成为城乡居民的新的普遍需求。

如此，从战略层面加快普通高中教育的发展，已经成为我国居民的重要的、基本的新需求。要办让人民满意的教育，就必须充分考虑、尊重和满足人民群众的重要的、基本的需求。

---

① 资料来源：《中国统计年鉴2005》《中国统计年鉴2006》《中国统计年鉴2007》，中国统计出版社。

我国作为发展中国家，要在 21 世纪中叶赶上发达国家水平，就必须把沉重的人口负担转化为巨大的人才资源优势，必须最大限度地提升广大劳动者受教育的层次，以适应全球各种竞争和挑战的需要。正因为如此，党和国家适时提出了发展普通高中教育，提高高等教育质量的任务。《中共中央国务院关于深化教育改革全面推进素质教育的决定》中就提出："要在确保'两基'的前提下，积极发展包括普通高中和职业教育在内的高中阶段教育，为初中毕业生提供多种形式的学习机会。"《中共中央关于制定国民经济和社会发展第十个五年计划的建议》又强调："继续普及九年义务教育和扫除青壮年文盲，扩大高中阶段教育和高等教育规模。"

从基本面上看，加快普及我国高中阶段和普通高中教育，有助于在战略上刺激基础教育的发展张力，有利于为高等教育健康平稳发展注入内在动力和活力，有助于推进教育公平和社会公平。此外，我国普通高中教育发展战略的新调整，可以为国际普通高中教育发展战略的研制，提供有益的借鉴和支持。

（四）教育系统自身的健康和谐发展对普通高中教育战略研究提出新期望

从根本上讲，首先，发展普通高中教育是提高民族素质，实施科教兴国战略的需要。我国正处于社会主义现代化建设过程中，国民素质的提高和科技的进步是现代化建设的必要条件，而扩大普通高中教育规模是提高国民素质、实施科教兴国战略有效的基础途径之一。

其次，扩大普通高中教育规模是实现教育公平的需要。普通高中教育的大众化和普及化是当今发达国家采取的一项重要战略决策，它有利于教育公平更充分的实现，有利于社会和经济的进步。

再次，扩大普通高中教育规模是高校扩招的需要。高校扩大招生规模，必然拉动普通高中教育规模的扩大；反过来，普通高中教育规模的扩大又会支撑高等教育的健康持续稳定发展。换言之，如果普通高中教育不扩大规模，高校扩招就会流于形式。

最后，这是"普九"之后教育发展的需要。因为"普九"之后，人民的教育需求发生了巨大的深刻变化，如果不扩大普通高中教育规模，就必然导致更多学生失去求学机会，造成教育内部结构性比例失调，从而影响教育系统内部的正常发展。

由此可见，从战略上扩大普通高中教育规模，对下可以吸纳义务教育阶段的受教育者，对上可以向高等教育输送更多的合格生源，这对于普及了义务教育和实行了高校扩招政策的我国而言，显然具有极其重要的现实意义和历史意义。

1. 巩固和提高"普九"成果需要普通高中教育的拉动

与经济的全面发展、人民群众愿意接受高质量教育的需求相比，高中阶段和普通高中教育的发展仍然存在很大差距。随着九年义务教育的普及，初中毕业生急剧增加，高中阶段和普通高中教育的供需矛盾日益尖锐。从全国范围来看，高中阶段和普通高中教育的总体发展水平偏低，初中毕业生的升学矛盾十分突出，高中阶段和普通高中教育实际上已经成为我国各级教育协调发展的瓶颈。

改革开放以来，我国在普及教育方面，已经实现了两次历史性突破。第一次是 20 世纪 80 年代到 1990 年，有 91% 的人口覆盖地区初步普及了初等教育，全国小学适龄儿童入学率达到 97.83%。第二次是 20 世纪 90 年代，自 1992 年正式确定"两基"目标，到 2000 年底，已经在占全国人口 85% 的地区基本普及了九年义务教育。但必须清醒地看到，相当一部分地区还仅仅是低水平"普九"，一些指标也仅达到了最低要求，地区之间、城乡之间、学校之间义务教育发展水平的差距比较大。无论是巩固和发展"普九"成果，还是实现剩余 15% 地区"普九"上的突破，所面临的突出问题是农村教育问题。农村义务教育量大面广、基础薄弱、任务重、难度大，是实施义务教育的难点。

解决上述问题，既需要义务教育战线自身明确新的发展目标，提高义务教育质量，增强义务教育吸引力；也需要从教育系统全局进行统筹规划，增强义务教育发展的外在拉动力。而优质高中教育包括普通高中教育的发展，无疑是最重要的拉动力之一。普通高中教育吸引力提高了，可以对义务教育产生巨大的拉动作用，有效促进义务教育的巩固和提高，有效解决初中辍学等问题；反之，将会使义务教育阶段巩固和发展"普九"成果面临更大压力。

2. 大力发展高等教育需要普通高中教育的支持

从普通高中教育和高等教育对接的战略角度看，高等教育是教育体系中的最高层次，代表着区域教育的领先程度，高等教育的发展水平与后劲取决于普通高中教育的发展水平。1999 年国家确定了高等教育扩招的发展战略，高等教育进入了持续高速发展时期。怎样才能保证这种发展是健康持续稳定的呢？从教育自身来讲，这主要取决于两个方面：一方面，作为高等教育要在追求规模、质量、结构、效益协调发展的过程中解决好办学条件、师资队伍、教学计划、就业指导等一系列问题；另一方面，要解决好高等教育的生源问题，既要使高等教育的快速发展有充足的生源，又要保证高等教育上水平有高质量的生源。唯此，高等教育的健康发展才有保证。目前面临的一个比较突出的问题，就是生源的不足与质量的下降。

客观分析，现阶段，我国普通高中教育毕业生生源主要集中在城市，农村高中教育相对比较薄弱，发展速度也相对缓慢，使高等教育面对生源总量不足的严重威胁，这就从总体上影响着高等教育的大众化进程。但是，普通高中教育发展水平又很不均衡，现有相当一批高中办学条件、师资素质比较差，教育质量偏低，使高等教育面临优质生源不足的问题。面对解决义务教育"出口"和高等教育"入口"的双重压力，普通高中教育发展已经成为制约我国教育发展的瓶颈，成为我国整个教育改革与发展的战略重镇。

3. 建立完善教育体系需要普通高中教育的协调

教育是一种培养人的社会活动。从其本身来看，确实有别于纯粹的商业活动。但在社会主义市场经济条件下，其产品是有商品属性的，因此教育同其他任何商品生产部门一样，都存在着供给与需求矛盾关系的问题。教育供给是指一定社会为了培养各种熟练劳动力和专门人才，促进经济、社会和个体的发展，而由各级各类教育机构在一定时期内提供给学生的受教育机会。教育需求是指国家、社会、企业和个人对教育有支付能力的需要。这里所说的教育供求关系，实际上包含了教育机会的供求和教育产品的供求两类。教育机会的供求发生在一定教育过程的起点，具体是指各级各类学校的招生数量，而教育产品的供求发生在一定教育过程的终点，具体是指各级各类学校为适应社会需求培养出来的学生。

实际上，教育机会的供求与教育产品的供求存在着辩证统一关系，教育机会的供求是教育产品供求的基础，没有教育机会的供给就没有教育产品的供给，教育机会的供给是教育产品供给的具体体现；教育产品的供求是教育机会供求的动力，没有教育产品的需求也就没有教育机会的需求。当然，教育机会的供求最终取决于教育产品的供求。我们这里所说的教育供求主要是指教育机会的供给和需求。教育机会供给是指各级各类学校愿意而且能够提供的教育机会的数量，其供给主体为各级各类学校，供给对象为教育机会。如果学校不愿意为某人提供教育机会或不能够提供教育机会，就不能形成有效的教育机会供给。教育机会需求则是指个人对特定教育机会有支付能力的需要，其需求主体为个人或家庭，需求对象为教育机会。如果个人仅有接受教育的愿望而没有一定的支付能力，或者虽然具有教育支付能力而没有接受教育的愿望，都不能形成有效的教育机会需求。

教育供求矛盾产生的原因主要有两个方面：一是教育供给与教育需求的变化不同步，二是市场失灵与政府失效。影响教育供给和教育需求的因素是多种多样的，这些因素之间又存在着复杂的关系，并且它们都处于不断变化之中，这就导致教育供给和教育需求也处于不断变化之中。由于在同一时期影响教育供给和教育需求因素变化的方向和力度不同，起主导作用的因素也不一样，导致教育供给和教育需求变化的方向和力度也不一样，也就是说教育供给和教育需求变化不同步。这种变化不同步就导致教育供求不均衡，产生教育供求矛盾。当然，也有教育供给和教育需求变化同步的情况存在，但这种存在是一个瞬时的状态，是一个点上的均衡，教育供求均衡是相对的，教育供求不均衡是绝对的。

在我国，高中阶段教育是介于义务教育与高等教育之间的一种过渡教育形态，主要包括普通高中教育和中等职业技术教育（如中等技术学校、中等师范学校和职业高中等）。我们这里所指的高中阶段教育供求包括普通高中教育机会的供求、中等职业技术教育机会的供求。我国目前高中阶段教育供求失衡的一个主要表现，是普通高中教育供小于求，特别是优质普通高中教育供求矛盾更为尖锐。长期以来，我国普通高中招生人数增长缓慢，近几年来，尽管普通高中招生人数增长已经有所加快，但随着初中入学人数高峰的到来，普通高中教育却面临着较大的发展压力。事实和数据都说明，我国普通高中的招生数量远远不能满足初中毕业生的升学需求，不能适应我国高等教育大众化的发展趋势，它导致我国高等学校生源数量的枯竭和质量的下降。[①]

普通高中教育供不应求一方面表现在普通高中教育供给数量不足；另一方面还表现在优质普通高中教育资源供给短缺，呈现出供求矛盾特别突出的状况。许多家长感叹"上学难"，实际上是指上高中难、上重点高中更难。中央教科所一篇多人署名的《破解"上学难、上学贵"问题，促进教育公平发展》的文章中分析指出：与国际上普通高中教育经费占公共教育总经费的比例相比，我国普通高中教育经费所占比例过低。（朱小蔓 等，2007）基本普及九年义务教育和高等教育扩招以后，广大人民群众日益增长的接受

---

① 资料来源：《全国教育事业发展统计公报 2005》《全国教育事业发展统计公报 2006》《全国教育事业发展统计公报 2007》。

优质普通高中教育的需求和教育资源供给不足的矛盾显得更为突出，普通高中教育成为整个教育发展的瓶颈。因此，这也就成为普通高中教育战略制定中必须重点考虑的问题之一。

21世纪初，我国教育发展的宏观战略是根据"在全局中发展高中，以发展高中带动全局"的思路，建立起与现代经济社会发展相适应的内部相互衔接、协调发展的现代化教育体系。在这一体系中，普通高中教育居于非常重要的地位。无论是解决教育供求问题，还是提高高等教育质量，都需要在战略上大力发展普通高中教育。

在战略上大力发展普通高中教育，是实现教育体系中纵向衔接的客观需要。建立完善的教育体系必须实现义务教育、普通高中教育与高等教育的相互衔接、相互促进。而普通高中教育在整个教育体系中居于承上启下的位置。普通高中教育发展好了，既可以对义务教育产生巨大的正向拉动作用，又可以对高等教育产生积极的支持作用，更重要的是可以使三者实现平衡发展，改善我国教育总体发展中的供求矛盾关系。

在战略上大力发展普通高中教育，是实现教育体系中横向有效沟通的客观需要。建立完善的教育体系，还必须实现普通教育与职业教育的相互沟通，构建人才成长的立交桥。普通高中教育作为一个特定的教育阶段，既是义务教育基础的延续，又是专业学历教育的基础。同时兼有普通教育和职业教育两个组成部分。普通高中教育发展了，可以有效解决职业教育下滑的问题，在形成普通高中教育与职业教育的合理结构的同时，为高等教育阶段普通高等教育与高等职业教育的协调发展奠定良好的基础，从而有效地促进普通教育与职业教育在各个阶段的沟通与协调发展。

因此，普通高中教育发展战略的制定，必须从纵横两大向度通盘考虑普通高中教育的战略地位和普通高中教育的性质、规模与办学模式选择。

4. 教育公平的实现需要普通高中教育的推动

21世纪，和平与发展是人类面临的两大主题，而教育机会的民主化则是人类教育发展的基石。人类社会教育机会民主化的历史实践充分表明：教育机会的民主化代表了人类教育发展的总方向，这不仅是各国教育改革的必由之路，也是人类社会发展的必然要求。换句话说，没有教育的普及和全民素质的提高，人类的发展就会受到严重的阻碍。在今后相当长的一个历史时期内我国教育改革的主要任务之一，必然是消除各种教育机会的不平等，在巩固九年制义务教育的基础上，逐步发展和普及普通高中教育是促进教育公平的重要途径。

新中国成立以后，随着社会主义制度在我国的确立，党和国家为了促进教育公平在我国的实现，制定并实施了一系列的法律、法规，提出了普及九年义务教育的目标，逐步实行了高等教育的扩招，扩大了学生受教育的机会，进一步采取措施来支持和帮助少数民族地区和贫困地区发展教育，扩大了成人教育的渠道，为越来越多的人提供了更多的受教育的机会。实施义务教育以来，在党和国家的领导下经过全国各族人民的共同努力，特别是在广大教育工作者的辛勤劳动下，我国的义务教育取得了巨大的成就。在 20 世纪末，江泽民同志代表中国政府庄严地向全世界宣布：中国如期实现了基本普及九年义务教育和基本扫除青壮年文盲的战略目标。两基的实现无疑是 20 世纪中国教育史上的伟大成就，是中国教育发展史上的重要里程碑，为推动教育公平在我国的实现奠定了坚实的基础。为了进一步提高国民的文化素质和受教育的程度，在普及九年义务教育的基础上，我们应当大力发展非义务教育阶段的教育。我国非义务教育包括了高中教育和高等教育两大部分。就高中教育阶段的性质而言，它是介于义务教育和高等教育之间的起到沟通和衔接作用的一种教育。因此，在充分保证义务教育质量的基础上，扩大高中教育的规模，是目前我国教育发展的重要战略目标之一。高中阶段教育的一项重要战略任务就是向高等院校输送人才，这一阶段教育规模的扩大意味着人们可能有更多的机会接受高等教育，从这一点来讲，高中阶段教育规模的扩大，对于加快我国教育公平的进程有着重要的战略意义。

综上所述，普通高中教育是面向大众的国民素质教育，办好普通高中教育对造就高素质劳动者、各类专门人才和一大批拔尖创新人才，对建设人力资源强国具有重大战略意义。为了切实有效地加强普通高中教育的发展，就必须在战略上明确普通高中教育的科学定位，还必须在思想意识深处认识到：普通高中教育作为义务教育的延续，既是基础教育的终结阶段，又是高等教育的准备阶段。普通高中教育的发展既影响着中等教育结构，也影响着高等教育结构。因此，普通高中教育在整个国民教育体系中处于承上启下的地位，是整个国民教育体系健康持续运转的"枢纽"，上它影响整个高等教育，下它影响整个基础教育，横向上又决定了我国的教育结构和教育分流。因此，必须尽快确立普通高中教育在国民教育体系中的战略地位及其所承担的任务。

（五）在我国教育体系中普通高中教育战略发展尚未到位增强了开展此项研究的紧迫性

必须承认，多年来，在我国整个教育改革和发展的战略布局上，普通高中教育几乎成了一个被遗忘的角落。近年来，我国教育改革和发展的战略布局是："巩固提高义务教育，大力发展职业教育，提高高等教育质量。"（温家宝，2005）在这种战略思想和总体布局下面，普通高中教育的改革和发展迄今尚未被明确提上议事日程。当然，也要看到，党中央、国务院历来高度重视在科学发展观统领下的教育整体协调健康发展。胡锦涛总书记在中央政治局第三十四次集体学习会上，明确指出："教育涉及千家万户，惠及子孙后代，是体现发展为了人民、发展依靠人民、发展成果由人民共享的重要方面。保证人民享有接受教育的机会，是党和政府义不容辞的职责，也是促进社会公平正义、构建社会主义和谐社会的客观要求。要坚持党的教育方针，坚持以科学发展观统领我国教育事业发展全局，坚持教育为社会主义现代化建设服务、为人民服务，全面实施素质教育，深化教育体制改革，统筹城乡、区域教育，统筹各级各类教育，统筹教育发展的规模、结构、质量、效益，努力办好让人民群众满意的教育。"（胡锦涛，2006）温家宝总理也指出："在过去多年工作的基础上，近几年我国教育事业又有了很大发展，呈现不少新'亮点'。例如，实施西部'两基'攻坚计划，农村实行免费义务教育，大力发展职业教育，扩大高等教育招生规模等，使广大人民群众日益增长的教育需求得到一定程度的满足。同时，必须清醒看到，城乡教育的发展和改革还存在同现代化建设和人民群众需求不相适应的问题。我们必须实事求是地肯定成绩、找出差距，通过增加投入、深化改革、加强管理等，推动教育事业持续健康发展。"（温家宝，2006）需要看到，在整体布局上，普通高中教育已经相对滞后，再加上愈演愈烈的应试教育的负面影响，普通高中教育几乎成了教育改革和发展的禁区。根据教育生态系统的整体效应，"牵一发而动全身"，生态环境是一个统一的整体，生态环境中各种生态因子都是在其他因子的相互联系、相互制约中发挥作用，任何一个单因子的变化，都必将引起其他因子不同程度的变化及其反作用。同时，根据生态因子的限制性原理，生态系统的变化则受制于限制性生态因子的制约。在我国前期的教育整体发展战略布局中，高中阶段教育特别是普通高中教育一度被遗忘，形成了相对滞后的教育生态效应，这种情形不仅严重影响着高中阶段教育和普通高中教育本身的发展，也对我国整个教育改革和发展造成了巨大的限制。

之所以会出现这种情况，一是"穷国办大教育"，要保障教育的公平，必须首先保障农村义务教育的发展；二是我国经济社会发展，迫切需要一大批高素质技能型人才，必须加快职业教育；三是建设创新型国家，必须加快高等教育改革。至于普通高中教育，人们认为，有高考的拉动，老百姓都希望自己的子女能够通过上高中、上大学来谋取一个好的前途和未来，有自己强劲的发展动力，不用管它。其实，这是一个极大的误解。应当看到，应试教育在我国教育发展的不同阶段、不同学段上有不同的表现。总体上讲，普通高中是我国应试教育的重灾区。现在，普通高中教育发展面临的最大挑战就是功利化教育倾向愈演愈烈。在这种背景下，普通高中在道德教育、实践教育、文化教育等方面既丢掉了我国教育的优良传统，又远离了世界教育改革和发展的潮流，从而几乎成为我国教育改革和发展中最为薄弱的环节。普通高中不全面实施素质教育，中小学素质教育就不可能得到真正实施；普通高中不改革，高等学校实施素质教育就没有基础。因此，必须牢固树立普通高中在实施素质教育中的战略地位。

党的"十七大"报告向教育战线提出了新的教育发展目标：提高教育培养创新人才的水平。普通高中是一个人的人生观、价值观形成的关键时期，也是一个人的兴趣、习惯、独立性、责任感培育和形成的关键时期，而这些素质恰恰是一个人创造性素质的重要组成部分。因此，普通高中在创新人才培养和创新型国家建设中承担着特殊的使命，是创新人才培养的"关键期"，必须确立普通高中在建设创新型国家中的战略地位。否则，创新人才的培养就是无源之水，创新型国家的建设就是无本之木。而且，随着人民生活水平的提高，人民对教育的需求也在不断提高。大力发展高中阶段教育和普通高中教育，也是满足人民群众日益增长的接受高质量教育需求的战略性措施。

国际上许多发达国家都有自己独立的高中教育发展计划。如美国有"蓝带学校"、"科学高中"、"人文学校"、"州长学校"等项目；英国建有数学、科学等特色高中；加拿大政府为科学高中的学生提供为期几个月的研究项目；韩国设有 16 所科学高中和 19 所外语高中，开办科学探求班，着重培养学生的科学探究精神，等等。我国应该学习和借鉴世界各国加强普通高中教育的经验和做法，制定切实可行的普通高中教育发展战略。

五、普通高中教育发展战略研究的方法

关于中国普通高中教育发展战略研究，由于其研究对象和现象的敏感性、复杂性和不平衡性，因此在方法的选择和运用方面，除了采用基本的教育科研方法之外，还应体现出一些特殊性。

本书的研究思路，是基于样本地区的实地调研，自主设计调查问卷和数据表，按照统计指标向全国收集相关数据。同时，深入选定的样本省份和普通高中学校，获取和分析案例地区和案例校的资料。结合专家咨询、现场访谈、查阅文献等途径，采取数据统计、归因分析的方法，对制定我国普通高中教育发展战略的现实基础、制定我国普通高中教育发展战略的现实问题及其成因进行梳理和分析。同时，系统比较研究了国内外普通高中教育发展战略的历史选择和新取向，对我国普通高中教育发展战略定位、普通高中教育发展的战略目标以及普通高中教育改革与发展的战略重点作出了较为系统的理论阐述和案例分析。其间，参考了其他国家和地区的相关文献，作出据理据实的考察和判断，为我国普通高中教育发展提出切实可行的对策和建议。在此基础上，尝试建立中国普通高中教育发展战略数据库。本研究主要采取的研究方法如下。

（一）实地访谈法

访谈就是研究性交谈，是以口头形式，根据被询问者的答复收集客观的、不带偏见的事实材料，以准确地说明样本所要代表的总体的一种方式。实地访谈法，是通过研究者与被研究者的直接接触、直接交谈的方式来收集资料的研究方法。这种方法与其他方法相比，有其独特的重要功能，比如与观察法相比，访谈可以直接了解到受访者的思想、心理、观念等深层内容；与问卷法相比，访谈可以直接询问受访者本人对研究问题的看法，并提供机会让他们用自己的语言和概念来表达他们的观点。尤其是在研究比较复杂的问题时，可以向不同类型的人了解不同类型的材料。访谈法有较广泛的适应范围，几乎对每一项教育研究访谈都有其自身的价值。比如在普通高中教育发展战略研究中，通过对普通高中校长、主管行政领导和教师以及社会各界人士的访谈所获得的资料，对普通高中教育发展战略研制中理念的形成，普通高中教育的定位、性质、功能及规模的确定等，都有着重要的决策参考价值。

根据访谈结构的控制程度，访谈法的类型可分为结构型访谈（封闭型）、非结构型访谈（开放型）和半结构型访谈（半开放型）。本书由于是针对普通高中教育发展战略问题展开，所以运用较多的是半结构型访谈，要求访问的相关人员自由地回答我们预定的访谈提纲上的问题，同时，为了获得更加真实的情况和材料，还采用了现场讨论和对话的方式作答。我们也按有结构的方式回答无结构的问题。访谈规模随着具体情况灵活调整，我们的访谈又分为个别访谈与集体访谈两种类型。

在访谈法的运用过程中，我们主要使用的方式为：①设计访谈提纲。无论是哪一种形式的访谈，一般在访谈之前，我们都设计了访谈提纲，明确访谈的目的和所要获得的信息，列出所要访谈的内容和提问的主要问题。②恰当地进行提问。我们的主要目的是想通过访谈获取所需资料，所以对提问有明确的特殊要求。在表述上，我们尽量将问题简述得简单、清楚、明了、准确，并尽可能地适合受访者；在类型上，我们主要采用了开放型与封闭型、具体型与抽象型、清晰型与含混型的交叉结合；另外，我们适时、适度地进行了现场的追问和深化讨论。③准确捕捉信息，及时收集有关资料。我们在使用访谈法收集资料的时候，主要形式是"倾听"、"记录"和录音。"倾听"、"记录"在不同的层面上有不同的表现：在态度上，作为访谈者，我们表现出"积极关注地听"，而不是"表面地或消极地听"；在情感层面上，我们每一位访谈者都力求做到"有感情地听"和"共情地听"，避免"无感情地听"；在认知层面，我们随时将受访者所说的话或信息迅速地纳入自己的认知结构中加以理解和同化，必要时我们还与受访者进行对话，与对方进行平等的交流，共同建构关于我国普通高中教育发展战略的新的认识和意义。④适当地作出回应。我们在访谈中，不只是提问和倾听，还根据现场的情况，将我们对我国普通高中教育发展战略及问题的态度、意向和想法，适时地传递给访谈对象。我们现场进行回应的方式是多种多样的，主要使用了言语行为，并运用了点头、微笑等非言语行为，并作些现场倾听后的复述、重组和总结。⑤及时、完整地作好访谈记录。根据问题重要程度，我们还配备了原生态录音，以便返回后进行整理、分析，完整准确地反映普通高中教育发展战略所面临的问题。

由于普通高中教育发展战略研究中的问题涉及面广，敏感性强，必须通过访谈的形式才能收到好的效果。为此，根据陈小娅副部长的指示，由中央教育科学研究所袁振国所长牵头，所内相关行政和科研部门负责人组成的高中教育发展战略专项调研组，于 2007 年 11 月 17 日，11 月 20 日—25 日及12 月，分别对陕西省、上海市、浙江省、江苏省、广东省、广西壮族自治区等地进行专题调研。此后，总课题组又分别由中央教育科学研究所、江苏省教育科学研究院、甘肃省教育科学研究所、辽宁省教育科学研究院分别负责，对东、中、西部和东北的 12 个省市的教育行政领导干部、高中校长和教师们进行现场访谈。在相关省份的大力支持下，在所调研省份教育行政领导、高中校长和教师们的多方重视及积极参与下，调研组围绕着"我国普通高中教育发展战略问题"进行了足时实地访谈、笔记和数据收集，认真倾听了 12 个省份不同层面人员的意见和建议。取得了一些有价值的案例资料和重要数据。

同时，选择相关专家进行访谈与咨询，根据所要预测的问题，选择有关专家，利用专家在专业方面的经验和知识，用征询意见和其他形式向专家请教而获得预测信息的方法。我们采用这种方法的主要形式是：①口头和书面征询（问卷、访谈等）；②收集专家们对所反映预测信息的文件发表的书面结论；③召开"圆桌"会议等。专家咨询有个别和小组两种。个别的采用面谈和通信方式以及网络零距离对话的方式进行。专家咨询法能充分发挥各位专家的作用，集思广益，准确性高，同时能把各位专家意见的分歧点表达出来，取各家之长，避各家之短。具体实施步骤如下：

第一，组成专家小组。按照普通高中教育发展战略研究课题所需要的知识范围，确定专家。专家人数的多少和地区分布，我们是根据研究任务的具体部署而定，一般在 20 人左右。

第二，向所有专家提出所要预测的问题及有关要求，并附上有关这个问题的所有背景材料，同时请专家提出还需要什么材料。然后，由专家作出书面答复。

第三，各个专家根据他们所收到的材料，提出自己的预测意见，并说明自己是怎样利用这些材料并提出预测值的。

第四，将各位专家第一次判断意见汇总，列成图表，进行对比，再分发给各位专家，让专家比较自己同其他人的不同意见，修改自己的意见和判断。也可以把各位专家的意见加以整理，或请身份更高的其他专家加以评论，然后把这些意见再分发给各位专家，以便他们参考后修改自己的意见。

第五，将所有专家的修改意见收集起来，汇总，再次分发给各位专家，以便作第二次修改。逐轮收集意见并为专家反馈信息是德尔菲法的主要环节。收集意见和信息反馈一般要经过三四轮。在向专家进行反馈的时候，只给出各种意见，但并不说明发表各种意见的专家的具体姓名。这一过程重复进行，直到每一位专家不再改变自己的意见为止。

第六，对专家的意见进行综合处理。先后召集部分普通高中校长和教育局长召开座谈会，又到全国一些地方，邀请部分普通高中校长、教育局长、教师以及一些关心普通高中教育事业发展的社会人士进行访谈，反复深入地讨论和对话，反复与专家见面咨询，对问题的捕捉尽量达到真实、准确、深刻。

（二） 文献分析法

文献分析法主要是指收集、鉴别、整理文献，并通过对文献的研究，形成对事实的科学认识的方法，分为非结构式定性研究法和结构式定量分析法两种方式。所谓非结构式是指研究者在完全自然的功能或状态下观察和记录获得资料，可用于定性分析。结构式定量分析法是指研究者创造一种标准环境，在无干扰条件下自然进行观察，并可按事先制订的表单记录，获得资料可作量化分析。定性和定量分析分别从不同侧面，对文献资料信息进行加工处理后，得出研究结论。定性研究一般对文献资料进行质量分析，如进行性质、功能、特征的描述，着重探索事物间的逻辑关系，而不是数量关系。

定量分析又称内容分析法。在本书中，我们运用定量分析法，主要是通过对普通高中教育发展战略之文献的定量分析、统计描述来实现对我国普通高中教育发展战略这一客观事实的科学认识。这里，我们突出地强调了对于普通高中教育发展战略的理论和实践作客观而有系统的量化并加以描述。其中，量化是指对普通高中教育发展战略的相关材料进行分析的结果，我们主要使用简洁明了的数字或数学关系表示，如次数、百分率、比例、或然率、相关系数等弥补定性研究的不系统、不确切的弊端。由于内容分析法有助于使用正式的假设、抽取大型样本和用计算机等现代化技术整理资料，因此，这次被广泛地应用于我国普通高中教育发展战略的现状调查和处理各种相关文献资料，并且从中凸显出了我国普通高中教育发展战略的趋势分析、比较分析和意向分析。

在对于内容分析法的使用方面，我们主要采取对我国普通高中教育发展战略之文献内容作客观系统的定量分析的专门方法，其目的是弄清或测验普通高中教育发展战略文献中那些本质性的事实和趋势，揭示普通高中教育发展战略文献所含有的隐性情报内容，对普通高中教育战略发展作出情报预测。这种研究方式实际上是一种半定量研究，其基本做法是把媒介上有关我国普通高中教育发展战略的文字、非量化的有交流价值的信息转化为定量的数据，建立有意义的类目分解交流内容，并以此来分析普通高中教育发展战略信息的某些特征。

在对内容分析法的具体应用中，我们发现该方法具有以下几个方面的优点。

第一，是一种较为客观的研究方法。我们注意到内容分析是一种规范的方法，对普通高中教育发展战略的类目定义和操作规则十分明确与全面，它要求我们根据预先设定的研究计划按步骤进行，其中研究者的主观态度不太容易影响研究的结果。由于研究队伍大、研究人员多，使用这一方法，不同的研究者或同一研究者在不同时间里重复这个过程都能得到相同的结论。另外，它可以提示我们，如果在哪一部分的研究中出现了研究结论的不同，就需要我们要重新考虑整个研究过程中存在什么问题。

第二，体现出一种结构化研究。我国普通高中教育发展战略是一个尚未开垦的处女地，我们的研究样本量又比较大，而内容分析法目标明确，对分析过程高度控制，所有的参与者按照事先安排的方法程序操作执行，其结构化的最大优点是结果便于量化与统计分析，便于用计算机模拟与处理普通高中教育发展战略的相关数据。这样就有助于保证普通高中教育发展战略研究过程的信度。

第三，是一种非接触研究。我国普通高中教育发展战略是一个客观存在的事实领域，我们需要获取可观翔实的资料和数据，并得出科学公允的结论。而内容分析法不以人为对象而以事物为对象，研究者与被研究事物之间没有任何互动，被研究的事物也不会对研究者作出反应，研究者主观态度不易干扰研究对象，这种非接触性研究较接触研究的效度更高。

第四，把定量与定性结合。这是内容分析法最根本的优点。在本书中，我们是以定性研究为前提，首先找出能反映我国普通高中教育发展战略基本思想框架的文献内容之一定本质的量的特征，并将它转化为关于我国普通高中教育发展战略的定量的数据。但定量数据只不过把定性分析已经确定的关系性质转化成数学语言，不管数据多么完美无缺，仅是对我国普通高中教育发展战略这一事物的现象方面的认识，不能取代定性研究。因此这种方式的优点，就有助于我们达到对文献内容所反映"质"的更深刻、更精确、更全面的认识，得出科学、完整、符合事实的结论，获得从定性分析中一般难以找到的联系和规律。

第五，有助于揭示文献的隐性内容。首先，内容分析可以揭示文献内容的本质，查明几年来我国普通高中教育发展战略的客观事实和变化趋势，追溯我国普通高中教育战略及其学术发展的轨迹，描述其学术发展的历程；依据科学的标准鉴别相关文献内容的优劣。其次，揭示问题的实质、显现问题的技巧、策略，衡量文献内容的可读性，发现作者的个人风格，分辨不同时期的文献体裁类型特征，反映个人与团体的态度、兴趣，获取关于我国普通高中教育发展战略的有效信息和相关情报；揭示我国普通高中教育发展战略中为社会所关注的焦点。

由于这一方法的上述优点，本书作者团队在前期实地访谈和调研成果的基础上，又组织力量查阅了国内普通高中教育发展战略的相关文献资料，并参考了国际上普通高中教育发展战略的相关文献资料。立足于我国改革开放、构建和谐社会的时代背景，从我国社会事业发展阶段和地区经济社会发展水平与特色有机结合的考察视角，综合分析我国国民经济、社会政治、人口财政、民族文化等因素，以期对我国普通高中教育发展战略制定的现实基础、问题与成因、社会需求、发展趋势等，作出较为客观准确的事实判断，以便提出求真务实、切实可行的对策建议。

（三）案例研究法

案例研究法是对一组研究方法的笼统术语，是着力于对一个特殊事件进行系统研究的方法。案例研究法既可以是对现实中某一复杂的和具体的现象进行深入和全面的实地考察，是一种经验性的研究方法；也可以是一种运用历史数据、档案材料、访谈、观察等方法收集数据，并运用可靠技术对一个事件进行分析从而得出带有普遍性结论的研究方法。本书应用案例研究法，主要是通过所选择的案例地区和案例校来说明问题，用收集到的案例地区和案例学校的资料，分析我国普通高中教育发展战略这一事件间的逻辑关系，是对当代我国普通高中教育发展战略这一现实环境中的现象进行重点深入考察的一种经验性的研究方法。在本项研究中，我们使用案例研究法所聚焦的案例是我国普通高中教育发展战略显示在不同区域和不同学校之中的特殊现象，但是通过对不同地区和学校的高中案例的研究，可以帮助我们得出新的假说以及分析性的普遍结论，用来阐明和支持我国普通高中教育发展战略的命题和规律性结论。

案例研究法本来就是一种社会科学的研究方法，率先受到社会科学研究者的广泛关注。在研究方法史上，案例研究法曾于19世纪70年代最早被运用于哈佛法学院，后来依次被运用于哈佛医学院、商学院和教育学院。20世纪初以来，案例研究思想使西方的教师教育得益匪浅，特别是20世纪80年代以来，案例研究再度进入兴盛时期，有学者甚至指出20世纪90年代是"案例的十年"。21世纪，随着我国教育改革的深入尤其是新一轮课程改革的推进，特别是高中课程改革实验区的启动和推进，案例研究法的价值已经愈来愈为我们所认识，案例及案例研究已经渐渐成为我国教育理论与实践领域一道亮丽的风景线（郑金洲，2002）。我们此次研究应用案例研究法，还有一个重要的考虑，那就是我国普通高中教育发展战略研究并非一个单纯的教育系统内部的问题，而是一个牵一发而动全身、涉及面十分广泛的敏感度很高的社会问题。因此，应用案例研究法符合我们所选定的我国普通高中教育发展战略这一研究课题。

在案例研究法的应用中，强调案例主要具备这样几个特点：第一，真实性。案例必须是真实的，必须是事件中人所经历的一段真实过程，虚构的故事不能作为案例展开研究。第二，故事性。案例应当有人物、有事件、有情节，存在一定的教育冲突和问题情境，鲜活有趣，有较强的可读性。第三，启发性。案例应当有一个主题或者主线把故事串联起来，不能漫无边际。这个主题应当能够给人以启发，能够引人深思。第四，研究性。案例中应当有当事人反思性研究。这种反思性研究以画龙点睛的方式，简要阐述自己经历这个故事之后的理性感悟、体验和独特的认识。

我国普通高中教育发展战略研究需要应用案例研究法以恰当地聚焦研究的对象、关注的问题，更好地服务于我国普通高中教育发展战略研究的理论假设和数据统计分析结论。

由于我国普通高中教育发展战略不仅要有思想理念、目标任务，而且要有发展模式和对策建议，因此，我们在基本理论研究和调查数据分析的基础上，又在全国所选定的 12 个样本省份里，选定有代表性的重点地区（如我国东部、中部、西部和东北地区），作为我国普通高中教育发展战略研究的区域性案例，又进一步选择了东、中、西部和东北的若干个典型的高中学校，特别是百年老校作为校本案例，进行重点研究分析，以便用看得见的案例勾画出我国普通高中教育发展战略的定位、性质、功能、规模、结构以及发展模式。

此外，我们还使用了其他的常用的有效科研方法，我们根据我国普通高中教育发展战略本身研究的需要，恰当组合、巧妙运用。我们发现，研究方法的应用是一个科学的问题，也是一个艺术的问题。必须将不同的方法有机结合，灵活使用，相得益彰，更好地为研究目的服务。为此，我们采取了以下的具体研究步骤，以整合各种研究方法和灵活匹配多种方法。

第一阶段（2007 年 11 月—12 月）：我们以我国普通高中教育发展战略为题拟订初步的调研提纲，选取江苏省、浙江省、广东省、陕西省、广西壮族自治区、上海市 6 个省份，以举行现场座谈会的形式进行实地访谈，做摸底调研工作。

第二阶段（2008 年 1 月—3 月）：我们根据前期的实地访谈和调研，设计数据表和调查问卷，在全国进行较大样本的文献收集分析，修订研究报告的理论假设和内容框架。

第三阶段（2008 年 4 月—7 月）：我们在全国 6 个省份的调研和数据处理的基础上，用新设计的数据表，对我国东、中、西部和东北 12 个省份进行调查和数据收集工作。

第四阶段（2008 年 7 月—9 月）：在对全国 12 个省份进行调查和数据收集的基础上，开展专家咨询活动，进行我国普通高中教育发展战略调研年度报告的撰写和修改，召开专家论证会。

第五阶段（2008 年 9 月—12 月）：年度中国普通高中教育发展战略研究及数据库建设报告撰写与修订完成。结题验收。

第六阶段（2008 年 12 月—2009 年 6 月）：在结题验收会和中美特色高中教育论坛的基础上，征求多方面专家和领导的意见，对年度中国普通高中教育发展战略研究报告、数据库进行修订，并系统归纳和撰写中国普通高中教育发展战略研究专著。

第七阶段（2009 年 7 月—10 月）：进一步扩大专家咨询范围，征求更多有影响力的教育学、社会学、经济学、法学、政策学等诸方面专家和领导的意见，围绕我国普通高中教育发展战略之思想观点、统计数据、内容分析、案例分析以及研究方法等方面的内容，进行社会不同层面人群的更加深入系统的研讨、对话、审读，进行全面细致的思想理论和案例的深加工，最后形成一部相对较为系统和完整的有关我国普通高中教育发展战略的理论专著。

第一章

制定我国普通高中教育发展战略的现实基础

首先，在思想认识上要搞清楚，目前制定我国普通高中教育发展战略，其基础是不同于以往的任何历史时期的。当今我国普通高中教育发展战略是基于新中国成立60周年，特别是改革开放30年的成绩和经验基础之上，基于经历了中国的经济、政治、社会、文化和生态文明都发生了深刻的变化，积累了较为丰厚的物质基础和经验基础之上。温家宝总理指出："我国经济持续28年高速增长，已发展成为世界第四大经济体。"（温家宝，2006）新加坡《联合早报》消息说，经济学家指出，"在全球经济危机的催化下，中国有可能在明年①取代日本成为世界第二大经济体，这比专家先前预测的提早了五年。"美国《国际先驱论坛报》的分析文章指出，"中国的崛起，日本可能得提前把世界第二大经济体的地位拱手让给中国。"② 中国在未来全球经济中的作用不言而喻，连著名的投资家吉姆·罗杰斯也撰文指出："30年里，中国变成了一个开放的市场，中国变化的方向非常正确，我认为今后将是'中国时代'。"无论从GDP还是国际国内的各种不同的指标分析，中国的经济、社会基础都发生了巨大的变化，其经济基础和社会基础已经实现了跨越式的发展和积累。在此基础之上，全国人民对于教育，特别是普通高中教育发展战略调整的期待，已经十分迫切。为此，需要对我国普通高中教育发展战略作出适时的、符合国情的调整和优化，以积极适应中国经济社会发展的新基础和新要求。

第一节　制定我国普通高中教育发展战略的新基础

经国务院同意，教育部于2002年10月中旬在天津召开了全国高中发展与建设工作经验交流会（以下简称"天津会议"）。时任政治局常委、国务院副总理李岚清到会并作了重要讲话，时任教育部部长陈至立同志作了题为《实践"三个代表"重要思想，努力开创高中教育发展与建设的新局面》的重要讲话。

陈至立在讲话中指出：根据人口普查的数据，我国高中教育学龄人口（15～17岁）峰顶为2003年，达6 924万人，高峰期为2002—2007年，年平均6 700万人，至2010年仍将接近6 000万人。在2002年，正值高中阶段教育入学高峰，初中毕业生升学的矛盾十分突出，高中阶段入学率仅能达

---

① 指2010年。

② 资料来源：外媒称中国有望明年超日本成世界第二大经济体．[EB/OL]．2009－10－5[2010－9－7]．http：//www.cnr.cn/gundong/200910/t20091005_505499642.html.

到53%，每年有约800万名初中毕业生不能升学。

这些数据显示出我国高中教育发展相对滞后，与人民群众日益增长的教育需求还有较大差距。这些差距主要表现为：一是基本普及九年义务教育和高等教育扩招后，人民群众日益增长的接受优质高中教育需求和教育资源供给不足的矛盾显得更为突出；二是高中快速发展与教育投入不足的矛盾进一步凸现，投资短缺已成为制约进一步发展的重要因素；三是高中教育教学改革和结构布局的调整仍滞后于急速变化的经济、科技、社会发展形势，亟须加快改革的步伐。普通高中教育已经成为整个教育事业发展的瓶颈。

同时"天津会议"还提出：要按照"积极进取、实事求是、分区规划、分类指导"的原则，正确把握和处理宏观规划与因地制宜的关系；要重视高中教育的均衡发展；要重视高中建设中的效益问题；要注意高中教育与其他各类教育的协调发展。合理规划高中教育发展，努力拓展优质的高中教育资源；要加大政府投入，吸引社会广泛参与，多渠道筹措发展高中教育的经费；要进一步推进多元办学体制；要深化教育改革，提高高中的办学水平和教育质量。

2002年的"天津会议"是我国高中教育事业向更高层次发展的转折点，成为我国普通高中教育事业发展的里程碑之一。这些年来，我国普通高中教育进一步获得迅速发展，取得了多方面的成绩，主要表现在：普通高中教育快速发展，优质教育资源迅速扩大，教师队伍建设得到改善等。

一、普通高中教育快速发展

2000年10月17日《中共中央关于制定国民经济和社会发展第十个五年计划的建议》中明确指出："要扩大高中阶段教育和高等教育规模。"在21世纪初，我国这一决策具有战略意义，它对我国社会和经济的发展产生了全面和深刻的影响，对我国普通高中教育发展战略的制定也奠定了新的基础。

首先，扩大高中阶段教育规模是提高民族素质，实施科教兴国战略的需要。我国正处于社会主义现代化建设过程中，国民素质的提高和科技的进步是现代化建设的必要条件，而扩大高中阶段教育规模是提高国民素质，实施科教兴国战略的有效途径之一。

其次，扩大高中教育规模是实现教育公平的需要。高中教育的大众化和普及化是当今发达国家采取的一项重要战略决策，它有利于教育公平更充分的实现，有利于社会和经济的进步。

再次，扩大高中阶段教育规模也是高校扩招的需要。高校扩大招生规模，必然导致高中阶段教育规模的扩大。如果高中阶段教育不扩大规模，高校扩招就会流于形式。

最后，这是"普九"的需要。因为"普九"之后，如果不扩大高中阶段教育规模，就必然导致更多学生失去求学机会，造成教育内部结构性比例失调，从而影响教育的正常发展。因而扩大高中阶段教育规模，对我们这样一个发展中国家而言，更具有重要的现实意义。

我国普通高中教育的快速发展，主要体现在普通高中学校的招生总数和在校生数明显增加、办学条件得到明显改善等。

我国普通高中招生总数和在校生数明显增加已是一个基本的事实。从城乡招生数和在校生数的变化看，自 1998—2005 年普通高中招生总数增加 2.44 倍，其中，城市招生总数增加 2.2 倍，县镇招生总数增加 2.85 倍，农村招生总数增加 1.71 倍。而普通高中在校生总数增加 2.57 倍，其中，城市在校生总数增加 2.37 倍，县镇在校生总数增加 2.96 倍，农村在校生总数增加 1.78 倍。在此期间，招生数和在校生数总体呈增长趋势，尤其自 2000 年开始增幅较为明显（见图 1－1、图 1－2）。但是，农村的招生数和在校生数的增幅均小于城市和县镇，这与普通高中向城市和城镇集中的发展趋势和初高中分离政策的实施结果是相吻合的。

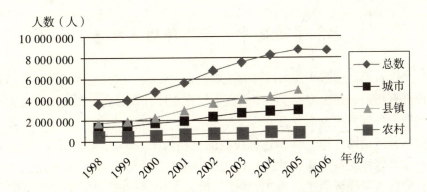

图 1－1　普通高中分城乡招生人数历史变化（1998—2006）

资料来源：

1. 中华人民共和国国家教育部计划建设司编，《中国教育统计年鉴》（1995—1997 年度各年），北京：人民教育出版社。

2. 中华人民共和国国家教育部发展规划司编，《中国教育统计年鉴》（1998—2005 年度各年），北京：人民教育出版社。

3. 教育部，教育部全国教育事业发展统计公报（1998—2006）。

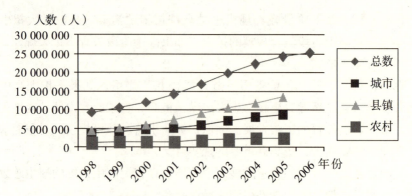

图1-2　普通高中分城乡在校生数历史变化（1998—2006）

资料来源：

1. 中华人民共和国国家教育部计划建设司编，《中国教育统计年鉴》（1995—1997年度各年），北京：人民教育出版社。

2. 中华人民共和国国家教育部发展规划司编，《中国教育统计年鉴》（1998—2005年度各年），北京：人民教育出版社。

3. 教育部，教育部全国教育事业发展统计公报（1998—2006）。

另一方面，普通高中2006年招生871.2万人，比上年减少6.5万人，下降了0.7个百分点。这在一定程度上反映出国家大力发展中等职业教育、促进高中阶段普职招生均衡发展相关政策的牵动作用。

二、普通高中办学条件明显改善

全国普通高中除了前面提到的校所数、招生数、在校生数以及入学率等方面都有提高，使更多的学生享受高中教育之外，普通高中在设施设备和教学仪器配备等方面也都有明显的改善和增加。与2001年相比，2006年普通高中体育运动场（馆）面积达标校数的比例为77.43%，增长3.17个百分点；体育器材配备达标校数的比例为77.64%，增长3.41个百分点；音乐器材配备达标校数的比例为71.39%，增长7.05个百分点；美术器材配备达标校数的比例为71.83%，增长8.37个百分点；理科实验仪器达标校数的比例为81.96%，比2002年增长4.99个百分点；建立校园网的学校占普通高中学校总数的比例为63.86%，比2001年增长38.93个百分点，说明普通高中信息技术教育设备配备方面取得显著进展。同时，与之相配套的学校占地面积、校舍建筑面积、图书藏量等也逐年扩大和增加，说明普通高中的各项办学条件逐年均有所改善和提高。

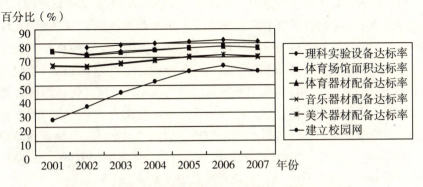

图1-3 我国普通高中设施设备历史变化（2001—2007）

资料来源：教育部全国教育事业发展统计公报（1998—2007）。

2007年和2003年相比，普通高中在设施、设备和教学仪器配备、校园网覆盖率等方面，都有明显的改善和增加，各项增幅在70%以上。

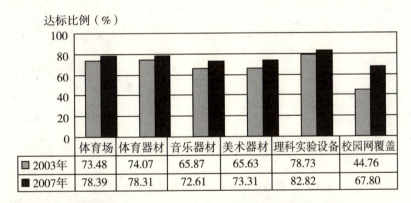

	体育场	体育器材	音乐器材	美术器材	理科实验设备	校园网覆盖
2003年	73.48	74.07	65.87	65.63	78.73	44.76
2007年	78.39	78.31	72.61	73.31	82.82	67.80

图1-4 我国普通高中教学设施设备达标情况历史变化（2003年和2007年）

资料来源：教育部全国教育事业发展统计公报（1998—2007）。

三、普通高中优质教育资源迅速扩大

在普通高中整体数量增长的同时，大部分地区示范性普通高中的建设在数量上均超过了原有的重点高中数，为更多的学生提供了优质教育。例如，江苏省在全面推进素质教育并取得丰厚成果的同时，开始注重高中阶段的教育，并以扩大优质教育资源为目的，在对原有省、市重点中学的星级评估中，也开始加大对非重点高中的财政投入、课程改革等举措。从2004年到2006

年，江苏省普通高中数有所减少，但重点、示范性高中校数却明显增加，2004年三星级以上高中占普通高中的34.8%，而2006年则达到了51.3%，在优质高中就学的学生占高中总人数的80%。可以说，基本实现了2002年"天津会议"上提出的"对大中城市和经济发达地区来说，应当力争在两三年内消除薄弱高中，把绝大多数普通高中办成高质量的高中，大幅度提高所有普通高中的办学水平和教育质量，努力使每一所高中都能成为学生和家长满意或比较满意的学校"的目标。再如，广西2000年启动"自治区示范性普通高中建设工程"，到了2007年年初，通过验收的示范性普通高中有97所，比2000年的重点普通高中增加了81所，优质普通高中资源增长近5倍。

全国普通高中的总体数量在2004—2006年，呈稳定增长的态势，在2006—2007年有微弱减少，但优质高中却在数量上呈现出持续强势递增的趋势。这一变化为更多的学生提供了优质教育资源。

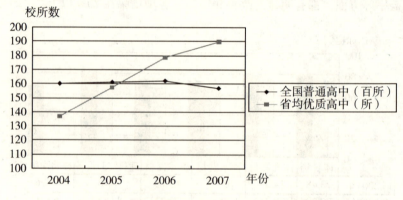

图1-5 普通高中与优质高中数量变化趋势比较

四、普通高中师资水平明显提高

1. 高中教师数量稳步增长

在普通高中教育快速发展、优质教育迅速扩大的同时，高中教师的数量和学历合格率方面都同步有所提高。如《2006年全国教育事业发展统计公报》指出：普通高中专任教师138.72万人，比上年增加8.77万人，生师比18.13:1，比上年的18.54:1有所降低，专任教师学历合格率86.46%，比上年提高3个百分点。纵观1998—2006年期间的普通高中教师历史变化可以看出专任教师数量和学历合格率都呈上升趋势（见图1-6、图1-7）。另外，近年来政府采取了一系列的措施，如大量增加农村教育投入，选派大量优秀教师到农村轮岗，开办各类面向农村教师的培训班等，不断加强农村高中师资建设。此外，高中高级教师比例在大幅度提高，城乡教师在职务结构上的差距也在逐步缩小。

图1-6 普通高中专任教师人数历史变化（1998—2006）

资料来源：教育部全国教育事业发展统计公报（1998—2006）。

2. 学历合格率逐年上升

2003年至2007年教师学历合格率由75%增长到90%，由75%增长到85%，增长10个百分点，尤其是2004年至2005年增幅更为明显，如图1-7所示。

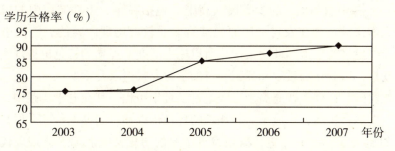

图1-7 全国普通高中专任教师学历合格率历史变化（2003—2007）

第二节 制定我国普通高中教育发展战略要基于现实问题及其成因

我国高中的发展尽管取得了许多成绩，积累了丰富的实践经验和成功案例，但存在的问题与面临的挑战也是严峻的，其中不少问题可能引发的后果是严重的，对此要有足够的认识，必须引起足够的重视，并应给予深入系统的研究，及时出台适切的政策。

一、普通高中"同质化"倾向严重，办学特色日益淡化

"同质化"是调查中各地校长提到频率很高的词，指因为高考、主管部门、家长、社会等的压力，其培养目标、办学形式、办学途径等，各校趋于一致，即一切以提高升学率为主办学。"同质化"可以体现在以下三个方面。

1. 在"同质化"影响下，学校因地、因人、因校制宜探索学校办学特色逐渐失去了动力。尽管各地一些传统名校或办学条件好的学校，仍有意识地保留或创造自己的办学特色，在课程改革、教材建设、学习方法改善、培养学生的综合能力等方面有过一些可贵的尝试，但这些创造对于绝大部分普通学校，甚至是对那些没有被评为市级、区级重点学校的老校而言，任何脱离高考升学的探索都是在冒着巨大的风险。

2. 有一些民办高中（如江苏的宿迁和无锡、湖南的长沙、湖北的武汉等地，民办高中不仅在数量上有的超过公办高中，办学条件和质量也接近当地最好水平）虽在办学特色方面做得比较突出，但由于缺少积极的评价引导和公平竞争的舆论及平台，其作用和影响并不明显。

3. 一些中西部地区的少数民族高中（包括在东、中部城市中的民族高中和大学预科）和在农村地区原先兼有职业教育培训内容的综合高中等学校，受到更多的压力和社会关注，所以原本的办学理念和特色也被现实的冲击所动摇，以僵化的教学和死记硬背的学习方式追求升学率。

在我国，有许多普通高中已经走过了百年历程，其在办学实践中，不断探索、发展、积淀，形成了一脉相承的优良传统和鲜明办学特色。但是，如何在21世纪使这些百年老校既散发着浓厚的历史文化底蕴又体现现代学府气息？这成为每位校长以及一些有识之士所关心和思考的课题。

有些百年老校不仅继承和发扬了原有的历史文化，还成功地实现了由百年老校向现代名校的跨越。如北京潞河中学为了实现跨越，从1998年开始，紧紧抓住创建示范高中这一有利契机，果断选择了多元开放办学方向，开始迈出了集团化发展的坚实步伐。如今，学校在不断扩大高中办学规模的同时，积极推进办学模式的改革，初步形成了以潞河高中为主，以潞河实验中学、潞河文化培训中心、潞河教育服务公司为分支的多元化的办学格局。

百年老校特色的淡化有来自学校在办学理念、办学目标等方面没有明确

定位的原因，也有外界环境变迁的历史与时代因素的交织影响。比如，许多地方政府和学校领导为了获得高额补偿，把处于中心位置的百年老校搬迁到相对偏远的郊区或者开发区，腾出土地卖给房地产商，美其名曰"整合资源"。但是，如此整合，不仅使上百年积累并发展的物质财富毁于一旦，造成严重浪费和流失，也使城市原貌和历史形态受到根本性的改变，抽掉了学校历史和文化的根。有些百年历史名校在当代出现了生存危机，而某些地方政府又采取了所谓的学校"整合"行动，迫使一些百年历史名校搬迁校址。这也在客观上造成了百年历史名校物质财富的大量浪费、毁损以至流失，是对百年历史名校的宝贵历史和独特文化的釜底抽薪，甚至程度不同地影响了城市原貌和历史形态的改变。

一个多世纪以来，百年老校在办学实践中，不断探索、发展、积淀，形成了一脉相承的优良传统和鲜明的办学特色。但是，随着改革开放和市场经济的推行等社会变革的影响，有些老校特色渐渐淡化。百年老校昔日的引领性和独特性渐渐消退。百年老校的精神文化积淀竟成为今天部分名校在新时期发展的羁绊。其原因主要来自以下几方面。

1. 学校管理体制单一

由于近些年社会大环境、生源结构以及教师队伍结构等发生了很大变化，而与这种社会变化相适应的学校管理水平、管理方式、管理手段、管理内容、管理力度等方面的变革却跟不上时代变革的步伐；在优化资源、探索新的管理模式方面没有新思路和新的办法；加之对传统的教学观念、教学方法、教学手段的眷恋，使得有些百年老校在管理体制方面与新兴学校相比显得过于单一。伴随着新兴学校特色的日益突出，百年老校的特色却日益淡化。

2. 学校办学模式单一

从百年老校实现向现代特色学校转换的成功案例来看，在办学模式上多数是走集团化、多元化发展之路。即在坚持办学规范的同时，注重办学创新实践；在巩固已经形成的学校文化的同时，不断提升学校文化的品位；在全面保证教学质量的同时，注重深化科技教育和积极推进课程改革；在坚持校本教研的同时，注重骨干队伍建设。而百年老校在办学模式上特色日益淡化的原因主要是对社会文化的转换，对传统优秀文化的传承，对多元文化的融合以及对学校文化的创生方面没有推陈出新，使得学校特色文化的营造和创新落伍于时代的要求。

3. 教育资源的配置逐步均衡化的影响

许多老牌名校得到"计划经济"模式眷顾，在"重点中学政策"的保护和保障下发展成享誉国内的"名牌学校"。但随着教育资源的配置逐步均衡化，昔日用国家财政重点扶持发展的优势逐渐消失。而新兴学校现代学校特色的崛起从侧面淡化了百年老校的昔日风采。

4. 对高升学率的追求

虽然素质教育实施多年，但是素质教育的实施远没达到预期效果，升学竞争没有随着大学、高中扩招而有所缓解，高中争抢生源的大战愈演愈烈，个别学校甚至不惜以免除杂费、设奖学金等优惠条件，跨市区花钱"买"高分考生。学生家长对高考升学率的关注已远远超过了对学校历史长短的计算。尽管百年老校仍有意识地保留或创造自己的办学特色，在课程改革、教材建设、学习方法改善、培养学生的综合能力等方面有过一些可贵的尝试，但这些创造都是围绕着高考升学率展开，因为现阶段任何脱离高考升学的探索都是在冒着巨大的风险。因此，对于百年老校来说宁愿失去原有特色也不愿意冒这个风险。

综上所述，百年老校要实现向现代名校的跨越，需要把历史传承形成特有的文化底蕴，既吸纳古今，又不断创新；要打造名师荟萃的队伍，提升教育科研品位；要实现科学与人文并重，规范与个性共存；要做到实验性强，示范性好；要坚持走"自主发展型"之路的学校文化建设。这样，才能恢复百年老校在学校文化建设方面昔日的引领性和独特性。

二、政府投入不足，普通高中经济负担过重

国家财政投入是普通高中发展的主要经费支柱。但是，国家对高中教育的投入明显不足。长期以来，我国教育实行"抓两头、放中间"的管理方式，普通高中既没有享受义务教育那样的政府全力保障，也没得到高等教育那种在政府投入的前提下，收取学生学费、吸收科研经费以及校办企业收入的多渠道收费政策支持。据统计，2004 年全国普通高中财政预算内教育经费仅占普通高中教育经费总数的42.3%，个别省份尚不足30%。有人认为可以用放开收费，提高收费标准，增加学费和学杂费的办法，让普通高中学校自谋发展，有的地方甚至不拨发教师工资。这些做法严重脱离实际。一方面，普高学校的发展需要继续搞好校园校舍建设，图书的添置，以及现代化教育技术设备的添置与更新，等等。一所学校就需要成百上千万元的投入，依靠增加的学杂费收入来发展，只能是杯水车薪。另一方面，虽然在总体上经济呈增长趋势，但农民的收入是否增加，增加了多少还是问题。假如将普

高学费提高到一年 4 000 元，加上住宿费、书本费、日常生活费，最保守计算一名学生一年至少要 7 000 元。据有关资料，1999 年年底农村居民储蓄余额约 1.4 万亿元，9 亿农民平均每人存款仅 1 500 多元，3 口之家也就不过 4 500 元左右的存款。凭这点儿存款，仅够一个高中生半年多一点儿的开支。这还没考虑一些特殊情况，如城镇下岗职工等数量巨大的贫困群体，广大的受灾农民等，他们根本不能承担子女读书所需的开支。

国家对高中教育的投入不足，主要表现在如下方面。

1. 政府财政对高中教育投入较低

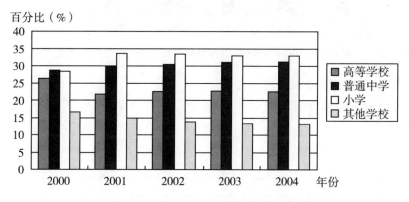

图 1-8 2000—2004 年我国教育财政投入分布比较

图 1-8 中的普通中学包括高级中学、职业高中、成人高中、初级中学，其他学校则包括中等专业学校、技工学校、特殊学校、幼儿园等。由图可以看出，2000 年教育财政投入在高等学校、普通中学、小学的比例相差不多；从 2001 年开始，直到 2004 年，教育财政投入最高的是小学，普通中学次之。

由于普通中学包括高级中学和初级中学，再看图 1-9，我们就会发现政府对高中阶段的投入相对不足。

由图 1-9 可以看出，从 2000 年至 2003 年，教育财政对普通中学的投入主要分布在初中学校，多达 60%，高中学校最低在 15% 左右，其他学校超过 20%；到 2004 年，教育财政对初中的投入增加到 67.3%，高中则达到 32.6%，其他学校只有 0.1%。

综合以上两图来看，从 2000 年至 2004 年，全国教育财政的投入主要在小学、初中，即义务教育阶段，大约在 60%，其次是高等学校，在 22% 左右，而高中只有 10% 左右，其他学校不足 10%。可以说，我国教育财政投入高中的经费相当少。

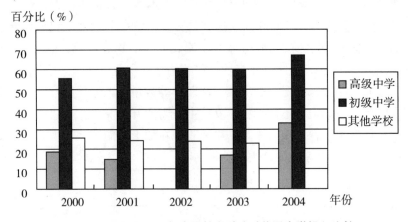

图 1 - 9 2000—2004 年我国教育财政对普通中学投入比较

2. 高中生均教育财政投入较低

由于教育财政在高中投入的比例偏低，所以高中生均所占的教育财政比例也很低。

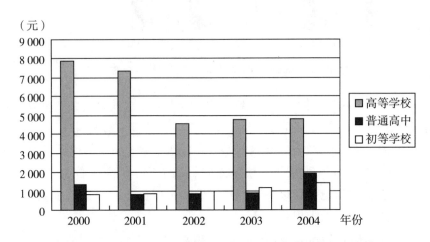

图 1 - 10 2000—2004 年我国各级学校生均教育财政投入比较

图 1 - 10 中的初等学校包括初中和小学。由图可以看出，2000 年至 2001 年，高等学校学生生均教育投入比例明显高于普通高中和初等学校，有头重脚轻之感；从 2002 年开始，虽然高等学校生均教育投入明显降低，但用于初等学校和高中生均的教育投入，同 2000 年和 2001 年相比，并无多少改变；到 2004 年，高中和初等学校的生均教育财政投入比例，尤其是高中生均有了明显的改善，但同高等学校生均相比，还是有些偏低。

另外，现场调研访谈中发现，学校经济负担重是各地反映的普遍现象。在所访谈的 6 个省份中，大部分对此都有强烈感受，描述举例如下：

"财政投入长期严重不足，财政投入只能保障工资。20 世纪 90 年代开始财政只解决 30% 的教育经费，剩下的支出由学校自己想办法。但限制收费的文件很多。""经费大量是贷款，量很大，还利息是学校承担的。个别市学校贷款一千万，还不是最多的。"（浙江省教育厅座谈会）

"值得注意的是，政府在普通高中阶段提高公共服务能力在减弱，高中是市场和产业化的结果，家长的负担很重。全省政府拿 40 亿，学校自筹 60 亿。"（江苏省教育厅座谈会）

"学校贷款 1 500 万到 2 000 万，要自己还，压力很大。不多一点校舍、设备、场地，就不能满足需求。"（广西壮族自治区教科所座谈会）

从实地访谈的结果综合分析，学校的教师工资、基建、教学仪器、图书以及日常教育教学的经费等，都没有获得充分的保障。这导致了一些高中校除了高考必考的学科外，其他学科或者缺教师，或者缺器材，或者缺必要的图书，不能开齐所有课程，难以通过教育教学的主渠道对学生进行全面发展的教育和培养，高中办学的教育目标受到严重挑战。

对于学校基本建设投入较高的学校，由于没有规范的标准与合理的规划，相关的论证和必要的程序也较缺乏，一旦负债就不仅是一次性的还债，还包括利息及对现有建筑设施的维修、保养，需要相当数量的年度经费支撑。

据调研组在不同地区的实地调查，一些地方高中的负债高达 1 个多亿，学校的常规收入在一定时期内只能偿还每年的利息部分，一遇生源减少等情况，形势便迅速恶化。此外，由于学校建设投入过度依赖民间和社会，在学校性质等深层问题上都会产生综合性的潜在隐患，并带来诸多的负面效果。作为办学主体的地方教育主管部门将经费责任推卸到学校和校长身上是违背办学规律的。

3. 高中教育经费结构和使用状况存在诸多问题

教育经费的结构和使用问题是多年来教育界及全社会议论较多的一个话题。那么我国高中教育经费的结构和使用状况到底怎么样？

据有关调查统计，现阶段我国公办高中教育经费中，政府财政拨款所占比例平均为 42%（像北京这样的城市大约占到 50%），政府财政拨款不足 30% 的省份有四五个，有的省份甚至只有 27%。学校每年收取的学费一般只占全年经费总支出的 5% ~ 10%，除此之外，剩下的经费缺口全部由学校自筹，70%以上的高中校长的主要精力在忙于创收。

看到这些分析，也许有人会产生这样的疑问：为什么国家教育经费投入总量不断增加，而当前经费短缺的矛盾反而更加尖锐了呢？20世纪80年代中期，在国家优惠政策扶持下，我国中小学校办企业蓬勃兴起，加上其他各种灵活多样的创收途径，大大弥补了学校经费的不足，也在一定程度上改变了教师社会地位和生活水平长期居于社会底层的窘迫处境。对于当时学校采取的各种创收措施，政府在政策上是支持的，或者是不干预的。但从20世纪90年代开始，一方面，随着国家税费制度改革以及对校企一体弊端的质疑，校办企业生存处境日益艰难，随后纷纷倒闭或与学校脱钩，与此同时，其他创收途径也逐渐被严格限制甚至取缔；另一方面，随着经济和教育改革的不断深入，高中学校的生均成本和招生人数成倍增加，其速度远远高于教育拨款增加的速度，正是这些原因导致学校教育经费空前紧张，矛盾异常尖锐。近年来，社会各界都对教育乱收费予以强烈谴责，学校一贯的清高形象遭到了质疑。然而在学校连基本生存都无法维持情况下出现的所谓"乱收费"，究竟谁该为这种状况负责？

在教育经费使用上，许多地方存在着"重硬轻软"甚至"只硬不软"的现象，也就是只重视硬件设施的建设，而忽视教师培训、课程建设以及实验室、图书馆的改造；有的学校即使建成了一流的实验室、计算机教室及语音教室，但使用效率也较低，资金和设备长期不能发挥应有效益。其次，在建设标准上个别地方存在相互攀比、过分追求豪华的倾向，一些高档次的体育、艺术场馆不仅耗资巨大，而且建成后每年还需投入大量的维护费用。

针对上述问题，政府无疑要首先切实加大教育经费的投入力度，确保公办学校的正常运转；对那些政府确实无法全部承担办学经费的地方和学校，则要科学测算出每所学校一年的运行总成本，而后合理划分政府财政投入和学校自筹各自应占的比例，属于政府投入部分的要足额投入，属于学校自筹部分的，政府要给出明确的政策。要加强教育投资项目的调研与论证，学校基础设施建设应坚持适度、节约、有效和可持续发展的原则，要做到"软硬兼施"，始终兼顾课程改革、教师培训等学校软环境建设。要适度控制学校发展的规模。一所学校的规模（班级数和班容量）究竟多大才算适度，目前部分学校盲目追求超大规模的做法是否可取，如何制定学校建设标准，对超标建设现象如何进行监管和控制，如何体现均衡和可持续发展原则，等等，这些问题要求我们进行认真调查研究以便为决策服务。

三、农村普通高中两极分化明显

当前，农村普通高中已经成为农村教育发展最薄弱的环节，农村普通高中发展中出现的两极分化现象，也成为人们关注的焦点问题。

从教育公平的视角分析，当前农村地区普通高中发展中存在着初中毕业生进入普通高中就学机会不均等和普通高中教育过程不平等两大问题。

其一，农村普通高中规模不足。近十年来，我国城市普通高中学校数量呈现逐年攀升的趋势，但农村地区普通高中学校数量却在逐步减少，农村地区普通高中在校生占整个普通高中学生的比例从1995年的24.09%下降到2004年的1.49%；由于学校校舍和师资短缺，农村地区普通高中"大班"现象十分普遍。

其二，农村高中两极分化趋势明显。在同一区域内，农村一般普通高中与重点高中（如"县中"）之间的差距十分明显，且有进一步拉大的趋势。据对某县的调查，"县中"与一般普通高中年度生均公用经费近3年相差1.6~9倍不等；2000年以来生均基本建设费"县中"与一般普通高中平均相差5.2倍；"县中"装备设施近3年累计投入达到了一般高中的6倍左右。随着重点高中凭借自身的"品牌"优势竞相扩大教育资源，其师资水平、生均校舍面积、生均设备值和生均图书等诸项均几倍于一般高中。

其三，农村高中"择校"现象日趋普遍。调查数字显示，重点高中交费择校的学生人数比例从1/3~1/2不等，而且总体呈现逐年上升的趋势，近年来更呈现跳跃式增长的态势。"择校热"引发了农村普通高中的"基建潮"。为了在日渐惨烈的竞争中占得先机，不论"重点高中"还是一般普通高中都竭尽全力建校舍、扩规模、增容量。重点学校之间更是掀起了一股"豪华建设"的攀比风，在一定程度上也引发了"多收费、高收费、乱收费"等教育不公问题。

其四，农村高中学生失学、辍学问题严重。一部分品学兼优的贫困家庭学生因得不到有效资助，不能进入普通高中就读；还有相当一部分成绩优秀的初中毕业生因家庭贫困不得不终止学业。据有关部门测算，2005年全国普通高中共有农村贫困家庭学生323万人，占全国普通高中贫困家庭学生总数的80%左右。

长期以来，我国教育实行"抓两头、放中间"的管理方式，普通高中既没有享受义务教育那样的政府全力保障，也没得到高等教育那种在政府投入的前提下，收取学生学费、吸收科研经费以及校办企业收入的多渠道收费政策支持。据统计，2004 年全国普通高中财政预算内教育经费仅占普通高中教育经费总数的 42.3%，个别省份尚不足 30%。

四、普通高中新课程改革与评价改革不配套

普通高中学校新的一轮课程改革已全面启动。随着课程改革的逐步落实，普通高中学校的教育定位、教育理念、培养目标、课程设置、教学用书、评价体系以及高考命题的方向等都将发生重大变革。在这次课程改革的过程中，所有的普通高中学校都在同一起跑线上，都将迎来新的一轮挑战。目前，普高新课程试行方案已在广州定稿，新课程体现了人文精神，重视实践能力。普通高中教育的定位和培养目标是在九年义务教育基础上进一步提高国民素质，面向大众的基础教育，普通高中教育不应是为部分升大学的学生服务的一种教育，而且应为学生的终身发展奠定基础。因此，各普通高中校应关注新一轮的高中课程改革，抓住机遇，在教育理念、教学方法、教材研究、评价体系等方面积极地进行探索研究，关注课改动态；积极参与，慎重稳妥地开展各种课改实验。只有这样，各校才能在这一轮的课程改革过程中，掌握主动权，形成新的核心竞争力，谋求学校的生存与发展。但是各地对课程改革的疑惑和困惑颇多，主要表现在以下几方面。

1. 对课程改革的理解有众多分歧

不少文章和著作对课程改革提出了许多新的见解，学校的校长和教师大多能说出多种新观点，但口头上所说的是否能反映出教育教学思想的变革？是否能反映到真实的教育教学行为中？有的学校和教师认为用了新教材就等于进入新课改了，相关认识亟待进一步提高。

2. 教师培训不足

教师培训的方式，目前多采用"层级式培训方式"，即省级教师接受国家级培训后回去给地区级教师实施培训，地区级教师接受培训后回去给县级教师实施培训。这种培训，信息衰减和扭曲比较大，出现"画虎类猫"的现象，其效果值得怀疑。

部分从事教师培训的培训者，自身缺乏一线高中教育教学经验，这样导致其培训的内容脱离实际教学，缺乏针对性。

3. 课程改革与评价改革不配套

强势的高考分数依然几乎是评价高中水平的唯一导向性指标，有些地区

甚至要高中校长下"军令状",高考升学率只能上不能下,并以此作为校长任免的主要标准,对高中办学的压力完全集中在高考方面,课程改革则被视为"风险"而受到实质上的冷落,改革的推进十分艰难。

4. 高中课程与初中课程缺乏有机衔接

就高中课改本身而言,在课程教材、教法学法、考试评价等方面,与初中的衔接也还存在着许多不吻合的地方。例如,一些考试,初中时还可以使用计算器,但到高中反而不允许了;一些中考不考的科目到高中反而要考。这些都给高中的教育教学带来了困惑和烦恼。

五、普通高中优质资源相对不足,分布失衡

在高中阶段,各地高中学校间的差距比较明显,不仅存在东、中、西部之间的地区差异,在一个地区内,城市与乡村之间也有较为明显的差距。我们以县为考察单位,各县的"一中"都是政府投入最多、条件相对最好的学校,教育界统称此为"县中"现象。其主要特征之一是,该县一般要倾全县之财力来打造和支撑这所"脸面学校"或"窗口学校"(其中不少是拥有上万名学生的巨型学校和建筑在当地属于超豪华水平的"一流学校")。近年来,东部地区的浙江、江苏、广东等省,在县一级大多建有3~5所普通高中,不少地区也注意到这些高中的均衡发展,力求使所有的高中逐渐达到标准高中的水平。但在其他广大地区,位于城市的高中与位于乡村的高中存在着极大的差距。不仅优秀的教师外流、出色的学生外流,甚至还会因这些不公平现象引发学校间的恶性竞争。如有的学校高价吸纳中考尖子生和高水平的教师。

各地政府对各高中的投入和政策倾斜也有较大差别。调查发现,北京有的高中地方政府投入3亿元以上,有的高中却长期得不到足以改造学校面貌的投入。对于一些全国有名的"重点校",不仅有充裕超常的资金来源,还有多方面的优惠政策。如高投入(包括政府、社会、家庭等来源)、高级别(一些校长相当于大学副校长的待遇)、高收入(其教师比农村和城乡结合部的高中教师收入高出至少一倍以上)、优资源、户口指标(包括教师及家属进城等)、好条件(某名牌高中开设6门以上的外语,超过许多大学;教学人员从全国挖;教师多数有出国进修机会)、最优学生(录取中考成绩最高的学生)等。

六、进城务工人员子女义务教育与普通高中教育衔接面临考验

面对农民大规模流入城市务工，保障其随迁子女平等接受义务教育成为实现教育公平的重要组成部分，也是实现社会公平的重要保障。目前国家"两为主"政策已在各地得到深入贯彻，新修订的《义务教育法》也为保障进城务工人员子女在流入地接受教育作了明确的规定。在这一大背景下，进城务工人员子女是否能"进得来、留得住、学得好"，成为政府和社会各界日益关注的问题。为此，中央教育科学研究所课题组于 2007 年 9 月~10 月在北京、上海、广州、杭州、无锡、成都、郑州、顺德、义乌、沈阳、石家庄、乌鲁木齐 12 个城市开展了进城务工人员子女教育现状典型调研，对进城务工人员子女义务教育状况进行了较为全面、深入的研究。研究表明，进城务工人员子女的教育有管理方面、学习方面和心理方面的问题，尤其是义务教育后的高中教育衔接存在问题。

进城务工人员子女学籍管理混乱。由于进城务工人员子女流动频繁、随意，很难建立一套持续、常规的学籍档案，致使难以清楚掌握进城务工人员子女流动去向，学籍管理混乱。同时，民办进城务工人员子女学校教师来源复杂、学历偏低、流动频繁。民办进城务工人员子女学校管理者的学历水平和学校必要的设施设备方面存在明显不足。通过对校长学历调查发现，在公办学校，具备硕士及以上学历的校长占 14.7%；在获准民办进城务工人员子女学校，具备硕士及以上学历的校长仅占 4.0%；而在未获准民办进城务工人员子女学校，具备硕士及以上学历的校长比例为零。在民办农民工子女学校校长中，尚存在中专及以下学历者，他们在获准民办农民工子女学校与未获准民办农民工子女学校的比例分别为 4.0% 和 28.6%。这说明民办进城务工人员子女学校尤其是未获准民办进城务工人员子女学校管理者的学历水平普遍偏低。

从招生方面来说，流入地政府难以预测进城务工人员子女的流动趋势，在接纳上很难制订出合适的招生计划。教育规划缺乏前瞻性，城市教育布局不够合理。

民办进城务工人员子女学校的教育教学质量较差。与在公办学校就读的进城务工人员子女相比，民办进城务工人员子女学校的进城务工人员子女在学习成绩的自我评价和学习态度方面均处于落后的水平，同时，教师的教育教学也不理想。

进城务工人员子女接受义务教育后教育的意愿难以实现。通过调查发现，有相当一部分进城务工人员希望子女初中毕业后继续在流入地读高中，其中，在公办学校中，进城务工人员的这种愿望最为强烈，占 58.25%；为获准民办进城务工人员子女学校的农民工家长，占 42.94%；为未获准民办进城务工人员子女学校的家长，占 30.18%。这表明，由于公办学校教育教学质量较好，进城务工人员更希望子女继续在流入地高中学习，享受城市优质教育。然而，进城务工人员的这种愿望与现行的高考制度是相矛盾的。在调研中也发现，流入地很难向进城务工人员子女开放普通高中教育。

进城务工人员子女在城市完成九年义务教育后，面临着在哪里接受高中教育的问题。目前的政策规定，进城务工人员子女须回到原籍参加高考。如果这些学生回原籍参加高考，由于他们在城市学习的小学、初中课程内容，所接受的教师教学方式，与他们原籍学校的课程内容、教师教学方式差异很大，这样造成他们学习适应不良。如果这些学生留在城市继续读高中，也面临问题：他们无法再享受义务教育阶段的优惠政策，这给很多家庭带来沉重的经济压力；另外也同样给借读地的高中学校带来困扰，不少借读地的校长表示不少优秀学生在学校读到高二或高三上学期突然回原籍，对学校而言是一个无奈的遗憾。

国家越来越认识到，保障进城务工人员子女平等接受教育，不仅是基础教育发展中的重要问题，也是关系国计民生的重大问题。中央政府以及各地政府近几年致力于解决进城务工人员子女的义务教育问题，已经取得了不少成绩。但随着进城务工人员子女的成长，在哪里就读高中将成为社会关注的新问题。令人欣喜的是，2010 年 7 月颁布的《国家中长期教育改革和发展规划纲要（2010—2020）》（以下简称《教育规划纲要》）中有一条就是："切实解决进城务工人员子女平等接受义务教育问题"、"制定进城务工人员随迁子女义务教育后在当地参加升学考试的办法"。《教育规划纲要》重申了以流入地区管理为主，以全日制公办中小学为主的政策。同时，针对目前务工人员子女仍需回乡参加初高中升学考试的现状，《教育规划纲要》提出要制定进城务工人员随迁子女义务教育后在当地参加升学考试的办法。这意味着，进城务工人员随迁子女将有望在流入地升学。根据 2009 年的统计，我国已有 1.3 亿进城务工人员，其随迁子女如何在城市接受教育，他们如何享受"同城待遇"已成为政府面临的重要新课题。

第二章

国内外普通高中教育发展战略的历史
选择和新取向

　　由于我国普通高中教育发展战略研究尚属空白，迄今缺乏系统明确的阐述。但是，要科学研制我国普通高中教育发展战略，就必须系统地了解历史，了解在历史上我国普通高中教育发展战略的历史选择、历史嬗变和历史特征。这样，我们才能找到我国普通高中教育发展战略的历史起点，自觉地把握我国普通高中教育战略发展的历史脉搏和时代走向。同时，在国际交流日益频繁和改革开放的今天，制定我国普通高中教育发展战略，也必须参照国外普通高中教育发展战略的历史选择及其新取向。为此，我们有必要重点围绕我国高中百年历史名校发展的战略选择及其特征，对其进行深入的分析，并结合国际普通高中教育发展战略制定的经验，以便科学确定新时期我国普通高中教育发展战略。我们从国内外普通高中教育发展战略的历史选择和新取向展开研究和分析，主要聚焦于以下两大向度的问题：一是我国普通高中教育发展战略的历史选择、特征及其主要成因，二是国外普通高中教育发展战略的历史选择与新取向。

第一节　我国普通高中教育发展战略的历史选择与特征

一、普通高中百年名校的战略定位及其历史选择

　　我国高中百年历史名校[①]，是某种教育思想、办学理念、精神、文化和办学行动凝聚为一体的产物。我国高中百年历史名校的发展有其内在的规律和特点。它是我国历史上高中发展的各种综合因素有机融合的产物，是我国高中发展战略的历史性选择，带有我国高中发展的历史必然性，具有某种重要的启示意义。从我国高中百年历史名校发展战略的构成上看，有独特的思想理念，有必要且适当的经济社会条件，有特定的人物及其自觉自主的办学行动等。中国新式学堂兴起以来，一些高中历史名校的案例有力地显示出这些学校的特色来自于校长坚持一定的思想和理念自主办学、教师秉持某种精神自主教学、学生恪守某种做人做事的原则自主学习，逐渐会聚达到一种默

---

　　① 本章在高中百年历史名校中，有时使用"高中"而不是"普通高中"，是因为在那个历史时期高中还没有如此分化，还是一个相对笼统的概念。而且有的时候还有别的叫法，如"中等学堂"，杭州市高级中学的前身之一浙江一师等。为了尊重历史，我们统称高中或高中百年历史名校。特此说明。

契和谐的境界，当这种境界免于受到外界环境条件的冲击时便能保持延续下来，形成特色高中发展的历史积淀，否则便会中断。

1861年建立的京师同文馆以及后来建立的各种实业学堂是现代中等教育的源头。1898年康有为提出《请开学校折》后，各地将府城的书院改为中等学堂。1904年的《奏定学堂章程》确立了学制系统中五年中等教育的制度设计，1905年清政府下诏"立停科举以广学校"，现代意义上的中学在中国逐渐建立并发展起来，其中极少数中学延续至今，已经走过了百年历程。这成为我国当代普通高中教育发展战略研究的宝贵的源头活水。

在百余年高中办学实践中，一大批仁人志士、校长师生不懈探索，使我国高中学校得以持续发展、积淀，形成了一脉相承的优良传统和鲜明办学特色。这些历史名校不仅为社会培养了数以万计的优秀学子，而且经过长期的历史文化沉淀，形成并拥有了一笔极为宝贵的精神文化财富，即特色鲜明的学校历史文化，独具特色的办学理念，人性化的管理模式，切实有效的教育教学方法，呈现出鲜明的学校个性特色。

通过中国历史上高中历史名校特色的分析，可以归纳出高中历史名校特色的基本内涵：一是具有独特教育价值追求，并在此基础上形成的办学理念；二是具有与当时当地社会环境相符合，并得到师生广泛认同与遵循的人性化管理模式；三是积极有效的教育教学方法；四是在长期办学实践基础上形成的相对稳定的学校文化传统。

整体上看，学校特色是指不同办学者依据当时当地条件以及学生成长发展需求、教师职业人生追求在其办学过程中作出各不相同的选择，表现出各具独特性、差异性和多样性的结果。

学校的特色可理解为学校的文化性格，它既有确定的内容，又具有时代性和相对性。在特定的时期和特定的环境中，一所学校的特色是鲜明的、具体的、饱满的。随着时间、学校内部环境和外部环境的发展变化，任何一所学校都要自觉与时俱进，在原有历史文化积淀的基础上进行新的生成，以保持其文化生命旺盛的活力；在同一时期不同学校的特色是也可以很不相同的。

二、我国百年历史名校战略发展的特征与新取向

一所特色学校的产生需要多方面的条件。在中国曾经出现的高中特色名校中，各校形成特色的原因又各不相同，其中有因某一事件而一举成名的，

也有因某一人物而著名的；有些学校一开始名气就很大，也有学校数十年后方显出不凡特质；有些学校著名因源于政治性因素，有些则源于经济或社会其他因素，这些都有一定的偶然性和不确定性。同时，必须承认，历史名校特色的形成必须遵循学校发展的内在规律，不同特色学校的形成有着其内在的共性因素，具有某种共同的特征。

高中教育定位于兼顾学生升学和就业两种准备，注重育人，侧重实用。

（一）先进的办学理念是百年历史名校战略发展的核心

校长或学校主办者（投资人）是学校的灵魂，是学校办学方向的引领者和教育理念的实践者。校长的办学理念和办学思想则是学校发展的精神动力，是学校的一面旗帜，是学校特色形成的根源性因素。没有科学理念的办学行为是盲目的，缺乏可持续发展的力量。校长的办学理念被教师认同，内化为全体教师的理想和共同愿景，就会焕发出学校发展的巨大潜能。纵观我国历史名校特色的形成与演变过程，校长的人格魅力以及办学理念是决定学校特色形成与发展的原动力。

如南开中学创始者张伯苓在学校建立时就制定了"允公允能、日新月异"的校训，天津耀华中学在1927年建校后赵天麟校长的校训是"尚勤尚朴、唯忠唯诚"，汇文中学1926年高凤山作为第一任中国校长后提出"智、仁、勇"的校训。杭高前身之一，经亨颐主持下的浙江一师就提出"与时俱进"的办学方针。由夏丏尊作词、李叔同谱曲的百年前的校歌将这一理念加以发挥："人人人，代谢靡尽，先后觉新民……"此后，杭州市高级中学以科学、民主、求真、创新为校风，以勤奋、求实、开拓为学风，推动其在历史上数度站在时代与教育改革大潮的前列，曾出现两位不畏强权、不愿开除进步学生而遭免职的校长，一位是经亨颐，另一位是崔东伯。正是这样人格独立、不畏强暴的校长和师生们表现出的正义感，使学校在社会上树立起令人景仰的崇高形象。

北京高等师范学校（即北京师范大学前身）教授林砺儒于1922年兼任北京高师附中主任（即校长），长达十年，他率先推行"六三三"学制（即小学六年，初高中各三年），对中国中等教育革新有开拓之功。他在就任演说《我的中等教育见解》中，批驳了中学教育不过是通往大学的一道桥梁这样的谬见，提出"中等教育其自身就是目的，绝非为将来某种专门之准备"，"中等教育的任务就是引导少年人格之放射线到各方面去"。

毕业于北师大附中的哲学史家、北大教授张岱年说，自己永远忘不了林校长在 1924 年对全校学生作的一次演讲。其中讲到德国哲学家康德的三大律令中最重要的一条就是，把人人都看做目的，不要看做手段，并认为这是康德的大发现。这一点正是我们今天所提的"以人为本"观念的核心基础。

北大教授陈平原认为，中学的历史本身就是中国现代化进程的一个重要环节，它的得失成败，是和这一百多年中国的现代化进程联系在一起的。这里所说的"中学"，既包括具体的某某中学，也包括作为整体的中学教育。不要只强调出过多少部长、院士、作家，而要挖掘有趣的故事和教育理念，比如教学方式的变革，教材的演进，师生之间的交流等，以便进一步反省今天的中学教育。陶行知曾说："一个好校长就是一座好学校。"这充分说明了学校办学理念与人格魅力的重要性。

（二）相对宽松的办学环境和管理环境是百年历史名校战略发展的重要保障

相对宽松的办学环境是百年历史名校顺利发展的社会保障条件。这一条集中表现为，中央政权对地方的控制削弱，地方势力崛起，自主兴办学堂。

清王朝是满族贵族与汉族地主阶级的联合政权，但满族是统治民族，满族贵族集团居首要地位，汉族官僚集团居次要地位。地方官吏汉员较多，但总督几乎全是满员、巡抚则满汉对等。但是，到清朝后期，汉族官僚集团地位上升，并且最终取代满族贵族集团的统治。鸦片战争前夕，道光帝鉴于满族大臣的无能，破例委任林则徐为钦差大臣办理禁烟事宜，已经初露汉员地位上升的迹象。在军事上，八旗兵一直是清王朝依靠的主要军事力量，其待遇、装备远远优于绿营兵。太平天国割据江南，八旗兵不堪一击，满员不堪一用，清王朝岌岌可危。清朝早、中期，汉族官僚集团尚未形成足以与满族贵族集团相抗衡的力量，只能依附于满族贵族集团，因此，两个集团的矛盾尚未尖锐化。清末的政治格局很复杂，即使在清军各派之间也常有互夺军火粮草的事情，而清廷也无力控制。最后，靠汉族官僚曾国藩、李鸿章、左宗棠等建立湘军、淮军地主武装才打败了太平天国，挽救了摇摇欲坠的清王朝。清廷不得不破例给曾、李封爵。尔后，李鸿章跻身军机，成为晚清的栋梁之臣。而且，淮军也取代八旗、绿营成为清军主力。所谓"同光中兴"实在是凭借汉族官僚集团之力。自此以后，汉族官僚集团地位空前上升，不断的外患内乱给他们创造了崛起的机会，统治危机又迫使统治集团进行改良，搞洋务、变法维新、编练新军，这些都需要人才，形势进一步把汉族官僚集团推向政治舞台的中心，军队最后也掌握在汉族官僚集团手中。甲午一战，暴露了旧式军队的腐朽，清廷开始编练新军。最后，袁世凯、冯国璋、段祺瑞、徐世昌等养成羽翼，把持了新军。满族贵族集团曾一度以"回乡养疴"的名义解除了袁世凯的军权，但袁在新军已成势力，满族贵族集团失去控制。武昌战事一起，袁世凯就指使其党羽胁迫清廷恢复其军权，并委任其为总理大臣。这样，清朝军政大权终于落在汉族官僚、军阀集团手中。袁凭借实力，一方面威逼革命党拥戴他为大总统，同时又胁迫清廷退位交出政权。

与满族贵族集团没落、汉族官僚集团上升的趋势相一致，中央政权对地方的控制削弱，促成了地方势力的崛起。地方势力的崛起，还有经济上的原因。洋务运动中，地方官僚兴办了一批新式工业以及文教事业，如曾、李、左兴办的军事工业，张之洞在湖北等地建立的纺织、煤矿、冶铁等企业。这些官僚企事业加强了地方的独立性和经济实力。同时，民族资本的发展，也要求地方政府维护其利益，以抵制中央政府的压迫（如四川的保路运动），这在南方各省较为明显。这样，地方官吏与地方势力相结合，形成了自己的特殊利益和相对独立性，中央的控制削弱，甚至出现地方与中央分庭抗礼的局面。当义和团运动兴起，清廷向各国宣战、围攻使馆之时，湖广总督张之洞、两江总督刘昆一以及督办卢汉铁路大臣盛宣怀却公开抗拒朝廷，独自与被视为交战敌国的英、美、德、法等国结成所谓"保境安民"的"东南互保"。后来，闽浙总督及蜀、鲁、豫、陕等督抚也纷纷宣布支持或赞同，从而使"互保"区域远远超出了东南的范围，这表明了清朝统治的严重危机。值得注意的是，"东南互保"是在东南地区的大商人、大资本家（如张謇）和著名士绅（如陈三立、汤寿潜）等的推动下才搞起来的，这说明地方官吏与地方势力的结合已经形成。至于戊戌变法以后成立的地方参议会，更成为地方士绅、资产阶级与地方政权的联盟，在辛亥革命中扮演了重要的角色。地方势力为了保护自己的特殊利益，互相争斗，逐渐出现了民国初年的北洋军阀统治和军阀割据的局面。

正是在中央政权对地方的控制削弱，地方势力崛起的历史条件下，各地方势力纷纷自主兴办学堂。其中，洋务运动期间地方势力所办的各式新学堂，主要有外语学堂、军事学堂和科学技术学堂。其中，外语学堂七所，除恭亲王奕䜣奏请在北京创办的京师同文馆外，其余包括上海同文馆、广东同文馆、新疆俄文馆、台湾西学馆、珲春俄文馆、湖北自强学堂等六所，皆地方势力所办。军事学堂十五所，基本为地方势力开办。洋务运动时期开办的军事学堂共有十五所，其中包括水师学堂、武备学堂、军事技术学堂、福州船政学堂、上海江南制造局操炮学堂、天津水师学堂等。洋务运动时期开办的科学技术学堂，共有十四所，如福州电报学堂、天津电报学堂、上海电报学堂、湖北算术学堂、南京铁路学堂等，基本为地方势力开办。

西方传教士在中国本土举办教会学校，享有很大的办学自主权，这也是中央政权控制削弱，办学环境宽松的一个重要方面。

相对宽松的管理环境是学校正常发展的重要条件。譬如，北京 166 中学的前身——贝满女子中学，作为由美国基督教公理会创办的一所学校，当时所开设的课程非常"现代化"，学生要学习地理、地质、代数、历史等。教科书很多是从美国教科书直接翻译的，但是，学校教学也并非完全"西化"，而是注重中西结合，冰心当时学习的历史，就是《资治通鉴》摘编的"鉴史辑要"。从这些可以看出学校教学也具备"开明"的特色，并不一味强调"西式"教育。另外，教会学校教学的一个不容忽视的特色是英文教学，这个特色在当时有相当的影响，即使在今日来看，也完全可以成为学校教学亮点之一。比如冰心的父亲让女儿上这个学校，原因之一就是认为学校的教学"英文纯正"。

杭高前身杭州第一师范在与浙江教育界中的新旧文化交锋中，曾成为浙江新文化运动的中心。当时，有后来在文学界享有盛名、被称为该校"四大金刚"的国文教员陈望道、刘大白、李次九、夏丏尊。1919 年 5 月，学校因新文化运动与浙江省议会议员发生激烈争斗。有学生还自筹资金创办了《浙江新潮》周刊，宣扬革命。该刊物第二期出版后，杭州便酝酿了澎湃的政潮，于是被杭州警察机关禁止发行。省教育厅先是要求经校长解聘一师教授白话文的这四位国文教员，又要求开除参加刊物编辑、出版的学生。经校长均不允行。于是，教育厅设法找借口欲免掉经亨颐校长。但是，经亨颐校长坚决维护教师和学生，并据理力争坚持学校相对独立的办学理念和文化追求。经过几番较量，最后还是浙江教育行政当局收回成命，改变了已经作出的决定。

北京师大附中"确是一个青年们能安心读书的好场所，""得领时代新潮。"她在最新的教育理念指导下，几乎总是在进行"教改"。林砺儒校长于 1922 年就主持"六三三"新学制，试验自编教材、自订课程标准、自订学则等，不断汲取世界上先进的教育思潮，参以实情而创新，防止成为"书呆子制造所"。校园里到处体现出"思想自由、兼收并蓄"的风气，如《校友会会刊》发表有纪念马克思的文章，而新文学女作家石评梅等经常到陶然亭去吟诗作赋。在北师大附中，教师和学生经常可以听到当时著名的大家们的演讲。钱学森、李健吾等便是北师大附中这所百年名校发展历程的杰出校友代表。

在南开中学，学校和教师总是千方百计地给学生创造一个开放、包容的成长环境，培养、鼓励、激发学生的个性、创造性，使其自己选择学习和发展。在那里，考试不是衡量一个学生的绝对标准，课业授受也不是衡量一个教师的绝对标准，人本身始终是目的、是尺度、是根本，其他的一切都是从属的、次要的。重庆南开时期，教学水平和严谨态度有口皆碑的物理教师魏荣爵的班上有一个富有文学才华，但数、理、化成绩欠佳的学生谢邦敏。1941年物理毕业考试时，这个学生竟然一题也回答不出来，只得交了白卷，但心有不甘，便在卷上填词一首，调寄《鹧鸪天》。按南开校规，主课一门不及格且补考仍不及格者，不得毕业，只作为肄业。魏荣爵老师阅卷时，竟在卷上赋诗一首："卷虽白卷，词却好词。人各有志，给分六十。"使这位学生顺利毕业，并考入西南联大法律专业，后来这个学生登上了北大讲坛，并受中共地下党委派遣进入北京市旧法院做书记，新中国成立后被任命为第一刑庭庭长，成绩斐然。

由于外部社会环境、学校内部管理环境相对宽松，一些历史名校在当时当地的社会声誉很高，一方面能对当地社会发挥价值、引领效应，其中一些学校曾经成为当地社会名副其实的中心；另一方面，这样的学校获得社会的支持日益增多，历史上的南开中学便是在众多的社会认同者的支持下不断发展壮大的。这说明相对宽松的管理有益于学校与社会间形成良性互动，促进其特色形成与发展。

杭州高中1954届校友徐匡迪曾在一次教师论坛上说："教育是事业，事业的意义在于献身；教育是科学，科学的价值在于求真；教育是艺术，艺术的生命在于创新。"这也可以作为杭高真正特色形成原因的一种诠释，即有特色的学校是教育工作者对高远教育理想的不懈追求的结果，从过程上看它是自主性、个性化的。如果管理上要求过多、过细、过于统一，就会限制特色的产生。

（三）学校有较大的办学自主权是百年历史名校战略发展的制度保障

对历史上著名特色高中的分析，都反映出校长能够自主办学、教师能够自主教学、学生能够自主学习，这是学校办出特色的内在先决条件之一。

自主办学、自主教学的重要原因之一，是办学者往往是旧官吏，在旧政府内外有较深的交往。特别是，他们拥有较高的社会地位、较深的人脉关系、稳定的经济来源以及较大的文化影响力。譬如，许多办学者是清末旧官吏，在政治上有一定的活动能力，在经济上能获得支持，在传统文化上家学渊源，他们在清末以来的政治角逐与动荡中基本上能保持自立。这方面，以南开为例。南开创办人严修，是清末官吏，点过翰林，做过学政，新政后又做过学部侍郎。可以说，南开大学得以奠定巩固始基并获初步发展，是与严修的努力与名望有着极大关系的。胡适在分析南开教育时，曾对严修在天津地方、直隶全省的道德名望及其对教育的信念、对新时代新学识的虚心接受给予很高评价。可以说，没有严修，就没有南开。严修在南开大学的最初发展中，曾以个人财力、物力给过学校很大支持。严修慧眼识贤才，对周恩来的器重和资助，在很大程度上为 1949 年后的南开赢得了重要的政治保障。

自主办学、自主教学的重要原因之二，是许多办学者是革命派，在新政府内外有较深的交往。特别是，在革命势力日益高涨和得势后，有较深的政治资本，很好的政治前途，办学是他们的起步事业，或者中间一段时间的事业。早期学校的领导，或其他教育界有名望人士绝大多数是主张教育独立的，反对政府对教育的各种干预和牵制。20 世纪 20 年代，中国教育界曾经涌动起一股要求"教育独立"的思潮和运动，其标志是 1922 年蔡元培《教育独立议》、李石岑《教育独立建议》等方案的提出和当时南北各校师生的有关活动。清末，章太炎即提出教育独立的设想："学校者，使人知识精明，道行坚厉，不当隶政府，唯小学与海陆军学校属之，其他学校皆独立。"其主旨是摆脱清政府对中等以上学校的干预，保证学术、教育的自由发展。与此同时，严复亦主张"政、学分途"，而王国维更明确强调："学术之发达，存乎其独立而已。"西方观念的启悟和中国书院的传统，使得上层知识界对学术和教育相对独立于政治已有了清晰的近代意识。1912 年，蔡元培作为民国首任教育总长发表《对于新教育之意见》，其中论及政治家与教育家的区别：政治家是以谋现世幸福为其目的，而教育家则以人类的"终极关怀"为其追求；故而前者常常顾及现实，而后者往往虑及久远。因而他主张共和时代的教育应当"超轶于政治"。此番议论，颇令时人耳目一新。在民国肇始、党争甚烈的政治环境中，蔡元培组建北京教育部，全然不顾党派之分，请出教育专家、共和党人范源濂做次长，称"现在是国家教育创制的开始，要撇开个人的偏见、党派的立场，给教育立一个统一的智慧的百年大计"。1922 年初《教育杂志》《新教育》先后刊发李石岑、周鲠生、郭梦良等人研讨"教育独立"的文章，其中蔡元培《教育独立议》堪称代表作。此时蔡主持北大已五年之久，又刚从欧美考察归来，他明确提出："教育事业应当完全交与教育家，保有独立的资格，毫不受各派政党或各派教会的影响。"他主张仿行外国的大学区制,实施超然独立的教育体制。

教育独立,自主办学,是经亨颐执掌各所学校和浙江省教育会时的一贯主张。他任校长的杭州一师,1913 年改名为浙江省立第一师范学校(简称"一师"),他历任校长十三年,并兼任浙江省教育会会长。"五四"运动期间,经亨颐领导的浙江第一师范学校与北京大学遥相呼应,成为江南"五四"新文化运动的中心,培养出了大批有理想、有追求的学生,如丰子恺、潘天寿、刘质平、曹聚仁、魏金枝、施存统等,都是与这位校长分不开的。他们后来走上各不相同的道路,其中都带有一师的痕迹,带有那个时代特有的标记,他们有幸赶上那个时代,接受新文化的洗礼。熟知经亨颐的同乡学人范寿康评价,他在担任一师校长时,"不引用私人,不染指公帑,聘良师,久其任,以勤慎诚恕四字为校训,砥砺诸生,成效卓著。……先生主持教育,一本平生所谓'人格教育'之主张,以身作则,刚正不阿,精神大公,思想开朗,注重感化与启发,反对保守与压制。对于学生因材施教,辅导其自动、自由、自治与自律,不加硬性拘束。对于课程,主张全面发展,自文学、艺术、科学、数学以至体育、运动,无不注重。举凡陶铸个人身心各方面之知、德、体、美、群五育,无所不包,而目标则在于培养正直、坚强、学识兼备之人才,为国家服务。"对于学生的请求,只要理由充足,他总是应允。在"五四"大潮中,经亨颐决心在浙一师进行教育革新,于1919 年下半年付诸实施,主要集中在上面提到的四个方面,甚至提出学生自治和改文言为白话文。此外,学校还出现了书报贩卖部,《星期评论》《教育潮》《建设》《少年中国》《新青年》《新潮》《建设》等新刊物都有不小的销量。

以江苏省锡山高级中学为例。江苏省锡山高级中学引起国内基础教育界的普遍关注,最初源于其自主课程探索。在 20 世纪 90 年代的校本课程开发和随后开展的研究性学习课程实践,确立了其在新时期国内基础教育界的地位。然而,在梳理锡山高中百年历史流变的过程中,发现这所学校的课程文化远比想象的丰富,其对课程的理解与建设早在 20 世纪二三十年代就已形成鲜明的学校特色,学校本位的课程开发与建设对学校自身的发展产生了巨大而深远的影响。

1927 年,在黄炎培先生的大力举荐下,留美博士、近代著名教育家殷芝龄先生从校主匡仲谋手中接过委任书,自上海风尘仆仆来到无锡乡下主政匡氏学校。在他主政学校的六年时间里,匡村中学依照政府颁行的课程标准，从学校实际出发进行"课程剪裁"。那时，学校以普适性的课程尽可能适切本校学生发展的需求，从而增进课程的针对性与有效性，并将培养自主研究能力作为课程的主要目标。为此，学校专设"研究科"课程，以工商研究、农桑研究、社情研究来落实课程目标。课程实施的水平令人惊讶，理科主要学科选用了国际一流水准的原版教材，采用"浸没式"的英语教学方式。课程开发的水平是衡量一所学校教育水平的重要标志，也是学校教育质量的根本保障，匡村中学时期的课程建设行动也许具有中国农村现代基础教育里程碑式的意义。殷芝龄校长努力付出的教育智慧，成就了匡村中学独特的课程文化。为此，1931 年，奉国民政府之令，当时的教育部颁给匡村中学一等奖状，也许这是对殷芝龄先生主政学校的充分肯定。

锡山高中迫于自身生存的现实教育困境，20 世纪 90 年代初期走向了校本化的课程实践。这一次"自救式课程"的探索再次成就了锡山高中，他们数年的探索最终形成并完善了包括需要评估、目标确定、框架建构、课程申报、课程审议、选课指导、班级组建、评价反馈在内的系统开发流程，研发了《开发指南》《课程纲要》等课程管理的系列文件，创造了课程委员会等有效管理机制，改革了包括课程评价、教学评价、学生评价在内的评价方式，形成了课程开发的技术规范，丰富了国内学校的课程管理。锡山高中关于校本课程的主要管理理念、管理举措与经验，作为实践依据和操作规范，被教育部"学校课程管理指南"文件吸收，对完善我国基础教育三级课程管理体系产生了重要作用。教育部为此于 1999 年 10 月 25 日至 28 日在锡山高中召开全国普通高中课程教学改革研讨会，重点介绍锡山高中校本课程的开发经验，学校也因此被誉为我国校本课程的发源地。

"校本课程"这个新鲜的概念，使锡山高中的课程改革实践有了抢眼的亮点。那时，带着各种问题与目的来到学校考察的人们越来越多，观摩"校本课程"的课成了来访者最常见的要求。面对这个令人尴尬的要求，锡山高中在一次又一次解释校本课程是怎么回事的同时，也总想开出一些的确可以让人感到有些新意的"课"来。而教育理论界渐高的倡导学生自主、合作、探究学习的呼声，也在促使锡山高中尝试改变校本课程的教学方式。于是，自 1998 年秋天开始，锡山高中在校本课程的框架内有意识地进行学习方式的变革尝试，在个别教师的校本课程中注入合作、探究、实践、体验等新的学习方式。这一变革又促成了锡山高中研究性学习课程的探索与实践，先后实验了个别化尝试、局部性实验、整体性推进等开发模式，从而积累了大量的原始数据，通过比较各种模式的成败得失，进而形成了研究方法模块化选择学习、教师专业化分工指导管理、团队共同体评价等有效实施方法。经验受到教育部基础教育司领导和著名课程专家（如钟启泉教授等）的高度肯定，在全国赢得了普遍关注。锡山高中也被确定为香港华夏教育基金项目学校，成为教育部指定的参加研究性学习国际会议的六所学校之一。

2005 年 9 月，江苏省整体进入新课程，在新的形势下，锡山高中在已有实践的基础上，依据学校的教育哲学、学生的课程需求、地方课程期待以及学校课程资源，对选修 II 序列的校本课程进行了新一轮的开发和实践探索。2006 年 11 月，教育部校长培训中心一个月内两次组织全国新课程改革实验区的校长前往锡山高中现场考察。这一轮的校本课程推进，锡山高中再次走在了全国基础教育界的前列。

从 20 世纪二三十年代的学校课程建设到今天的学校新课程实践，似乎有一条清晰的课程传承线路贯穿于锡山高中百年的历史中，但事实并非完全如此。真正自觉地与自身的课程历史对接，从固有的课程文化中寻求课程资源是锡山高中近年才有的事情。在 20 世纪 90 年代初期甚至更晚的时候，锡山高中并没有意识到回溯自己的历史寻求帮助，或者说他们没有发现时间深处自己已经拥有的课程文化资源。但时间还是成就了锡山高中，在百年的历史中一所学校前后完成了两次课程建设，始终走在全国教育界的前列。探求这一现象，我们得出这样一个结论：尽管这所学校在 20 世纪 90 年代进行的校本课程与研究性学习课程的实践探索，主要由于教育现实的困境激发起来，而非有意识地去学习历史，但其直面现实的勇气还是源于学校自身固有的对教育理想永不放弃的信念，而这正是百年一以贯之并不断得到完善的教育哲学和学校精神坚守的结果，是自己有坚定而明确的价值追求和明确的学校灵魂的结果。历史赋予了锡山高中两次机会，这才让我们看到了锡山高中百年两端发生的课程故事。

可见，办学自主权是教学结构优化的先决因素，也是培育学校特色的先决条件。

（四）一以贯之、与时俱进的学校文化是百年历史名校战略发展的内在根据

人是一种文化存在，教育过程是一种历史文化过程，精神和文化的方式是教育必须采用的方法之一，文化本身是一种教育的力量和方式。教育的目的是促进社会既有文化向个体内在文化转变，使个体文化及个体的精神世界与外在的既有文化融为一体，培养完美的人格。

学校文化是师生在教学中的活动及其与之相关的一系列场景、习俗、规

范和准则的总和。学校文化对师生的活动及其个性形成起着陶冶、导向、规范的作用，它体现了一个校园里的人们的生活质量、发展水平和程度的状态。

在著名高中特色学校中，学校文化作为软环境是使学校正常发挥教育功能的不可缺少的组成。

南开中学的"镜之诫"几乎在所有南开中学的学生心灵上留下了深刻印记。

江苏省吴江中学也是这样一个例证。学校内保存有建于北宋的吴江县学遗址，有建于南宋的孔庙。近千年人文精神的熏陶，使得吴江中学处处充满着人文气息，一草一木、一水一石，无不极具灵韵。在该校网站关于学校介绍的录像中有这样一段描述：明伦堂遗址、潘池石梁遗址，无言诉说着教育的艰辛，促使学子们奋发有为；灵星门、大成殿、崇圣祠，默默地影响着学子们的心灵，使他们学会宠辱不惊；孔子论语碑廊、历代名人咏吴江碑廊则昭示着文化的博大精深，使学生沉潜涵咏，使学生成为"志于道，据于德，依于仁，游于艺"的有为之人。

现今吴江中学提出以人文熏陶，化育新人为特色。其核心理念是：人文立校，以文化人。学校围绕这个理念构建园林化校园的硬环境，使学生在优美的校园中接受人文熏陶；构建活动化校园软环境，使学生在亲身实践中获得人文体验；营建人文化的校园人际环境，让学生在优秀人格、和谐关系的影响下感悟人文精神。

天津耀华中学于1927年建校后，即以爱国为魂自然生成了学校文化：包天地之大气、舒民族之豪气、显人杰之灵气，并在耀华校园生生不息，福荫万千学子，润泽书香门庭。耀华文化所蕴涵的价值观念、行为准则、气质特点和精神风貌已凝固为意识形态，浓缩为耀华中学"尚勤尚朴、唯忠唯诚"的校训，"为成功的人生奠基"的办学目标。耀华领导集体的精诚团结，使耀华八十载名师辈出。在曲折前行而流光溢彩的八十年里推动学校发展的历史条件，是砥志笃学、荣校报国的理想志向，是勇为人先、争创一流的进取精神，是团结凝聚、和谐奋进的人文力量。由此凝结出深邃的学校文化特质。

北京166中学及其前身贝满女子中学，无论是在当时还是现在，她的一个内在的办学特色，就是秉承了教会学校的特色——办学严谨。冰心曾是该校的学生，她的文章中提到当时学生必须住校，学生学习非常刻苦，师生的言行都有严格的要求。

事实说明，历史名校要永葆其特色鲜明，需要有一以贯之、与时俱进的学校文化，不仅要继承和发扬学校原有的历史文化传统，还必须实现由百年老校向现代名校的跨越。吴江中学、耀华中学、北京166中学的特色，是其百年办学传统和与时俱进的教育理念相结合的产物。众多历史名校兴衰的例证说明，把悠久办学传统和与时俱进的教育理念相结合，是保持学校特色的又一必要条件。

（五）名师荟萃、人才辈出是百年历史名校战略发展的主体条件

从逻辑上说，教师自主性与个性化成长是学校特色发展的重要前提之一。教师依据自身主客观条件，充分整合、有效调配其资源，以更好地满足不同学生成长对教育教学的多样化需求，这也是学校自主办学的重要内涵。各所历史名校正是严格遵守名师为本的基本原则，才有效保证了学校的高质量和有特色。

曾有记者问傅国涌先生："你心目中理想的中学应该是什么样的？"他不假思索地回答："我理想的中学已经不需要虚构，不需要想象，它们曾经存在过了，在不太遥远的历史中，在20世纪前半叶。南开中学、北京师大附中、扬州中学、春晖中学、天津耀华中学……还有许多并不知名的中学都是我心目中理想的中学。""一个老师、一所中学如果不能给予学生在人格、精神上的影响，就不可能是好老师、好中学，无论其创造多高的升学率。"傅国涌笃定地说："这些均归功于其学校传承的文化底蕴与教师的文化追求。"

名师荟萃现象的存在，主要得益于士绅群体的城市化及其参与办学活动。在中国近代，士绅是社会的一个特殊阶层。"士大夫居乡者为绅。"士绅除了功名和官职外，在乡里有一定的影响，受到人们的敬重，还拥有丰厚的财产，比如较多的土地和房屋。标准的士绅就是学而优则仕，仕毕则退居乡里。当然，传统的士绅阶层反对改革、抵制西学、趋向保守。但是，在西方资本主义入侵中国之后，士绅阶层处在城市化的进程中发生了急剧的变化，从反对改革转变到赞成、领导改革，从抵制西学到欢迎、接受西学，从趋向保守到要求进步，从近代化的阻力变为近代化的动力。士绅在城市化中，积极追求新的人生价值，并怀有对于国家民族的忧患意识。为了救国而走向城市的取向，在戊戌维新时的士绅身上体现得最为明显。"他们趋向于集中在都市中心，很少和他们自己的家乡或祖籍有联系。典型的例子是，康梁和他们的许多同事都是广东人，但是他们的主要活动场所都在北京、上海

和长沙等地。"（费正清，1985）他们在北京上书，在上海、天津办报，在广州、长沙交游。如在广州，"每月夜，吾侪则从游焉……然而春秋佳日，三五之夕，学海堂、菊坡精舍、红棉草堂、锦海楼一带，其无万木草堂师弟踪迹者盖寡"（丁文江 等，1983）。辛亥革命志士中有很多人原是生长在乡村甚至是非常偏僻的乡村的士绅，他们受深重的民族危机的刺激，纷纷走出家门，走出国门。而跨出国门的机会使他们猛醒，"若使某等镇日守乡里，抱妻子，黜聪堕明，深闭固拒，一无闻睹于外务，则等此黄胄之脑质，亦宁有望今日一得之解乎?"（曾业英，1984）这些走出农村的社会知识精英们，在城里或国外受过新教育，取得新资格后便再也不愿也不可能回到自己的家乡了，这些人当中的一部分，接受了新的教育之后，又以新的教育作为自己的职业，或者创办了近代的许多学堂，或者在城市学校中担任教职。这样便出现了"名师荟萃"的景象。

另一方面，历史名校的创办者或创建者有名，或者名师荟萃，或者培养了著名的学生而愈使之有名。如南开创办者严修和张伯苓，培养有周恩来；抗战时与清华和北大合并为西南联合大学，更有助于其列名于中国大学之首善者；杭高前身杭州一师有陈望道、刘大白、李次九、夏丏尊等"四大金刚"式的名师，该校因此而成为近现代中国诸多名家大师的人生驿站，诸多先驱志士、文化名流、科技精英起航的港湾。再如春晖中学，创办者为经亨颐，早期名师有夏丏尊、朱自清、丰子恺、朱光潜、匡互生、范寿康、王任叔、杨贤江，皆一时人杰。专门研究春晖中学校史的张清平评价：当教育传达出对学生的善意、信任和关爱时，唤醒的是学生的向学之心和向善之志。

江苏省立扬州中学时期（1945—1949）更是教师学养深厚，教学质量上乘，其时有名师张煦候、汪桂荣、鲍勤士、徐公美、汪二丘、黄泰、王伯源、朱白吾、吴遐伯、方剑岑等。1951 年后，扬州中学的生源面明显缩小，此后出现的杰出校友人数也明显减少。

对于北京师大附中来说，名师荟萃是最大优势，是学校长盛不衰的根本保证。附中选择教师要求高，教师基本来自名牌大学，有深厚的功底。新中国成立后，附中汇集了众多著名教师。像数学组被称为"韩代数"（韩满庐）、"申三角"（申介人）、"曹几何"（曹振山）的三老；著名的数学教育家钟善基。语文组的时雁行，物理组的毛鹤龄、顾长乐，化学组的尚兴久、王天开，地理组的王树声、秘际韩，生物组的朱正威，数学组的韩满庐、陈汶、乔荣凝，历史组的杨子坤等先生先后被评为特级教师。附中的教师教学认真，经验丰富；对学生严格要求，循循善诱；特别注意启发学生的思维，培养学生的能力。他们以自己高尚品德和爱国热情教育和感染学生，真正做到了既授业又传道！在这些教师的带领下，北师大附中不断改革创新，始终走在全国中学教育的前列。

天津耀华中学在一任又一任名校长的引领和感召下，名师荟萃，俊彦云集。20 世纪三四十年代有数十位曾执教于清华等名牌大学的名师在耀华任教，如著名物理学家钱伟长、音乐教育家张肖虎、数学名师赵伯炎及田崇厚、何作艇、刘迪生、骆公权、王守惠、何学师等，还有享誉津门的体育名师姚恩汉、英籍名师穆玛丽。新中国成立后，又有各科名师齐聚耀华，如生物教师孙哲森，外语教师严懿珍、马奔，美术教师李文珍，体育教师陈赞棣、刘素华，化学教师娄钟英、谭培容、曹金荪，物理教师阎治身、袁克群、赵仲恺、史渊明，数学教师沈希咏、李希侯、王瑜庭、陈明耀、陆钦樾，语文教师陶继安、王宗仁、陈桂芬等，数不胜数。名校出名师，名师铸名校，正是这一代代名师造就了耀华持久的辉煌。

另一方面，学校培养出的人才、毕业生的声望，是提高历史名校知名度的重要原因。八十年间，耀华根植于肥沃的土地，园丁辛勤的汗水，孕育出桃李芬芳，花香万里。耀华为祖国培养出数以万计、堪称民族骄傲、国家栋梁的优秀人才。其中，有世界著名计算机专家、世界第一台电子计算机制造者美籍华人朱传榘，清华大学原副校长、党委书记方惠坚，外交部副部长、新华社原驻香港分社社长周南，中央党校原常务副校长郑必坚，天津市原市长、人大常委会主任聂璧初，美国加州蒙特利花园市前市长（美国历史上第一位华裔女市长）陈李琬若女士，还有科学大师郝治纯、张锦哲、梁思礼、朱起鹤、于敏、王夔、周尧和、金怡濂、孙家钟、王越、王静康、冯士筰、冯培德等科学院、工程院院士，有政界巨擘马馼、马祖彭、华鹰、陈恒等，有著名书画家王千、陈骧龙、韩文来，有艺术宗匠黄宗洛、鲍国安、蒋大为、远征、刘欢、齐啸云等。有 2006 年"感动中国"的"人民好军医"华益慰，有为国争光的体育国手刘匡生、隋树藩、雍容、吕长欣、林萱、邝征祥、翟秀敏、李惠荣等优秀学子。

三、百年名校发展战略对当代
普通高中教育发展战略的启示

高中百年历史名校的特色，是建立在学校自身能够正常延续和发展基础之上的。由于政治、经济、社会等多重因素的影响，一些历史名校本身就没有延续下来，还有一些历史名校的名称或建制虽然保留下来，但其实质已非昔日的特色学校，其深层原因值得反思。

不论如何，对高中百年历史名校发展演变中的不同特色学校及其形成过程中的共同确定性因素加以深入的理论分析，对当代我国普通高中教育发展战略的定位及其发展路向的确定，对于提高高中办学效益、创办特色学校，无疑具有重要的现实意义和历史借鉴价值。

（一）我国高中历史名校特色发展战略一度淡化的归因分析

根据对已有案例学校的分析，初步可以确定，高中百年历史名校特色淡化的原因，主要可以归结为如下五个方面。

1. 社会变迁造成特色淡化

一个多世纪以来的高中历史名校的办学特色，随着改革开放和社会主义市场经济体制的深入及社会变迁的影响，渐渐失去其昔日的引领性和独特性，甚至于一些百年老校的精神文化积淀也畸变成为今天发展的羁绊。纵观历史名校特色的形成与演变过程，在学校获得相对宽松的管理环境和教学环境时，学校的特色就凸显出来，而在政府用权限高度集中的行政管理方式管理高中，形成了"封闭"的教育体制时学校特色也就被日益淡化。20世纪50年代，包括扬州中学在内的一些历史名校几十年积淀的特色的消退已经说明了这一点。而现今，由于普通高中目标定位不清，示范性高中角色认定不准，普通高中发展规划不明等因素，也造成了今天历史名校特色的淡化。

2. 学校原生态环境的剥离造成特色淡化

在20世纪50年代开始的学校改造中，一些历史名校被列入其中。百年历史名校在改造过程中，一方面学校的办学理念、办学目标等没有新的明确定位，另一方面受外界大环境的影响和冲击。一些地方政府和学校领导为了获得高额补偿，把处于中心位置的百年老校搬迁到相对偏远的郊区或开发区，腾出土地卖给房地产商，名曰"整合资源"。但是，这样做却使上百年积累并发展起来的学校物质财富毁损大半，造成严重的浪费和流失，也使城市原貌和历史形态遭受重大改变，一些高中学校逐渐形成了一个相对封闭的圈子，而学校与周围社区的关系变得淡漠，抽掉了学校历史和文化的根基。济南一中就是极有代表性的例子。而武汉女子高中，本应该在2006年10月迎来她100年华诞的日子，但她却不得不在这个特别的日子里去面对一个悲凉的现实，更名为武汉市第三十九中学，改为男女合校，百年女校寿终正寝。

3. 自主发展缺乏动力造成特色淡化

上海市教科院金辉老师在《论学校自主发展的若干理论问题》一文中谈道：学校自主发展是学校在一定的政策法规前提下，根据环境的变化，主动运用内部和外部教育资源解决自身发展面临问题的意识、活动和过程。学校实现自主发展的基本方式是在一定的教育思想和办学理念指导下，灵活自主地综合运用学校内部和外部可以利用的人、财、物、信息、时间、空间等资源为学校自身的发展服务。它不仅是一种外显的组织行为和活动过程，也是一种内隐的学校精神；是学校自我意识、意志的觉醒过程，也是追求学校自我价值实现的过程，包括教师自我价值的实现和学生自我价值的实现。

他认为学校发展应靠两个轮子推动：管理与科研。管理的主要功能是建立规范、规范运行，主要解决学校的"稳定问题"。科研的主要功能是：研究问题、促进发展，主要解决学校的"活力问题"。新学校通过管理，建立规范、实施规范、超越规范，形成合格学校。合格学校则是通过科研，寻找生长点、扶持生长点、形成特色，向特色学校转化。

在"创建实验性、示范性高中"的活动初期，许多学校虽然都已顺利完成了新学校向合格学校的转化，但因为缺乏教育科研的支撑，很多学校难以形成个性特色，难以形成学校特有的精神与校园文化，无法完成向特色学校的转化。所以教育科研和教学研究的匮乏已成了各校创建实验性、示范性高中的瓶颈性制约因素。

4. 教育评价标准和机制单一造成特色淡化

在早期，只有部分时段的、一定区域的高中会考，而没有全国统一的高考。大学录取新生，多数情况下是高校自主命题。20世纪80年代以来，我国部分高中历史名校片面追求高考成绩，高考考什么就重点教什么，高考不考的学科和内容则被大量挤压和削减。这样做的结果，会造成：全国统一高考，则会在全国范围内的普通高中的特色被淡化甚至完全消失；如果高考是省内单独组织，由省内出题，则会在该省范围内的普通高中的特色被淡化甚至完全消失。

5. 办学模式僵化和管理体制单一造成特色淡化

在早期，高中的办学模式是多元的、丰富多彩的。除了隶属于教育行政机构的，还有许多高中隶属于大学、教会、社团组织、私人、企业等。由于不同的隶属关系，会形成与该隶属关系相对应的、不同的管理体制。20世纪80年代，我国的绝大多数百年高中，主要隶属于教育行政机构和大学。大学附属的高中，实际上是间接地隶属于教育行政机构。在20世纪80年代以后，这些高中的内部大都统一实施校长负责制，办学模式和管理体制逐渐单一，这也是导致我国高中历史名校特色逐渐淡化的重要原因之一。

实际上，一些百年历史名校成功地实现了向现代特色学校的转换，究其原因，主要是在于其大胆创新多元化的办学模式，既保留了基础性的办学规范，又有当代的个性化独创性实践，并在尊重学校文化传统的基础上，逐步会聚提升形成新的学校文化。相反，那些办学特色日益淡化的历史名校之所以未能顺利实现转换，则主要是因为其对学校传统文化的继承"述而不作"，缺乏对多元文化进行融合和对学校文化与时俱进的创新。相对于一批新兴学校特色的逐步形成和日益突出，某些百年历史名校则在故步自封的办学理念、管理体制和教学方法及手段等方面，出现历史性断裂或落后于时代，从而表现出其历史特色的日渐淡化。

（二）高中历史名校特色发展战略对当代普通高中教育发展战略制定的启示

从我国历史名校特色的形成与演进过程及其原因分析来看，要使我国高中百年历史名校的特色不淡化、新兴学校有特色，整体提升高中教育的办学质量，在概率上提高未来出现杰出人才的可能性，我们必须依据"以人为本"的原则，以满足学生的成长和发展需求作为学校的中心任务，"立德树人，德育为先"。在此基础上，重视和加强教育家办学，扩大学校办学自主权、建立现代学校制度，改革高校招生制度、高中校长选拔和评价制度，为学校创造更为宽松的政策环境，提供更有力的财政支持，采取切实有效措施吸引优秀人才，实现民主办学，调整生源和学校之间的结构性矛盾。这样才能使得学校在提高教学质量的同时，又能实现学校有特色地发展。

1. 普通高中教育发展战略制定要加大学校办学自主权

随着教育财政权以及人事权等权力的集中，反而出现办学自主权往回收、越来越集中到教育行政部门的现象。所以有人认为教育局长成为"大校长"，因为人是跟着教育局的人事科走，财也归到教育局统一的财务结算中心；而在教学这一部分，教育局又强化教研室的功能。这就造成我们的校长无事可做。从国外的发展来看，像欧美的很多国家现在都在强调搞校本管理，让学校有更多的自主权来维持运作和发展。而在我国如今学校的权力越来越小，这成为现实中一个很突出的矛盾，这与校长产生方式制约自主权非常相关。调整政府和学校的关系，就是促进教育行政职能的转变，要给学校下放更多的办学自主权；再一个就是改善政府和学校的关系，或者说是优化政府与学校的关系。这个优化关系的核心，实际上就是权力的重新配置问题。过去我们的政府是全能政府，什么都管，什么都问。而实际上，这种什么都管的政府反而会管不好、管不了。因为，很多事情是很具体、很复杂的。所以，这就导致我们的政府机构很复杂，职能很多，人员很庞大，但有的时候眉毛胡子一把抓，该抓的反而没有抓到。所以现在强调政府的角色要发生变化，而因为政府在政校关系中的主导地位，权力怎样重新配置，需要政府首先站出来。

从政府过去的管理内容来看，管得非常细，事无巨细都管。从管理的方式来说，管得有些太过于直接了，多是指令性的，一竿子插到底。所以说我们无论是管的内容还是方式都要发生变化。政府职能的变化实际上就是两部分：管什么？怎么管？政府应做宏观之事：一要做教育体系的建构者。比如说某个区域内部，职业教育、初等教育、中等教育、高等教育这个结构怎样配置？公办教育和民办教育的关系怎样处理？二要做教育条件的保障者。教育条件包括人、财、物等教育资源，政府应当如何保障配置，并且保证提供充分，而不能让我们的校长成天在外面找投资。三应做教育规则的制定者，或者说是教育制度的制定者，因为教育的健康发展不应当是靠校长的"人治"，而应该依靠制度来治理。制度是使国家、使某个行业健康发展的保障条件，只有制度规范了，才能减少人治的因素，才能真正做到依法治校。除此之外，政府还应积极转变角色，努力成为教育公平的维护者、教育标准的制定者、教育质量的监控者。

赋予学校更多自主权是国际趋势。第一，从课程角度看，它意味着允许学校在决定课程内容、如何在班组之间进行课程划分、开设选修课、自由选择教材和方法等方面，发挥更大的作用。譬如在芬兰，自 1993 年起，政府一直在倡导学校更多地参与课程计划拟定工作。虽然教育部仍然负责教学科目的设立，但中央政府已给市政当局和学校拟定课程计划一定的机动性。芬兰教育部的目的是让教师更多地参与课程事务，并"将课程视为一个不断发展的过程而非一份静止不动的行政文件"。第二，从财政角度看，它意味着学校可以掌管自己的财政资源，但这并不包括对提高财政自主权至关重要的两方面：即教学人员的费用和其他融资形式。不过，近年来，在这方面已出现了某种程度的自由化。譬如，一些国家现在允许学校对那些有高度敬业精神或取得良好成绩的教师发放特定的额外补贴。第三，从计划拟定的角度看，它意味着允许每所学校制订各自的计划并突出其特点。譬如在欧洲，大多数国家都提倡并做到了这一点。总之，近几年来，在许多国家，尤其是多数欧洲国家，学校的自主权都得到加强。

因此，赋予学校更大自主权是高中教育发展的重要策略，国外的教育实践以及我国百年老校的发展经历都证明，适当地增大学校的教育自主权有利于教育事业的发展。

2. 普通高中教育发展战略制定要推进高中校长选拔和考核的民主化进程

校长产生方式完全由上级行政任命产生，这是制约学校办学自主权的一个重要因素。行政部门任命可以，因为学校是公立性质的，但关键是任命之前需要经过严格的公开考核。现在搞聘任制，本质上和任命制一样，本身都是政府聘用的，也都是政府给的工资，实质上差不太多。所以，现在关键要看产生的程序是否公正，程序的公正往往决定了结果的公正。上海嘉定地区搞"校长准入制"，对候选人有一个考验期，考验之前有一个前提条件——校长职业资格认定证书，然后再竞聘、任命这样一个程序，强化高中校长的培养与任用。

3. 普通高中教育发展战略制定要明确现阶段素质教育的重点，提高全社会对普通高中教育价值导向的正确认识

20 世纪二三十年代，在全人格主义价值取向的引导下，造就了一批以自治、创新为特色的学校，培养了一批科学和人文素质兼备的优秀学生，无论在当时还是现在，这样的成就都是非常引人瞩目的。回顾历史，可以发现，当前我们提出的素质主义的价值取向与 20 世纪二三十年代倡导的全人格主义价值取向有着惊人的异曲同工之处，只是后者是"贵族版"的，而前者是"大众民主版"的。尽管如此，它的成功还是给予了我们极大的启示，即中学教育要强调科学主义与人文精神相协调的健全人格的培养。

审视当前我国的高中教育，对学生科学素质的培养，经过多年高考指挥棒的引导几乎已达到炉火纯青的地步；而对学生人文素质的培养，虽然在新课改的高中教育培养目标中有非常明确和具体的描述，但是在实践中仍然还只是停留在文字和口号的层面上，造成了价值取向与实际行动不一致的尴尬。科学教育与人文教育之间的不协调已经成为阻碍当前高中素质教育贯彻落实的瓶颈，把对学生人文素质的培养作为当前高中教育的重点目标和突破口，不仅有利于高中教育价值导向的实现，有利于特色学校的重建，更有利于学生健全人格的塑造。

令人担忧的是，我国对人文素质培养的重要性不仅在学校层面，而且在整个社会层面都没有得到应有的重视。随着科学技术的发展，尤其是信息技术的发展，在许多国家，教育的工具性价值被进一步强化，教育的功利主义愈演愈烈，以致严重的环境问题、人文精神的缺失等问题日益威胁着人类社

会和人类自身的可持续发展。因此，科学教育与人文教育的协调，成了当前世界各国教育改革的重要内容。而此时，我们如果还沉浸在事实上以培养科学素质为核心的价值取向的教育体系中，必然会在世界竞争中处于不利的地位。因此，在全社会大力宣传人文素质培养的重要性，为学校开展人文素质教育创造一个良好的外部环境，这将有助于素质教育促进学生全面发展的价值。

4. 普通高中教育发展战略制定要重视校本课程开发，发挥优秀教师特长，促进学校特色建设

20 世纪二三十年代的中学之所以有如此鲜明的特色，得益于有一支专业素质高的教师群体，得益于教师群体在教学过程中有足够的自主权和工作创造空间。这种自主权包括讲授自主权、授课内容的编辑权、教科书使用的裁量权、参考书的使用权和教育评估权等。有了这样的氛围，教师的创新花样才能更迭翻新，才有勇气和能力去尝试他人他校所未想和未做之事，独具特色的学校自然也就应运而生。

自从行政主义主导学校以来，教师的主要任务是讲授别人编写的教科书，其能动性和主体性只体现在教学方法的改进上，教师专业发展受到很大的限制。而校本课程的开发赋予了校长和教师一部分课程的权力、责任和义务，为教师提供了创造的空间以及专长与个性的展现机会，使学校特色的创建成为了可能。因为，校本课程开发是一项个性化工作，每个学校都有自己独特的资源状况和文化品质，校本课程也最能体现教师群体的创造性。

目前，在我国的这些历史名校中不乏优秀教师，可以说在一定程度上具有了一个专业素质很高的教师群体。如何充分发挥这些优秀教师的特长，组织他们开发校本课程，特别是具有人文特色的校本课程，可能是创建特色学校、促进学生全面发展的一个很好的载体。

5. 普通高中教育发展战略制定要加快高校招生制度改革

扩大高校自主招生的权力，以增加招生标准的多元化，招生渠道的多样性，缓解高中教育教学单一评价的压力，为高中实施素质教育提供更大的空间。高校每年可以拿出一定的招生指标，向著名高中对点招生，教育行政部门为对点所招学生建立长期跟踪档案，从中可以发现优秀人才的成长对优质高中文化底蕴及高等教育质量的依赖度。同时，需要解决平行志愿、分级志愿、填报方式造成的高校招生人才分布不公平、不合理的状况以及人才浪费现象。大力发展职业教育，将中等职业学校逐步改制为高职、高专，实行高职、高专、高中毕业生自主选择入学，不需要进行选拔考试，改革高中招生

制度。

综上所述，高中学校办出特色需要从校内与校外行政管理、评价体制等方面创造条件，关键在于创造校长自主办学、教师自主教学、学生自主学习的制度环境和社会舆论氛围。对不同历史名校特色形成的内部和外部影响因素加以深入分析，对当代高中提高办学效益、创办特色学校具有重要的历史参考价值和现实指导意义。

如何在 21 世纪既传承好历史名校的浓厚文化传统，又能使广大中小学在硬件建设和评价标准日益趋同的今天，通过学校的个性化发展，提高办学质量、增强办学特色、提升办学品位，成为当代高中办学实践需要专门深入研究的重大课题。借助教育政策和教育科研的有机结合，采取切实有力的措施推动高中教育健康发展，真正做到教育家办学，实现高中教育继承创新、繁荣发展的新局面。

第二节　国外普通高中教育发展战略的历史选择与新取向

21 世纪的今天，世界各国的竞争本质上是综合国力的竞争，而教育在国家综合国力的形成、储备、积聚与展示中始终处于基础性地位。综合国力的强弱愈加取决于劳动者素质的高低、取决于各类人才培养质量的优劣，而人才的培养主要是通过教育来实现的。在各级各类人才培养的过程中，作为学校中等教育阶段高级部分的普通高中教育，不仅担负着培养完全人格的人，还担负着为高等学校输送优秀后备人才以及培养高质量的新生劳动力等多重任务。由于普通高中教育这种承上启下的特殊地位，其发展水平和延伸能力能够成为衡量一个国家综合经济实力和智力资源的重要标志。因此，世界各国在规划社会和经济发展时，无不将普通高中教育作为重要议题，据此颁布的各项教育法案、政策、制度以及相关配套保障措施均在相当程度上推动着普通高中教育的飞速发展，以适应时代、社会、民众的需要和国家的战略发展。

以下我们试图从三个方面阐释国外部分有代表性国家普通高中教育相对独立发展的诸多现象和历史经验，为我国普通高中教育发展战略研制提供必要的国际参照系。

一、国外部分有代表性国家
普通高中教育发展战略的历史阶段

1802 年，高中教育诞生于法国后，由于国际社会持续的历史变革及国内政治、经济、科技、文化和教育体制等不断趋于发展与完善，国外部分有代表性国家普通高中教育在整个 20 世纪的发展大致历经了下述三个历史阶段。

（一）19 世纪末到 20 世纪初高中教育由精英化向大众化发展过渡

20 世纪初，多数国家在不断扩张和巩固政治权势及经济发展中，面向上层贵族阶级和统治者阶层的教育实践是其主要特征。中学教育机构，作为大学的预科而存在，主要开设学术性课程，实施普通教育，其任务被定位在促使学生具备高等教育入门所应具有的最低水平的知识、技能和思维方式的培养。这一时段的高中教育主要是社会精英型，即仅少数富家子弟享有的教育，普通民众只能接受初等教育或分流到以提升职业技能为目标的初级教育机构。总体看来，单一教育价值主导的高中教育阶段历时长久，但在精英化趋势的定型到后来因受到国际国内社会、政治、经济等政策的不断更迭和转变的影响，则伴随有多数国家在高中教育的性质和定位、初高中界限和功能、教育规模和学生数量等方面出现的新发展、新变化。

20 世纪初，美国工业化进程加快，新兴中产阶级兴起的同时，产生于西部的拓荒运动导致了移民人口的不断增长。这对传统公立学校，尤其是公立中学提出了挑战：一方面，工业社会的发展要求公立中小学教育应该面向社会实际生活的需要；另一方面，新兴中产阶级的兴起与移民人口的增长要求进一步普及公立教育，特别是公立中学教育。但是，现实中的公立学校系统，尤其是公立中学，存在着以升学为唯一目标，只为少数人开设而忽视多数人的教育需求，这一精英化的教育目标价值取向暴露出诸多问题，如教学内容与社会实际生活脱节、接受中学教育机会的非均等，等等。为此，在进步教育运动的推动下，美国在 20 世纪前半期展开了教育史上对公立学校教育的第一次改革，目标是实现中等教育机会的均等，强化教育与生活的联系，1918 年《中等教育的基本原则》报告[①]便是此次改革运动的实证。报

---

① 该报告由隶属于全国教育协会（NEA）的中等教育改组委员会发表。

告不仅从对民主制度的教育目的、教育对个人发展的重要作用的认识出发，论证了实现中等教育机会均等的必要性，还提出了美国中等教育的七项目标，尤其在报告最后强调："美国的中等教育必须完全以所有青年的完满而有价值的生活为目的。"（李爱萍 等，2005）此后，1944 年的《关于满足青年的需要》和《为了所有美国青年的报告》两份报告①，进一步旗帜鲜明地将美国中等教育的培养目标、任务和功能锁定在所有美国青少年身上，以实现初高中教育的公平，向普通高中教育大众化过渡。

英国在经历了初高中教育的混沌和明晰阶段后，尤其是第六学级②的出现，初高中教育从 7 年一贯制到"5 + 2"制的转变，英国高中教育日渐鲜明。其间，随着英国工业革命的开始，各类工厂犹如雨后春笋，社会对合格劳动力的需求日益旺盛，但绝大多数工人接受的仍是低年级的教育，且第六学级毕业生大多升入大学，此时高中教育单纯的精英化大学预科定位难以满足社会经济发展的需求，致使英国高中教育步入了初步发展的阶段。（吕达，1989）此后，为了推动教育发展，英国颁布了一系列教育法案。1899 年英国政府通过的《中央教育法》和 1902 年英国议会通过的《巴尔福法》，并没有实质推进高中教育的发展，如 1911 年英格兰 16 ~ 17 岁的青少年仅有 2% 能够进入高中学习，1937 年至 1944 年间这一数字逐步上升到 7%。1944 年，英国议会审议并通过了巴特勒的教育议案，即《1944 年教育法》，开始加强国家对教育的管理；改组地方教育当局，敦促为青少年提供足够的继续教育服务设施；确定初等、中等和继续教育三个连续阶段；将义务教育从原来的 5 ~ 14 岁延长至 15 岁，有条件的地区延长至 16 岁。从一定意义上讲，该法案为英国高中教育的进一步发展，尤其从精英化阶段向大众化阶段过渡打下了坚实的基础。（王凯，2006）

众所周知，德国自洪堡改革学校教育以来，基本上形成了双轨学制，即一轨是与大学相衔接的学术性教育，实施普通高中教育的文科中学，第二次

---

① 前者由全国教育协会所属的教育政策委员会发表，后者由美国教育政策委员会发表。

② 英国"第六学级"渊源于 14 世纪的"公学"，到 18、19 世纪正式定名。即对 5 ~ 16 岁的青少年实施 11 年的义务教育，义务教育结束时，须参加国家规定的统一考试，即"中等教育普通证书"考试。此后，约有一半的学生继续升入"第六学级"（Sixth Form）求学，一般学习两年，随后再参加"高级水平—普通教育证书"考试，以决定能否升入高校。由此可见，英国第六学级实际上相当于我国普通高中阶段，属于后期中等教育性质。笔者最近对英国一些中小学作了为期两个月的考察，感到英国第六学级无论是在体制方面，还是学制、课程、教学和考试方面，都有其独特之处。我们分析英国第六学级的历史演变过程，力求探寻第六学级变革的一些基本规律，旨在透过这些规律，为我国的普通高中教育改革提供一些建议。

世界大战后演变成完全中学；另一轨是与职业学校相衔接的培养熟练劳动者的高中教育。20世纪五六十年代，德国完全中学是少数上层家庭女子为升大学作准备的尖子学校。据统计，1952年联邦德国小学毕业生仅有12%升入完全中学，18~19岁的同龄青年中只有近5%能获得完全中学毕业资格。表2-1为联邦德国15~19岁适龄人口完全中学在1960—1974年入学率的比照。有学者认为，认为联邦德国这一时期普通高中教育属于精英教育阶段是恰当的。如德国劳动心理学家A. Huth于1952年指出："只有当人们按照劳动种类去认识经济结构时，才会理解学校的经济意义。因为像学校等级一样，存在着劳动种类的等级，这种等级是可以与不同学校类型联系起来的。"他所确定的学校类型与劳动种类相匹配模式如表2-2所示。

表2-1　1960—1974年联邦德国15~19岁适龄人口完全中学入学情况表

年　份	百分比（%）
1960	11.4
1965	11.6
1969	13.7
1970	14.5
1971	15.3
1974	17.2

表2-2　Huth学校类型与劳动种类相匹配模式示意表

百分比（%）	劳动种类	学校种类
3~5	领导者、经理、顾问等	完全中学和高等学校
11~12	管理员、领班、小企业主	中间学校和专科学校
25	熟练工人	国民学校和职业学校
20	专门工人	
30	非熟练工人	

尽管联邦德国同龄青年中普通高中入学率较低，普通高中属于精英教

育，但由于该国建立起的基本法已经规定了实现义务职业教育，规定凡中学第一阶段（初中阶段）毕业生不升读完全中学高级阶段的青少年都必须接受职业教育，因此就整个高中阶段教育入学率而言，联邦德国第二次世界大战后早已达到了大众化向普及化发展的过渡，一直到 70 年代几乎 80% 的青少年接受过职业技术教育。（李其龙 a，2006）随着该国经济社会发展形势的变化，其中等教育第二阶段（高中阶段）受普通教育与职业教育者占主要年龄段学生人数的比重则随之发生了一系列变化。从表 2-3 可以看出，联邦德国高中阶段教育的总体变动趋势是接受普通教育者呈现上升趋势，而接受职业教育者呈现下降的趋势。其中，1985 年形成分水岭，接受普通教育者上升至最高点 26.6%，而接受职业教育者下降至最低点 35.2%。

表 2-3　德国中等教育第二阶段（高中阶段）受普通教育与职业教育者占主要年龄段学生人数的比重

年　份	年龄段	普通教育（%）	职业教育（%）
1960	15~18	12.6	62.9
1970	15~18	16.0	59.5
1974	15~18	18.9	52.4
1980	15~18	21.9	43.8
1985	15~18	24.1	39.1
1989	15~18	26.6	35.2
1995	16~18	20.5	48.2
1996	16~18	20.6	47.2
2000	16~18	20.3	47.2
2002	16~18	20.4	45.3

表2-4　日本中等教育机构的入学率（%）①

年　份	男　生	女　生	平　均
1895	5.1	1.3	4.3
1900	11.1	2.7	8.6
1905	12.4	4.2	8.8
1910	13.9	9.2	12.3
1915	10.8	5.0	8.1
1920	19.7	11.5	15.8
1925	19.8	14.1	17.1
1930	21.1	15.5	18.3
1935	20.4	16.5	18.5
1940	28.0	22.0	25.0
1945	46.9	43.6	45.3

　　亚洲的日本，第一次世界大战前中等教育制度的确立虽然始自1872年的《学制》，但直到19世纪末其中等教育还是很微弱的，1895年中等教育入学率仅有4.3%。中等教育的大发展是进入20世纪20年代后的事情，1920年入学率达到了15.8%，这标志着中等教育由精英化向大众化阶段过渡。② 到1945年，中等教育的入学率达到了45.3%，这说明此时中等教育在大众化阶段上取得了较大发展。（张德伟a，2006）

　　这一时期，普通高中教育从精英型教育向大众化教育过渡，正是世界多数国家为追求高中教育公平而对普通高中教育价值取向进行的不同层面改革的结果。

（二）20世纪中叶前后高中教育从大众化向普及化发展过渡

　　第二次世界大战以来，面对国际经济、军事竞争、科技飞速发展以及国内诸多社会问题与矛盾，许多国家和地区政府不断调整教育策略、发动基础

---

　　① 表中数字为小学（寻常科）毕业生或同等学力者升入旧制中学校、高等女学校（实科除外）、实业学校（甲种）和师范学校（第1部）等各类学校本科的比例。

　　② 1973年，美国学者Matin Terrow提出了高等教育大众化理论，他根据一个国家的高等学校能够容纳适龄人口的比例，把高等教育发展规划为三个阶段：适龄人口高等教育入学率在15%以内的为精英教育阶段；在15%～50%为大众化教育阶段；在50%以上为普及教育阶段。

教育改革，致使这一时期的高中教育发展开始摆脱精英型教育，开始从大众化发展向普及化发展过渡，但其基础性和大众性是这一时期高中教育发展的重要特征。

与此同时，随着统一学校运动的开展和以"综合化"为特征的高中教育的扩大，欧美诸国高中教育向大众性、国民性教育的转变日益凸显。

表2-5　美国劳动力需求变化百分比

年　份	专业人员	熟练技术工人	非技术工人
1950	20	20	60
1991	20	45	35
2000	20	65	15

资料来源：胡庆芳. 美国高中教育普及的历程与现行改革［J］. 全球教育展望，2006（2）：55－59.

第二次世界大战后，美国高中教育从1950年左右开始大众化进程，随着劳动力结构的调整，在1990年左右开始逐渐向普及化高中过渡，以满足经济对熟练技术工人需要的剧增。（胡庆芳，2006）再如，美国大学入学考试协议会（CEEB）于1983年以来推出了一系列针对美国高中教育的目的、内容、方法，展开全国性研讨的研究报告。其中，协议会为了界定在未来时代升入大学的高中生的必备学识是什么作了种种专题性调查和研究，并广泛征求了美国高中与大学百名教师的意见，并于1983年形成了《绿皮书》。该书认为，20世纪中叶以来，大学只是少数人特权的时代已经过去，大多数高中毕业生都有了进一步深造的可能，这种发展对于美国来说是一件伟大的胜利，然而实际上讲，升学准备的不适应性剥夺了学生有效地享受高等教育的公正机会。（钟启泉，2000）

这一时期，由于缺乏明确的教育目标及对知识和技能教学的忽视，再加上教育课程与管理过于强调单一，致使高中教育质量出现滑坡，即入学机会的均等并不等于受教育结果的均等，而以体现教育效益为导向的高中教育变革逐步浮出水面。

1958年国会颁布《国防教育法》与中小学课程教材改革，要求学校教育目标从适应生活转向基础科学知识教育，培养未来尖端科技人才。在该法案基础上，全国教育协会教育政策委员会于1961年通过了题为《美国教育的中心目标》的报告，明确宣称"进行智力训练是公立中学的基本职能"。此后，1963年的《职业教育法》与60年代职业教育的发展，70年代的

《生计教育法》与生计教育运动，八九十年代的《国家处于危机中：教育改革势在必行》《美国 2000 年教育战略》《2000 年目标：美国教育法》与"回归基础"教育运动等，无不是从不同层面和角度引领高中教育向更深广的科学文化知识和多方面技能紧密结合的高中课程改革迈进，不断提高普通高中教育质量和公平教育目标同等实现，以适应不断变革和经济快速发展的社会需要，美国高中教育步入了普及化发展阶段。

英国高中教育真正实现大众化向普及化的过渡是在 20 世纪 60 年代末 70 年代初，其大发展阶段主要表现在三个方面：一是入学门槛放低，入学人数激增；二是课程得以拓展，以适应不同水平的学生；三是高中教育学校类型呈现多样化趋势。据此，进入 80 年代后，英国高中教育发展进入了稳定时期，仅从下述两表中的数据可得到证明。

表 2 - 6　1985—2004 年英国全日制高中生所占适龄青少年的百分比

年　份	1985	1988	1990	1992	1994	1995	1997	1999	2000	2002	2004
总数百分比 (16~18 岁)	32.0	35.2	41.4	52.3	56.6	57.4	55.9	56.4	56.4	56.0	57.1

1985 年和 1987 年，英国政府相继发表了《90 年代英国高等教育的发展》绿皮书和《高等教育迎接新的挑战》白皮书，以及《1988 年教育改革法》等，均在保证普通高中教育大众化向普及化发展的过渡，并进一步规范国家对中等教育的管理与约束，以实现高中教育机会均等，努力寻求高中教育质量的提高。（王凯，2006）与此同时，高中教育开始不断强调基础、追求优异的改革，其不仅注重知识教学，更注重多元智力开发和全面能力的培养，而"综合学校运动"的推行，正是试图通过设立"综合中学"来实现"共同课程"的理想，以走向"综合课程"。（石伟平，1999）

表 2 - 7　1985—2004 年英国全日制高中在校生所占适龄青少年的百分比

年　份	1985	1988	1990	1992	1994	1995	1997	1999	2000	2002	2004
总数百分比 (16~18 岁)	58.9	65.9	68.4	74.5	77.1	77.0	76.4	76.4	76.1	74.5	75.4

资料来源：王凯. 英国高中教育的历史嬗变及其价值核心 [J]. 全球教育展望，2006（2）：50—54.

联邦德国在 20 世纪 50 年代末经济增长开始放缓，经济增长率逐步下降，到了 60 年代这种趋势更加明显。世界科学技术的迅猛发展，促使联邦德国一些有识之士深感教育困境就是经济困境，并通过一些教育著作和行动表达教育改革势在必行的观点，如 G. 皮希特的《德国教育的灾难》（1964）、R. 达伦多夫的《教育是公民的权利》（1965）、F. 埃丁的《教育与政策》和 H. G. 霍夫曼的《西德学校教育的危机》以及 1967 年的大学生运动暴动等。这些成果从不同角度批驳并建议改革三轨制学校体系，即完全中学、中间学校和职业学校，允许青少年进入更适合发挥其才能和潜力的学校，并认为"综合中学"是最适合解决这些问题的学校类型，因为这种中学把三轨综合在一起，学生可充分根据自己的学力易于转入其他一轨学习，从而促使更多的青少年有机会学习普通高中教育的课程或至少试读其课程，在此基础上进一步扩大完全高中招生额。这些主张引发联邦德国各政党的强烈反响，他们纷纷在各自竞选纲领中提出普及高中教育改革的举措，如自民党明确强调要提高完全中学毕业生在同龄青年中的比重，并提出相关措施以保证实现完全中学入学率等。1971 年联邦德国制定了《教育结构计划》，开始正式实施改革，致使完全中学入学率明显增长，德国高中教育开始大众化教育进程。（李其龙 b 等，2001；李其龙 a，2006）

1947 年，日本《学校教育法》规定了高中教育的总目的"是在初级中学教育基础上，与学生的身心发展相适应，实施高等普通教育和专门教育"（张德伟 b，2006）。可以说，日本的高中教育是处于义务教育和高等教育之间起着承上启下的作用，其担负着向高等学校输送合格毕业生和为社会培养劳动力的双重任务。第二次世界大战后，日本高中教育从大众化发展快速过渡到普及化阶段，这主要源于两个方面：其一，日本经济从 20 世纪 50 年代中后期开始进入高速增长阶段，民众生活水平得到普遍提高，发展高中教育的经费有了充足的保障，为普及高中教育奠定了坚实的经济基础；其二，日本政府和教育机构为了适应社会经济发展的需要，不断革新制度，出台了各种政策和措施，如 1948 年在教育机会均等的口号下，日本建立了新制高中。日本文部科学省于 1947 年发表《关于准备建立新制高中》并指出："高中以初中毕业生凡希望升学者全部能够升学为奋斗目标。"新制高中实施之初，"高中三原则"（即综合制、小学区制和男女共学制①）的贯彻执行，

---

① 综合制原则是为了避免因学校和学科类别的不同而产生的不平等，其改革是将普通高中、高等女子学校和实业学校等合并为不同类型的新制高中，并把"二战"前不属于中等教育范围的实业补习学校和青年学校等作为定时制高中纳入新制高中。小学区制原则是为了消除因地区不同而产生的高中教育不平等现象。小学区制是指在一个学区设立一所高中。中学区制是一个学区设立 2~6 所高中，大学区制是一个学区设立 7 所以上高中。

有力地保证了高中教育的机会均等，消除了高中教育等级差别、男女差别和地区差别，实现了后期中等教育一体化的推进，为高中教育的普及开辟了道路。1951 年《关于教育制度改革的咨询报告》提出：初中阶段后普通教育和职业教育相分离，综合制高中逐步被普通科高中和职业科高中所代替；小学区制逐步被打破，转而实行大学区制或中学区与大学区并用制，致使高中教育发生了重大变化。（赵鑫，2006）

20 世纪 60 年代的 10 年是日本高中教育发展最快的时期。其间，日本制定了多项扩大高中教育的政策方针，主要包括：文部科学省制定的《高中对策基本方针草案》（1961 年 6 月）和《（高中生）骤增对策整体计划》（1961 年 10 月）；内阁通过的《公立高级中学学生骤增对策及其解说》（1962 年 1 月），文部科学省发表的《高级中学学生骤增对策与"高中全员入学运动"令》（1962 年 5 月）；内阁再次通过《公立高中学生骤增对策修改规定》（1963 年 1 月）。这些政策有力地推动了高中教育的发展，高中生人数一度从 1960 年的 323 万人猛增到 1965 年的 507 万人。1966 年 10 月，中央教育审议会发表《关于后期中等教育的扩充整顿》咨询报告，提出向所有 15～18 岁青少年"提供有组织的教育机会"方针。为此，当时文部科学省把扩充和整顿后期中等教育作为最重要的文教政策，制定了改善高中教育的举措，如促进高中教育多样化发展，采用定时制高中与函授制高中并行的教育方式，加强定时制高中与职业训练机构之间的协作，等等。在这些政策的引导下，高中教育迅速达到了普及化水平。值得注意的是，50 年代末 60 年代初兴起的"高中全员入学运动"是作为一场高中教育"大众化"、"民主化"的运动，以国民的力量推动了高中教育的发展。（张德伟 c，2006）

日本的高中教育在由大众化向普及化过渡的过程中，其性质也发生了一定的变化，即由"大众准备教育"的实现向"大众完成教育"的维持、提高的转变。事实上，这种转变不是"大众完成教育"对"大众准备教育"的超越，而是两者同时"并存"。

（三）20 世纪末至 21 世纪初高中教育普及化及高质量普及化发展

这一时期，随着全球经济一体化的加速发展，世界多数发达国家对高中教育发展的目标价值取向强调单一教育公平和战后初期单纯注重教育效益或质量，转向注重教育的公平与教育效益相统一的高中教育发展路线图上。这不仅仅是高中教育规模和多样化课程结构及多元教育评价与管理改革的始点，也是所有高中学生学业成绩改革的归宿，更是从 20 世纪早期对公立学校的局部修补转向这一世纪下半叶对公立学校进行立体、全面改革和致力于创建面向 21 世纪新型高中学校和高中教育制度的逻辑基点。通过这一双重高中教育目标的初步确立，不断强调以平等基础上的学生发展促进教育质量提高、不断丰富高中教育功能和课程目标的内涵，进而再通过高中教育质量实现学生的均等发展，再次转向保障教育机会的均等以实现高质量教育的最终目标，其发展进程的递进关系，是通过稳步推进和保持内在改革连贯性的教育政策法规以实现优质教育，如美国 1983 年的《国家处在危险之中：教育改革势在必行》、1991 年老布什颁布的《美国 2000 年教育战略》、1994年克林顿政府的《2000 年目标：美国教育法》、2001 年小布什颁布的《"不让一个孩子落后"法案》、2002 年《美国教育部 2002—2007 年教育战略规划》、2003 年《为美国的未来做准备》和 2005 年美国州长高中教育峰会等。（娄立志 等，2007）

基于上述联邦政府的教育政策与法规，在 20 世纪 90 年代初，美国基本上所有的州政府也相应出台了普及高中阶段教育的法令。如，1990 年美国经济较落后的肯塔基州通过了教育改革法案，将接受义务教育的最高年龄从16 岁提高到 18 岁，正式开始实行 12 年义务教育。1993 年，19～20 岁的美国青年完成高中学历的百分比为 86%（不包括正在高中就读的学生）。1994年克林顿政府一上台就颁布了《2000 年目标：美国教育法》，要求在 2000年美国的高中学生毕业率至少提高到 90%。2003 年，美国 25～64 岁的从业人口人均受教育的年限超过了 13 年。

美国高中教育在 20 世纪后 10 年虽然已经实现了普及化发展，但其高中教育质量与美国社会和经济发展的要求还是存在着不小的差距，不免招致各方面的批评声音，如美国微软集团创始人比尔·盖茨在 2005 年 3 月 2 日的《洛杉矶时报》上发表评论《美国的高中怎么了》，批评 50 年前设立的美国高中教育体系不仅"过时"，已经不能满足为高中生提供所需的知识和技能，还存在缺乏资金等严重问题，应建立一个能使所有学生都能胜任高要求工作的高中教育体系。

面对今天高中阶段教育所存在的诸多问题和 21 世纪高中发展的战略目标，美国高中教育在世纪之交步入了高质量普及化发展的阶段，并通过各级政府和组织的改革举措进一步丰富和扩展高中教育的内涵发展。（1）提高学业标准和成就达成度。20 世纪 90 年代，老布什政府确定了建设新型的美国高中是战略性的选择，为此专门启动了新型美国高中项目计划。新型美国高中项目组认为，就美国高中教育现状而言，对学生期望值高一点，学生的进步就会大一点。提高期望，包括为全体学生创设积极的、支持性的学习环境，创设具有挑战性的学业成绩标准，消除普职分轨，强调培养解决问题的能力和创造性思维的品质。（2）创设良好的学习环境，加强师生协作。所有"新型美国高中"特别提倡小环境教学：a. 建立"校中校"，即在大校中按学科或职业分成若干学部，各学部享有一定自主权；b. 控制班级学生数，25 人左右为宜，实施小班制家庭般的教学氛围；c. 增进学生之间、学生与教师之间、学生与指导顾问之间的接触，建立亲切、熟悉的关系。（3）完善综合高中，加大其对学生特长和社会需要的适应性。"新型美国高中"高举普职结合综合高中的旗帜，项目校通常：a. 以特定的职业领域或宽广的行业课程发展有机主题，并与农业、保健服务等联系起来进行课程设计；b. 以职业为重点进行跨学科重组，创设着重职业的课程，并超越技术和学科实现课程教学与工作实践的结合；c. 对学生，有时还包括教师，以职业或行业分组。据美国教育部统计，目前几乎每一位美国高中生（96.6%）在毕业前都会修习一些职业课程，45% 的高中生平均修习了至少 3 个学分的职业课程，大约一半的高中生和 1/3 的大学生把职业课程作为他们学分的主要部分之一。（4）通过提高教育者的专业水平提高学生的成绩。"新型美国高中"认识到教师教什么、怎样教、如何明了学生的需要对综合改革的成功至关重要。（5）将课堂学习与实践锻炼结合起来。"新型美国高中"特别注意选择合适的地方让学生锻炼，将工作视为学习的方式，培养学生兴趣，使学科与学生需要更为相关。（6）为学生升学和就业提供咨询指导。（7）将每一天划分成灵活、相关的学习块以拉长课时、减少课时数，更能够有效提高课程教学时效。（8）评价学生更加注重动手能力。"新型美国高中"将学生的动手能力、实践能力作为评价标准。（9）与两年制或四年制高等教育机构建立联系。（10）建立教育者、家长和社区的支持联盟。（胡庆芳，2006）

除上述举措外，全美高中最后一次高中委员会针对美国高中教育存在的种种问题也提出了诸多解决策略，2001 年正式发表的《放远我们的视野：不让一个高中生落后》的重要报告，以"加强联结"、"提高成绩"、"提供更多的选择"三大要求为代表，即三 A 计划。这一计划的提出恰逢其时，2001 年小布什颁布的《"不让一个孩子落后"法案》主要针对家庭经济收入偏低的小学生和初中生，而三 A 计划则是将"不让一个孩子落后"的内涵扩展至高中阶段：（1）提高学生学业成绩，降低辍学率；（2）增强高中与中学后教育的连续性；（3）为毕业生提供更多更严的学习选择；（4）三

A 计划的延伸，即加强高中与工作世界的联结和加强联合学校以外的力量，共同对高中生进行指导。（李维 等，2006）

随着英国高中教育稳定期的持续发展，如从 1992 年到 2000 年高中教育在校生所占比例基本稳定在 76.3% 水平（见表 2 - 7），高中教育实质上进入普及化发展阶段，并将质量作为发展核心，以增强高质量提高指导下的普及化进程，拒绝盲目扩大规模的发展。

德国在 20 世纪 80 年代，高中阶段从大众化向普及化过渡，并伴随普通高中教育的比重持续上升、职业教育的比重持续下降的发展态势（见表 2 - 3）。

表 2 - 8   部分 OECD 国家普通高中毕业生增长计划

国家	典型年份	数量（万）	增长率（%）
南斯拉夫	1959	38.1	
	1970	94.4	148
挪威	1959	4.9	
	1970	13.0	165
瑞典	1959	59.1	
	1970	150.0	154
法国	1959	10.4	
	1970	20.8	100
奥地利	1959	10.5	
	1970	25.0	138
意大利	1959	55.6	
	1970	116.6	110
丹麦	1959	3.8	
	1970	8.5	124
荷兰	1959	10.0	
	1970	20.0	100
联邦德国	1959	51.4	
	1970	53.3	4

资料来源：李其龙. 德国高中规模发展的理论与实践 [J]. 全球教育展望，2006（2）：45 - 49.

部分经济合作与发展组织（OECD）国家普通高中毕业生增长计划，其增长的数量引发高中教育发展规模上的变化是显而易见的。（李其龙 a，2006）仅 1997 年，欧洲教育强国芬兰的高中普及率就已超过 15%①。（卢立涛，2007）

法国中等教育高级部分的高中教育在追求高质量普及化的进程中，国民教育部 1998 年颁布的《为了 21 世纪的高中》明确规定：高中是多样化的阶段，追求升学和就业并重；高中要让学生能够对升学或就业进行选择，提高所有学生的教育水平，保证任何学生在走出校门的时候具备一种被证明的资格。

20 世纪 70 年代，随着产业结构和科技政策的转变，高中教育普及化的时机日渐成熟。为加速高中教育的普及，日本采取了各种措施。如，增设地区普通公立高中，实行《私立学校振兴法》，地方援助私立高中办学；加强高中的学校设施建设，缩小各校之间的差距；改革高中入学方式，普遍实行中学区综合选拔制；挖掘现有高中的潜力，扩大学校规模，使之趋于大型化等。除此，为加强基础教育机构的一体化和相互之间的衔接，中央教育审议会教育制度探讨委员会提出改编学制、建立"地域综合高中"的设想，从而彻底保障了所有青少年接受高中教育的机会。正是由于这些合理措施的有效实行，日本高中教育得到了长足发展和迅速普及，入学率猛增，到 1990 年已达到 95.1%（见表 2-9），基本实现了高中的"准义务教育化"，这表明日本的高中教育已经具备了"全民性"。（张德伟 b，2006；赵鑫，2006）但由于日本要解决中等教育中初中与高中相脱节、普通教育与职业教育相分离的问题，以逐步建立初高中一贯制，实现高中普通课程与职业课程的相互结合，日本高中教育开始向实施基础教育的学校发生转变。

表 2-9 初中生升入高中的增长比率情况

年　份	增长比率（%）
1950	42.5
1955	51.5
1960	57.7

---

① 芬兰于 1921 年实行义务教育。1980 年起在全国实行 9 年义务教育，由综合基础学校实施。9 年义务教育结束，学生可以决定是升入高中，还是在综合基础学校再读一年（10 年级）。高中教育分为普通教育和职业教育两种形式。在 1997 年结束综合基础学校 9 年级学习的学生中，有 55% 继续接受普通高中教育，33% 接受职业教育，4% 选择在综合基础学校读 10 年级。当时，芬兰的高中普及率已超过 15%。

年　份	增长比率（％）
1965	70.5
1970	82.1
1975	91.1
1980	94.2
1990	95.1
2004	97.5

　　日本对高中的调整体现了其重视普通高中、强调升学率的倾向。首先是扩充普通高中，加大普通科学生的比例；其次从高中毕业生出路看，升学率上升、就业率下降。这已能够说明日本高中正逐步成为基础教育的一部分。基础教育化的高中教育，其性质发生了新的变化，即高中教育被视为"国民教育机构"，其国民性实际上就是"全民性"的集中表现。这有力地说明日本高中教育已经达到了高度普及的程度。（张德伟 b，2006）

二、国外普通高中教育发展战略的历史选择

　　国外普通高中教育发展的一个重要经验就是明确其定位，提供经费和机制保障，加强管理，形成其特点。

（一）国外普通高中教育发展的定位

　　在国外，总体上看，普通高中教育是联结国家教育链环中初等教育和高等教育的一个中间链环，是国民都能达到适应社会最低水平的基础教育与只有部分人能够获得高等教育机会的专业教育之间的过渡阶段，是教育与就业之间的过渡阶段，也是每个人从童年向成年发展的关键时期，因此它关系到国家的教育公平、教育质量和国家竞争力，在国民社会发展中具有承上启下的作用。

　　1. 普通高中教育定位于"国民性中等教育机构"，强调其义务性和普及性，其性质是促使实现人之"中成"的教育阶段

　　初等教育是培养学生生存所必备的最基础的文化素养，使之达到"小成"；高等教育主要是通过专门化知识与技能的学习，使学生达到"大成"；

而作为中等教育高级部分的普通高中则是介乎两者之间的教育阶段，培养学生超越文化素养但又不是专门化的基本素质，使之实现"中成"。

作为中等教育的高级部分，普通高中是义务教育后、与职业技术高中平行的基础教育，其发展的相对独立性促使其兼容"中等教育"与"普通教育"的双重性质，因此强调其义务性和普及性的价值取向，这就决定了普通高中教育的性质是促使实现人之"中成"的教育阶段。

普通高中阶段教育的性质是促使人之"中成"的教育，自然要面对人的发展与社会发展的矛盾这一永恒教育主题，即人认识、适应和改造社会的现实力量与社会发展现状和未来趋势的要求之间的矛盾。而解决此矛盾的途径，可以理解为把人的发展水平提高到社会发展所要求的水平上来，动态地不断调整自身以适应变化中的国家和世界，培养人成为"中成"之人。也就是说，育人是普通高中教育的根本功能，不断促进青年学生身心和谐发展，实现完全人格的人，它的其他社会功能均可以通过育人这一功能来实现。因此，不应以其他类型、层次教育的需要作为普通高中教育的价值取向，其发展具有其相对独立性。

2. 普通高中教育的任务是以培养全人统整多重任务

普通高中教育，不仅担负着为高等学校输送优秀后备人才和培养高质量的新生劳动力，也担负着培养完全人格的人的任务，当然还应包括辐射文化、服务社区、开展交流、发展自身等任务。因此，普通高中教育的任务在客观上存在着一个多重、多样化的任务体系。尽管"升学、就业、全人"是国外部分有代表性国家普通高中教育的三维发展目标，但事实上，"升学"和"就业"在深刻意义上讲并非普通高中的终结性、不可分解性的任务，而是在普通高中辐射文化、服务社区、开展交流、发展自身中培养、提升人的素质基础上完成的任务，应该说是"任务中的任务"。因此，普通高中多重任务体系有着明晰的层次，其中全人的培育居于核心位置，正是它使普通高中成为一种高级中等教育机构而不是升学助考班或就业培训机构，也正是它能够促使普通高中其他任务得以实现；辐射文化、服务社区、开展交流、发展自身是其内在的基本任务；升学、就业则是其外在的直接任务所在。

3. 普通高中教育的目标是学会认知、学会做事、学会共处、学会生存，走向全人

普通高中教育在为今后继续教育作准备、为未来生活作准备以及培养健全人格的人三位一体的基础上，将普通高中教育的目标定位在四个"学

会"一个"走向",即学会认知、学会做事、学会共处、学会生存,走向全人。

(二)国外普通高中教育发展的特点

纵观百余年部分有代表性国家普通高中教育历史发展,普通高中教育可呈现下述五大特点。

1. 在不断适应和满足国际国内社会变革和经济发展变化的同时,普通高中教育也在不断提高和深化对自身定位的认识

普通高中教育是教育全过程的一个重要发展阶段,是一个国家劳动者素质、社会文明素养、综合国力显现的重要标志。随着社会变革和国际竞争环境的不断发展和突进,普通高中教育对包括新一代劳动者在内的国民素质均在不同程度上有着进一步的要求。

2. 教育公平与教育质量始终处于相互制约的矛盾运动中,不断适应与调和的结果便是寻求二者并重

普通高中在历史演进发展过程中,在不同时期、不同发展阶段由于国内与国际形势变化及社会经济发展要求,以公平和质量作为基本价值目标取向的普通高中教育改革,在教育公平与教育质量某一单方面突进以缓解暂时矛盾之需,到兼顾教育公平与教育质量以不断追求二者共进发展,东西方部分有代表性国家普通高中教育始终处于摇摆与选择,以谋求公平与质量统一。

教育公平与教育质量的矛盾运动,正是贯穿整个 20 世纪普通高中教育发展的一条主线,它在不同时期不仅涉及教育政策、教育制度、教育实施、教育评价、教学方法等多方面的跟进与调整,更涉及高中教育发展的连贯性和互补性,从而引领高中教育持续深入发展,也保证高中教育法规的强制性和稳定性建设。

例如,在精英化教育向大众化教育过渡时期,普通高中教育是以追求教育公平(教育机会均等)为目标的价值取向;在大众化教育向普及化教育过渡时期,是以体现教育效益(教育质量)为导向的价值取向;在普通高中教育普及化及高质量普及化发展阶段,又逐步转向以注重教育公平与质量统一和共进发展。

3. 高中教育不同发展阶段在"升学、就业、全人"三维发展目标中呈现"钟摆效应"

美国高中阶段教育目标的定位经历了一段曲折的继承、批判与超越的过程。早在 1918 年,A. Inglis 提出了美国中等教育的三大目标,即(1)社会

公民目标；（2）经济职业目标；（3）个人修养目标。同年，全国教育协会在吸收 A. Inglis 的目标思想基础上，隶属该协会的中等教育重组委员会确定了"中等教育七大原则"，直到 2001 年伍德罗·威尔逊全国联谊基金会为高中学生确立的四大目标，其共同内核是：为今后继续的教育作准备，为未来的生活作准备，培养完全人格的人。在 20 世纪中后期这近半个世纪的时间跨度里，随着社会政治、经济等诸方面的发展变化，美国一刻也没有停止对中学教育目标探寻的脚步，像 20 世纪三四十年代的"生活适应教育"运动、五六十年代的"英才教育"运动、70 年代的"生计教育"运动以及 80 年代的"回归基础"教育运动都是在上述三个维度（升学、就业和全人）间做侧重性的位移，犹如钟摆一般。可以说，几乎每一次教育改革都是力图在这三个维度间找到恰当的平衡点，而每一次教育改革的失败也往往是在三者间矫枉过正的结果。特别是 20 世纪后 20 年到世纪之交的 21 世纪初中学教育目标的寻求历程，可以更加清楚地看到中等教育这三个维度制衡的相关矛盾运动关系，而这一过程实质上也是高中教育发展否定之否定规律的集中体现。

4. 高中教育以学生发展为本，注重办学特色，观照学生个性发展

在经济发展的不同时代，尤其是 21 世纪初叶的实质经济时代，通过提高学习能力，实现每个国民的自身价值，提高国际竞争力，必须改变单一僵化的教育方法。根据每个学生的个性和潜能，注重办学特色，开展有效的中等教育，特别是中等教育高级阶段的高中教育，提高教育水平，实现多样化的教育服务需求，是国际普通高中教育发展的特点显现。

日本在新时期高中教育的发展更多着眼于：（1）根据中学生学习能力，进行小班授课，加强基础知识教育，更新、补充以提高为宗旨的教学内容；（2）开设"综合学习时间"，体验学习兴趣，提高学习热情，提高学生学习能力；（3）改善教材审定制度，充实发展的学习内容；（4）在全国范围内开展学生学习能力的调查，正确评估学生的学习能力提高现状；（5）改善师生比例，到 2005 年小学达到 1:18.7，初中达到 1:15.7，争取达到欧洲水准；（6）通过对有 10 年教龄的教师培训，提高教师素质，确保优秀教师队伍；（7）全面检验和改进"余裕教育"；（8）反思和改进"余裕教育"和人性教育、道德教育。

5. 基于高中核心课程目标，高中教育愈加追求以学术能力为内核和课程的多样性选择，学生学业评价随之呈现多元化，以实现整体质量提升

事实上，这些有代表性的国家的普通高中教育发展，虽其不同阶段有着

不同发展倾向，但对于普通高中教育追求以学术能力为内核的课程发展和多样性的课程选择以及随之推行的学生多元化学业评价等，均未停下脚步，以期整体推进。

前面谈及的国家，在高中教育发展过程中无一例外地进行过对全国共同核心课程标准的认定以及严格的和富有挑战性的学业标准的形成。如美国《2000 年目标：美国教育法》（1994 年克林顿政府）将原核心课程扩展至七门，即英语、数学、科学、历史、地理、外语和艺术，并为八门学术性课程（包括英语、数学、科学、外语、公民与政府、经济学、艺术、历史与地理）制定了卡耐基标准单位（即学分），以保证每门学科的教育质量。

而对于课程的多样性选择，这些国家大多以"必修 + 选修 + 计划"的方式推行，以满足社会和学生的多样化需求，对学生学业评价的多元化区分，并对学习成果设立较高的期望值和责任感，恢复高中教育文凭的含金量，以打造世界一流的高中教育质量。

但从国际学习能力（PISA）的调查①看，尽管部分国家由于推行教育公平后出现部分应用性学科成绩下降的问题，但整体上，不论在西方欧美国家还是东方日韩两国的普通高中教育课程发展，均表现得较为明显。

---

① 数学与科学学习国际比较研究（TIMSS）和学生评价国际比较研究项目（PISA）是关于各国中小学生学业质量与中小学教学质量评估方面全球公认的权威国际比较研究项目，其中 PISA 是针对全球 15 岁学生的阅读素养、数学素养和科学素养所开展的一项国际比较研究项目。PISA 研究在评价学生素养时，其 2 小时的纸笔测验重点放在测评 15 岁学生是否能够较好地将阅读、数学和科学课程中所学知识与技能应用于实际生活情境中的问题。很明显，PISA 考查的更多的是学生的能力，关注的重点是：在义务教育行将结束时，在大多数学生即将全面参与社会生活时，学生们是否已经能够并善于将所学知识与技能运用于他们在现实生活中将会碰到的那些不同的情境之中；当学生们在不同情境中提出、分析和解决问题时，他们是否能够有效地分析、推理和交流他们的想法。因此，PISA 评价方案不是仅仅依据学校课程来设计，而是以全面参与社会生活所必需的知识与技能为设计测评试题与方案的依据，它同时吸收了校内课程与校外学习中的元素。学生评价国际比较研究项目（the Program for International Student Assessment，PISA）为这些问题提供了部分答案。

作为一项针对全球 15 岁学生的阅读素养、数学素养和科学素养所开展的学生评价国际比较研究项目，该研究由经济合作与发展组织（Organization for Economic Cooperation and Development，OECD，一个工业化国家政府间的合作组织）实施。PISA 的研究结果对许多国家的政府决策产生了重大影响。

三、国外高中教育发展战略是我国普通高中教育发展战略制定的有益借鉴

（一）国外普通高中教育发展战略的新取向

依据前述国外有代表性国家百余年高中教育发展战略的历史嬗变，其普通高中教育战略发展的基本路线可以概括为：虽然在不同发展阶段有着不同重点，但教育公平始终受到关注，并通过各种政策和举措促进教育质量不断提高，追寻公平与质量的统一；从少数走向大众、从单一走向多样，最终实现综合与特色共进，不断满足社会发展要求和民众真实生活期望。

在此基本路线下，国外有代表性国家普通高中教育发展战略形成如下的基本趋势。

1. 高中教育定位于"国民性中等教育机构"，强调其国民性和普及性

如果大学教育是国家竞争力的直接反映和晴雨表，那么中等教育的高级阶段——高中教育则是准竞争力积蓄和开始勃发的阶段，它们三者如同于跳高、跳远等运动，初中教育是热身阶段，高中教育是起跑阶段，大学教育是起跳阶段。因此，高中教育关系到国家的教育公平、教育质量和国家竞争力，既是培养国家急需的职业技能创新人才阶段，又是培养研究型大学后备军的重要阶段。尤其在全球化运动、信息科技快速变革、文化进步和日益多元的社会发展中，高中教育在追求高质量、高素养的国民性和普及性教育上显得尤为突出。

就目前国际普通高中教育的发展走势来看，越来越多的国家，包括诸多发展中国家，愈加将高中教育视为"国民性中等教育机构"，强调它的国民性和普及性定位，以大力发展国家所需的劳动者和建设者，全面提升国民的文化素养，这一点日韩两国表现得尤为突出。

坚定公共基础教育均衡发展政策的全面实行，不断调整、补充与完善，以保持普通高中教育公平和均衡发展政策的连续性。与此同时，积极推行优质教育和设立特色高中，全面提升教育质量，推促两者协调发展，有力实现提高教育质量指导下的高水平国民性和普及性高中教育，寻求并强化其发展的特色化进程。

教育公平和教育质量共进发展中存在着矛盾，即若单方面追求教育公平，易于导致教育质量和学生学力下滑，已有明显的例证；若单方面强调教

育质量，则难以保证全面的教育公平，尤其那些远离城市的高中学生群体和社会弱势群体。因此，高中教育发展在走向"国民性中等教育机构"，强调其国民性和普及性的同时，有选择地大力推进特色高中、综合性高中的步伐，实施因材施教的优质教育，推促教育公平和教育质量相互协调发展，将普通高中教育的"起跑"加速度调整到最佳状态，实现高中学生全人的发展目标，逐步缓解家长对学校教育的选择权和教育公平之间的矛盾境况，即学生和家长对优质学校和教育的向往、选择权利和与之相适应的国家普通高中公平教育发展之间的矛盾。

2. 注重学生个性和能力发展，对学习成果设立较高期望值，打造优质教育

注重"升学、就业、全人"三维发展目标的统一和促进学校类型的多元化及课程结构的多样性，根据国际普通高中教育发展的这一总体发展目标，越来越多的国家更加注重高中学生个性和能力的发展，"四个学会、一个走向"已是真实的写照。如，实施初高中一贯制、学科综合化、学分弹性化管理；推行"小班制"，加强基础知识和应用性能力教育；根据学生特点，增加特色科目，设置整块的研究型课程，扩大综合学习时间，配备高水平专才和高水准教学设施；学分修满，允许提前毕业，满足个体需求指向；大力丰富并弹性编配教学队伍的人员组织，实现专业化和精细化辅导等。同时，强调对学习成果设立较高期望值，增加学生的社会责任感和使命感，注重"生存能力"和"人性"道德，提高普通高中教育文凭含金量，实现优质教育。

3. 把核心知识和关键技能的培养视为重建高中阶段教育体系的基础，用综合技能代替单一职业技能，突出对学生学力评价的综合性和客观性

国际高中阶段教育发展的历史告诉我们，在教育公平和教育质量相互矛盾运动的过程中，各国始终针对普通高中教育的核心知识和学生关键技能的培养实施各项改革，以满足时代、社会和学生的不同需要，并以相关配套的法规形式对其政策、实施保障给予严格保证。正是由于这些法规上的不断完善，普通高中教育的核心知识和关键技能的培养始终被视为重建高中阶段教育体系的基础，尤其强调学生的综合技能修习和专业化研究技能的协调发展，以打破原有单一职业技能的发展，突出学生学力评价的综合性和客观性，从而不断推促高质量指导下的高中教育国民性和普及性建设。

4. 推进教务公开，完善评价改革，导入"学校评议员"制度，并逐步扩大学校经营权和办学自主权

随着社会服务性机构的改革，越来越多的国家注重普通高中办学的透明

化发展，以向全社会公布学校办学职能、责任、特色、学生发展目标等，公开教务和政务相关信息；建立与教育改革相适应的公开制度，导入"学校评议员"制度，反映和解决家长、社区的问题和需求，振兴社区教育行政；引入教师评价机制，提高教师素质，能力和态度与收入挂钩，确保教育质量，实施全社会监督并参与学校建设与发展。

地方教育行政委员会根据学校整体发展评估标准，逐步下放普通高中教育的学校经营权和办学自主权，尤其在财政管理、办学特色、优质方向、学生和社区文化趋向等方面，规范科学发展和弹性、灵活发展的相互协调指导，敦促"学校评议员"制度的不断完善，并加大对学校政务、校务和评估的监督与检查。

5. 政府高度重视、实施立法手段、加大资金投入与有效管理是普通高中教育实现教育公益性和均衡发展的有力保障

各国推行普通高中教育改革与发展的政策，集中体现在教育法规的建设上。教育法规所具有的强制性与稳定性保证了各国中等教育的连贯性和有效性。与此同时，每一部教育法规对实施该法规所必备的配套、跟进措施方案的制订、专项经费数额和实施办法都作出了严肃和详细的规定。这些法规和政策举措，其核心目的就是确保普通高中教育公益性和统一性，强化其"国民性中等教育机构"的本质属性，保证其国民性和普及性的目标价值取向。

（二）国外普通高中发展经验对我国普通高中教育改革的借鉴

根据上述对国际上部分有代表性国家普通高中教育历史与现实发展的相关阐述，对我国普通高中教育发展战略可以归结出以下几点启示。

1. 兼顾教育公平与教育质量，实施二者并重、共进发展

由于我国地区社会经济和教育发展极不平衡的现实，以及各地区教育公平、均衡发展的普及面相对低水平的情况，积极推行并进一步加强普通高中公共基础教育，在减轻学生和家长课业和学费负担的同时，兼顾教育公平与教育质量，即在不放弃因材施教、实施均衡和特色优质教育的同时，向普通高中教育公平倾斜，尤其对于中西部地区，实施二者并重、共同发展。

全面加强公共基础教育，提高教育水平，满足学生个性、多元和人性化需求；逐步研究、实施国家包括因材施教和英才教育的优质教育中长期发展规划和计划；加强公立学校的课外辅导和补习，关键是提高辅导水平，提供比社会上各种辅导班更优质、完善的服务。

在着力解决高中教育肩负"升学、就业、全人"三方面社会职能的同时，把公民全人教育作为最根本追求的教育目标，为社会发展提供高素质的公民，这是教育公平和教育质量的最终发展指向。

2. 逐步淡化高考制度，积极建设和发展特色高中，用综合技能代替单一职业技能，实现多元、综合学业成就水平评价，提升学生整体素养

随着基础教育课程改革的深入推进，高考制度的改革虽尚未与之匹配发展，但淡化高考制度是其发展的重要趋向，这一点已从现有国内高考制度的发展中初见端倪。因材施教的优质高中教育发展能够引领这一趋向的尽快到来，在教育公平发展的基础上，在核心知识和关键技能修习的基础上，积极建设和发展特色高中，包括有特色的私立高中，着力满足于家长、学生对优质教育的选择和社会经济发展所需，有针对地实行因材施教，打造优质教育。普通高中教育着力实施"必修＋选修＋计划"的课程设置方案，积极开展研究性学习，激发学生学习欲望，提高学生基础知识和应用技能的学力水平，有效提升学生创新能力和实践能力，用综合技能代替单一职业技能，实现多元、综合学业成就水平评价。

从单向鉴别选录向发现和实现自我潜能的教育转型，在更大范围和幅度内推行大学自主招生改革并逐步实行自主办学，逐步取消小学升初中的各种考试和证书等鉴别制度及相关举措，全面实行就近入学制度，允许特长生自主选择学校，着力淡化中考评价方式，实行综合考核，鼓励学生积极发展特长，并不断扩大特长考核范围和项目，鼓励根据需求选择高中，落实学生和家长更多地选择学校和教育的自主权。

3. 大力发展职业或专业高中，强化以学生为本，贯彻以学论教，实现向高素质就业与创业的社会转型

着力解决职业教育低水平入学的发展态势，用综合技能代替单一职业技能，增强上市公司和其他企业、集团与综合性高中和职业学校共建，推行社会职业教育紧密衔接与中长期在职培训计划。

　　通过立体升学与就业渠道，对口升入①理工农医类专业大学，通过升学和就业导向，实现普通教育和职业教育的"观念平等"和"事实平等"。

　　强化以学生为本的理念，贯彻以学论教的原则，实现多元、综合学业成绩评价，逐步实现从激烈、垄断的考试和学历社会，向高素质的就业与创业社会转型。

---

　　①　实行立体升学与就业渠道，即实行升学与就业并举的"两条腿走路"方针，这是职业教育发展独具特色的新办学模式。除了毕业生正常参加普通高考外，还采取对口升学，职业学校与相关专业大学联合办学，实行订单式培养，把就业教育订单培养与名企用工对接，使职业学校培养的技能人才与企业用工要求一致，毕业生实现高质量的就业，又大幅度提高职业教育毕业生考大学的概率。

　　什么是对口升学？20世纪90年代中期，随着我国经济政策的调整，适应社会对人才的需求，同时也为扶持中等职业学校的发展，满足职专学生升学深造的愿望，教育部出台了"对口升学"政策。对口升学是国家从高校招生计划中选择部分专业，拿出专门指标，对希望继续深造的职校生进行对口专业的高考。对口升学计划是属于当年高招计划的一部分，对口升学的学生大学毕业后和同年通过普通高考进入大学深造的学生享受同等待遇。中专学生在学完本专业课程之后，可参加全国统一的升学考试，进入本、专科高等院校继续学习本专业。比如在中专学校学习的是计算机专业，考入高校后仍然学习计算机专业，这就是所谓的"对口"。具体来说，对口升大学与普高升大学有"三个相同，四个不同"。三个相同是：一是考试的形式相同。都是采用"3＋X"（即：三门文化课＋专业课）的形式（三门文化课为语文、数学、英语；专业综合以外，有的专业需要测试物理或者化学）。二是高校新生录取的渠道和方式相同。都是由国家教育主管部门按照一定程序统一划线，统一录取。三是考入高校的对口升学考生的待遇与普高考生相同。各招生高校无论是师资安排、课程设计，还是学生奖学金和毕业文凭以及学位授予、考研等方面，都与普高考生一视同仁。四个不同是：一是在高中阶段学习的内容不同。对口升学班不采用普高教材，语文、数学、英语三科由各省自行编写教材；各个专业由国家教育主管部门指定与专业相关的统一的教材。对口升学所有开设的课程难度都低于普高，特别是数学和英语。教材的难度比普高教材低了很多，这对技工生来说是非常有利的。二是高考试卷与普高生不同。对口升学各科高考试卷均由各省市自行单独命题，各专业考生语数外三科试卷相同，各专业综合卷再分专业单独命题。三是在选学专业的时间上与普高生不同。普高生在参加全国统一高考后，各人根据自己的成绩报考不同的高校，选学不同的专业；对口升学则是在技校学习阶段就要选好自己所学的专业，并报考高校的这个相关专业，上大学后还是继续学习这个专业。四是培养的目标不同。职高对口升学的考生升入大学后，培养的目标基本上是社会上急需的各种高级实用型人才，而不是研究型人才。这些学生毕业后，他们既具备扎实的理论知识，又有一定的实践操作能力，因此就业更容易。

　　对口升学与普通高中升学相比，有其自身的优越性：第一，对口升学学制短。职高生学制两年即可参加对口升学考试，中专三年可参加两次对口升学考试。这样就缩短了在校时间，加大了考试的选择性，提前了就业时间。第二，对口升学考试内容有限。凡职业学校应届或往届毕业生均有报考资格，考试与普通高考时间相同，由各省单独出题，考试分文化课和专业综合两部分，专业课每年抽签确立。第三，同一院校招生中对职业教育对口升学考试录取分数大大低于普通高中录取分数，而且，学生在校学习和毕业后待遇完全相同。职业教育的对口升学，有利于提高专业理论水平和专业技能，又有利于就业。

第三章

我国普通高中教育发展的战略定位

我国普通高中教育发展的战略定位主要包括我国普通高中教育发展的基本战略定位、我国普通高中教育的基本性质定位、我国普通高中教育的基本功能定位。

第一节　我国普通高中教育的基本战略定位

一、普通高中教育发展战略的方向定位是全面贯彻教育方针

我国普通高中教育发展战略定位，应该从党和国家的教育方针出发。这是我国普通高中教育发展战略的基本立足点、出发点和落脚点。新中国成立60周年以来的经验反复证明，普通高中教育什么时候更加忠实地坚持国家的教育方针，什么时候就获得更加健康高效的发展，什么时候背离了教育方针，什么时候普通高中教育发展就会出问题，就会引发社会矛盾，就会遭受更多的质疑。

为什么普通高中教育坚持教育方针如此重要呢？这是由教育方针本身的重要性所决定的。那么，究竟什么是教育方针呢？教育方针是国家根据社会发展和人的全面发展需要，在一定历史阶段提出的具有全局性的教育工作的根本指导思想和行动纲领。它是党和国家教育工作发展的总方向，是教育基本政策的总概括。教育方针的制定必须回答为谁培养人、培养什么样的人、怎样培养人的根本问题。教育方针涉及教育发展的战略全局、涉及长远定位、涉及发展的根本原则和根本要求。它体现着国家的教育意志和教育的基本理念，以及全民的教育根本需求。在我们党和国家的教育方针中最关注的是什么？最关注的是两个发展，一个是社会发展，一个是人的发展。其实这是教育发展战略的最基本的问题。教育方针关注社会发展和人的发展问题，归根结底是培养什么人的问题。我们党和国家的教育方针从基本面上规定了培养什么样的人的问题，明确了教育事业的服务方向、人才培养的基本途径、教育的总的培养目标。

包括普通高中教育在内的教育政策，要全面、深刻地体现教育方针，因为教育方针是教育政策制定的根据，只有体现了教育方针的教育政策才是正确的。普通高中教育是我国教育事业和教育体系的有机组成部分，而且是极其重要的组成部分，因此我国普通高中教育发展战略的方向必须定位于全面

贯彻党和国家的教育方针。

应当看到，党和国家的教育方针和据此制定的各项政策，保证了新中国教育事业的健康发展。广大教育工作者努力贯彻落实教育方针，培养了大批思想道德和文化科学素质较高的劳动后备军和大批德才兼备的建设人才，造就了一大批活跃在我国社会主义建设各个领域的骨干力量。可以看到，经过新中国成立60年的艰难探索，中国特色社会主义教育方针日益完善。广大教育工作者更加自觉地贯彻落实教育方针，带来了教育事业的蓬勃发展，极大地提高了全民族的整体素质，为国家现代化建设作出了重大贡献。在新的历史条件下，要正确贯彻和落实教育方针，推动我国教育事业健康和谐发展，必须进一步明确我国教育事业的服务方向、人才培养的总目标和基本途径，自觉把握时代脉搏，体现素质教育。

中华人民共和国的成立开创了中华民族历史的新纪元，也揭开了中国教育事业发展的新篇章。共和国成立之初，为了尽快改变文化教育十分落后的状况，党和政府高度重视教育事业，把改造旧教育、建设新教育作为教育工作的首要任务，顺利完成了从旧教育向新民主主义和社会主义教育的根本转变，确立了党和国家的教育方针，明确了社会主义教育的方向。教育方针的制定和落实，事关国家教育事业的兴衰成败。但是，教育方针是随着时代和实践的变化不断调整的。新中国成立60年来，特别是改革开放30多年以来，社会发展和人的发展，都发生了很大的变化，出现了很多新的情况，因此党和国家的教育方针也随之作出必要的调整，要及时准确地反映这些新的变化和新的情况。党和国家的教育方针适应时代要求，经历了一个不断发展、不断调整和完善的历史过程，体现了社会主义教育的性质，反映了不同历史时期经济社会发展对教育提出的基本要求。

1981年6月，《中共中央关于建国以来党的若干历史问题的决议》提出："用马克思主义世界观和共产主义道德教育人民和青年，坚持德、智、体全面发展，又红又专，知识分子与工人农民相结合，脑力劳动与体力劳动相结合的教育方针。"这里提出的教育方针，是根据当时我国建设社会主义现代化强国的总目标提出来的，也是总结新中国成立32年教育的经验教训提出来的。1982年通过的《中华人民共和国宪法》规定："国家培养青年、少年、儿童在品德、智力、体质等方面全面发展。"这对教育界拨乱反正、正本清源，恢复和发展教育事业，发挥了重要的导向作用。1983年9月，邓小平提出："教育要面向现代化，面向世界，面向未来。""三个面向"成为新时期教育改革和发展的战略指导思想。这一思想在以后制定的教育方针中得到明确体现。1985年5月，《中共中央关于教育体制改革的决定》中明确提出，"教育必须为社会主义建设服务，社会主义建设必须依靠教育。"这些重要思想的提出，充分适应了改革开放以来我国经济社会发展的时代特征，在教育方针认识上实现了由"教育为无产阶级政治服务"到"教育必须为社会主义建设服务"的思想升华和历史飞跃；在教育方针实践中加强了教育与社会的联系，促使教育主动适应现代化建设需求，按照现代化建设要求进行全方位改革。20世纪90年代初，适应国家经济社会发展，教育方针的表述更加规范化。1990年12月30日，党的十三届七中全会通过的《中共中央关于制定国民经济和社会发展十年规划和"八五"计划的建议》提出："继续贯彻教育必须为社会主义现代化建设服务，必须同生产劳动相结合，培养德、智、体全面发展的建设者和接班人的方针，进一步端正办学指导思想，把坚定正确的政治方向放在首位，全面提高教育者和被教育者思想政治水平和业务素质。"1993年，中共中央、国务院颁布的《中国教育改革和发展纲要》重申了这一方针。1995年3月，八届全国人大三次会议通过的《中华人民共和国教育法》沿用这一教育方针，但在文字上作了重要修改，除了在"建设者和接班人"前加上了"社会主义事业的"外，还在"德、智、体"后加上了"等方面"，反映了在教育方针认识上的深化。至此，我国新时期的教育方针已完成了法律程序，写进了教育的根本大法。

世纪之交，随着素质教育的理论探讨和实践发展，我国的教育方针又赋予了新的时代内容。1999年，九届全国人大二次会议通过的《政府工作报告》以及中共中央、国务院《关于深化教育改革，全面推进素质教育的决定》中，都在人才培养中提出了"美"的要求。这样，新时期的教育方针就表述为"教育必须为社会主义现代化建设服务，必须与生产劳动相结合，培养德、智、体、美等方面全面发展的社会主义事业建设者和接班人"。这一新的教育方针，确立了教育事业为社会主义现代化建设服务的方向，明确了教育培养德、智、体、美等方面全面发展的社会主义事业的建设者和接班人的目标，揭示了教育与生产劳动相结合的人才培养的根本途径。这一新的教育方针，实现了新中国教育史上教育方针认识和实践的历史性转变，促进了教育思想的大解放，开启了教育方针之认识和实践为以经济建设为中心的社会主义现代化建设服务的新时代。1999年6月，江泽民在第三次全国教育工作会议上的讲话中指出："我们必须全面贯彻党的教育方针，坚持教育为社会主义现代化建设服务、为人民服务，坚持教育与社会实践相结合，以提高国民素质为根本宗旨，以培养学生的创新精神和实践能力为重点，努力造就有理想、有道德、有文化、有纪律的，德育、智育、体育、美育等全面发展的社会主义事业建设者和接班人。"首次提出了教育"为人民服务"和"坚持教育与社会实践相结合"的指导方针。2002 年 11 月，江泽民在党的"十六大"上提出："全面贯彻党的教育方针，坚持教育为社会主义现代化建设服务，为人民服务，与生产劳动和社会实践相结合，培养德、智、体、美全面发展的社会主义建设者和接班人。"

2007 年 10 月，胡锦涛在党的"十七大"上提出："要全面贯彻党的教育方针，坚持育人为本、德育为先，实施素质教育，提高教育现代化水平，培养德、智、体、美全面发展的社会主义建设者和接班人，办好人民满意的教育。"对教育方针的内容进行了新的阐释和丰富。

我国普通高中教育发展战略的方向定位，根据党和国家的教育方针及其时代嬗变的基本精神，应当体现出正确性、前瞻性、科学性、时代性，又要方向明确，容易找到实践落实的抓手。当前，面对国际国内的新形势、新要求，党和国家的教育方针的表述也在与时俱进，不断作出新的调整，表述也在不断地规范化。为此，普通高中教育发展战略的方向定位可以表述为：我国普通高中教育发展要全面贯彻教育方针，与中国特色社会主义改革实践相结合，着力于人力资源开发与全民终身学习能力的培养，积极促进全民族综合素质的提高，为培养德、智、体、美等方面全面发展的社会主义事业的建设者和现代公民作准备。

我国普通高中教育发展战略的方向定位作这样的表述，可以更好、更全面、更完整地体现出邓小平同志所讲的"三个面向"的思想，体现出党的"十六大"、"十七大"的新精神、新要求，体现出当今时代教育发展的基本趋势和要求，体现出中国教育之中国特色，体现出我国教育的基本理念，体现出人的发展的基本需求，同时体现出国家意志。具体地说，更好地反映出素质教育的理念和精神，反映出在全球范围内备受关注的全民教育、公民教育、终身教育、创新教育等基本的教育理念。

二、普通高中教育发展战略的
思想定位是全面贯彻落实科学发展观

我国普通高中教育发展战略的思想定位，应该是遵循党的十一届三中全会所确定的思想路线，认真学习领会马克思主义中国化的最新思想成果，全面贯彻落实科学发展观。为什么要这样做呢？这是因为，对于普通高中教育来说，归根结底，发展是第一要义，特色发展、均衡发展、协调发展是时代要求。要使我国普通高中教育坚持以人为本，培养全面和谐发展的人才，获得健康协调可持续的发展，就必须深入学习和全面贯彻落实科学发展观。

深入理解科学发展观，其第一要义是发展，核心是以人为本，基本要求是全面、协调、可持续，根本方法是统筹兼顾。科学发展观着眼于丰富发展内涵、创新发展观念、开拓发展思路、破解发展难题，在发展道路、发展模式、发展战略、发展动力、发展目的和发展要求等方面提出了一系列新的思想观点，初步形成了马克思主义关于社会主义发展的系统理论，也是需要在实践中不断丰富、发展和完善的理论。科学发展观是我们全面建设小康社会、加快推进社会主义现代化的根本指针。对于以发展为主题的当代中国来说，科学发展观是马克思主义中国化的最新成果，是在求真务实思想路线指导下的最新理论成果，是推进社会主义经济建设、政治建设、文化教育建设、社会建设全面发展必须长期坚持的指导方针，是发展中国特色社会主义必须坚持和贯彻的重大战略思想。要结合实际全面深入地理解，科学地贯彻落实。

准确把握和确定我国普通高中教育发展战略的思想定位，必须深入学习领会科学发展观的思想内涵、精神实质和深远意义。

党的"十六大"以来，我们党对经济社会发展规律的认识有了新的提高，在马克思主义理论建设上取得了重大发展和一系列新的理论成果，其中最主要的理论创新成果就是提出了"科学发展观"。科学发展观，是我们党坚持以邓小平理论和"三个代表"重要思想为指导，在准确把握世界发展趋势、认真总结我国发展经验、深入分析我国发展阶段性特征的基础上提出的重大战略思想，是对经济社会发展一般规律认识的深化，是对党的三代中央领导集体关于发展的重要思想的继承和发展，是同马克思列宁主义、毛泽东思想、邓小平理论和"三个代表"重要思想既一脉相承又与时俱进的科学理论，是马克思主义关于发展的世界观和方法论的集中体现。科学发展观的一系列新思想、新观点、新论断、新部署，构成了一个有机统一的整体，涉及经济建设、政治建设、文化教育建设、社会建设和党的建设的方方面面。

科学发展观深入回答了事关中国长远发展的重大问题。现在，我国改革发展正处于关键阶段，新情况、新问题层出不穷。科学发展观深入系统地回答了"为什么要发展"、"为谁发展"、"怎样发展"等事关中国长远发展的一系列重大问题，把对中国特色社会主义发展问题的认识提高到新的水平，为实现经济社会又好又快发展指明了前进方向。科学发展观把发展作为第一要义，回答了"为什么要发展"的问题。发展是硬道理。中国解决一切问题的关键在于发展。在前进的道路上，我们要不断提高人民生活水平，要增强国防实力、维护国家安全，要在风云变幻的国际局势中立于不败之地，这一切都要靠发展。离开发展，就无所谓发展观。我们必须抓住20世纪头20年的重要战略机遇期，聚精会神搞建设，一心一意谋发展，用新的发展思路实现更好更快的发展。科学发展观把以人为本作为核心，深刻回答了"为谁发展"的问题。在发展目的上，科学发展观强调发展要为了人民，发展要着眼于实现好、维护好、发展好最广大人民的根本利益；在发展依靠力量上，科学发展观强调要把人民群众作为推动发展的主体和基本力量，努力营造全体人民充分发挥聪明才智的社会环境；在发展成果上，科学发展观强调要从解决人民群众最关心、最直接、最现实的利益问题入手，千方百计为困难群众多办实事、好事，使广大人民群众共享经济社会发展的成果。

科学发展观把全面协调可持续发展作为基本要求，系统回答了"怎样发展"的问题。全面发展，就是要以经济建设为中心，全面推进经济、政治、文化建设，实现经济发展和社会全面进步；协调发展，就是要落实"五个统筹"，推进生产力和生产关系、经济基础和上层建筑相协调，推进经济、政治、文化建设各个环节、各个方面相协调；可持续发展，就是要促进人与自然的和谐，实现经济发展和人口、资源、环境相协调，坚持走生产发展、生活富裕、生态良好的文明发展道路，保证一代接一代地永续发展。

新中国成立60年以来特别是改革开放30年来，我国社会主义建设波澜壮阔，有成功的经验，也有曲折的教训。经过艰苦探索，在发展问题上，我们党积累了不少经验，全面推进社会主义物质文明、政治文明、精神文明和生态文明建设，促进经济社会协调持续发展和人的全面发展；注重经济与人口、资源、生态的协调发展等思想得到凸显。改革开放以来，正是因为坚持了正确的发展观，制定和贯彻了正确的路线、方针、政策，我们才取得了举世瞩目的建设成就。科学发展观把中国特色社会主义建设的成功经验加以深化，与新的时代特点和当前国情相结合，赋予发展观以新的时代内涵：突出以人为本的发展理念，强调让人民群众共享改革发展的成果；坚定不移地以科学发展观统领经济社会发展全局，切实把经济社会发展转入以人为本、全面协调可持续发展的轨道；构建社会主义和谐社会、努力建设创新型国家、树立社会主义荣辱观；保持经济平稳较快发展，必须加快转变经济增长方式，必须提高自主创新能力，必须促进城乡区域协调发展，必须加强和谐社会建设，必须不断深化改革开放。

科学发展观科学提炼了人类文明进步的丰硕成果。20 世纪 50 年代以来，国外关于发展观的理论演进主要经历了四个阶段，即经济增长发展观、"经济增长＋社会变革"发展观、可持续发展观、以人为本的综合发展观，并逐渐形成了增长不等于发展、经济发展不等于社会进步、注重人和自然环境的协调、发展不能以牺牲生态环境为代价等共识，强调要注重发展的全面性、协调性和可持续性。在实践上，也有许多成功的做法，如重视资源的合理开发、可持续利用；重视生态环境的保护和治理；坚持科教兴国，注重人力资源能力建设，等等。科学发展观正是在我们党以马克思主义的宽广视野积极借鉴当今世界有关发展的认识成果的基础上创立和形成的，并结合中国实际进行思想创造，使人类文明的进步成果在中国语境下得以提炼与升华，具有宽广的世界眼光和理论视野，是符合世界发展趋势的马克思主义发展观。

科学发展观统筹国内发展和对外开放，把中国的发展与世界的发展紧密联系起来，向世界贡献了中国特色的发展理论。经验表明，一个国家有什么样的发展观，就会有什么样的发展道路、发展模式和发展战略，就会对发展的实践产生根本性、全局性的重大影响，就会产生不同的发展结果。由于科学发展观着眼于未来发展趋势，注重发展的综合性、协调性和可持续性这一人类社会发展理念的主流，实现了对传统发展观的历史性超越，有着很强的现实针对性和实践指导性。因而它能解决中国发展中的各种复杂矛盾和问题。因此，科学发展观是指导中国特色社会主义建设的新理论、新思路。

科学发展观是建立在正确的思想路线基础之上的科学理论。历史经验告诉我们，能否把社会主义建设好，首先要解决好党的思想路线问题。党的思想路线丰富和发展的过程，就是马克思主义中国化不断深入并结出硕果的过程。"解放思想、实事求是、与时俱进"思想路线的形成过程，就是毛泽东思想、邓小平理论和"三个代表"重要思想形成的过程。在新世纪、新阶段，树立和落实科学发展观、构建社会主义和谐社会、实现中华民族伟大复兴的宏伟战略目标，呼唤党的思想路线有新的发展，并对当代共产党人更好地坚持党的思想路线提出了新要求。胡锦涛总书记提出的"求真务实"在理论上进一步丰富和发展了马克思主义思想路线的内涵。"求真"，就是不断地认识事物的本质，把握事物发展的规律，体现科学精神。"务实"，就是要在这种规律性认识的指导下，去实践、去行动，体现实践品格。求真务实，体现了马克思主义所要求的理论和实践、知和行的具体的历史的统一，使党的思想路线的实践内涵和实践意义更加深刻、完整和具体。当今中国处在社会主义初级阶段，也正处在新的历史起点上。我们对全面建设小康社会的长期性、艰巨性、复杂性要有充分的思想准备。因此，我们要树立和落实科学发展观，必须要以求真务实的思想路线作为根本的思想和作风保障。胡锦涛指出："树立和落实科学发展观要以求真务实为着力点，用求真务实的作风落实科学发展观。""求真务实，要紧紧围绕落实党和国家的各项工作来进行，最重要的是付诸实践、见诸行动、取得成效。"可以说，坚持求真务实，就是坚持党的思想路线。

科学发展观坚持以人为本，是马克思主义唯物史观的集中体现。科学发展中以人为本的"人"，不是抽象的人，而是广大人民群众，他们是人类社会发展中最积极的因素，是历史发展的主体力量；这里所说的"本"，不是事物的本体，而是发展的中心和目标，是发展的出发点和归宿。在发展问题上，马克思主义唯物史观一方面强调历史决定论，认为生产力是推动历史发展的最终决定力量，另一方面则是强调历史辩证法，强调经济不是社会发展的唯一决定因素，要重视政治、文化、思想及自然因素等各方面因素在社会整体发展中的作用。科学发展观强调全面协调发展，是对唯物史观关于社会结构和社会系统理论的运用和阐发，认为不仅要进行经济建设，还要进行政治、文化、社会建设，促进物质文明、政治文明和精神文明共同进步，推进生产力和生产关系、经济基础和上层建筑相协调，推进经济、政治、文化建设的各个环节、各个方面相协调，拓宽了发展内涵，使发展的要求更加全面、系统。科学发展观强调可持续发展，是对唯物史观关于人、社会对自然界的依赖性和社会历史连续性理论的运用和阐发，认为要促进人与自然和谐发展，实现经济发展和人口、资源、环境相协调，努力实现人、社会、自然之间的良性互动，走生产发展、生活富裕、生态良好的文明发展道路。

马克思主义关于人的最终理想，是实现人的全面发展。科学发展观坚持以人为本，弘扬了马克思主义政党为绝大多数人谋利益的价值理想，体现了这一科学理论鲜明的理论立场。科学发展观把以人为本作为其本质与核心，将以人为本渗透于全面、协调、可持续发展之中，强调发展为了人民，发展依靠人民，发展成果由人民共享，要不断实现好、维护好、发展好广大人民的根本利益，要做到"权为民所用、情为民所系、利为民所谋"。这样，坚持以人为本，就不是一般的工作方法问题，而是重要的治党治国理念；不是一般的人文关怀，而是事关党"为谁发展"、"靠谁发展"等重大原则性问题，使党的发展理念与"最终达到共同富裕"的社会主义本质要求高度一致，与马克思主义执政党"立党为公、执政为民"的根本宗旨高度融合，与"以每个人的全面而自由的发展为基本原则的社会形式"的共产主义最高理想高度统一，必然使中国特色社会主义展示出光辉灿烂的前景。

深入贯彻落实科学发展观，要求我们牢记社会主义初级阶段基本国情，始终坚持"一个中心、两个基本点"的基本路线，积极构建社会主义和谐社会，继续深化改革开放。科学发展观适应我国社会的深刻变化，强调在推进物质文明建设的同时，必须坚持不懈地抓好社会主义政治文明、精神文明建设，努力构建社会主义和谐社会，把中国特色社会主义事业由经济、政治、文化的三位一体，扩展为经济、政治、文化、社会的四位一体，使经济更加发展，民主更加健全，科教更加进步，文化更加繁荣，社会更加和谐，人民生活更加殷实。科学发展观日益深入民心，它必将转化为建设中国特色社会主义、实现中华民族伟大复兴的巨大物质力量。

当前，我国的经济社会情况发生了深刻的新变化，在人的全面发展方面也出现了许多新情况、新问题，这就更增强了我们深入学习和全面贯彻落实科学发展观的必要性和紧迫性。全面贯彻落实科学发展观，就是要优先发展科教事业，对本研究来说，就是要促进普通高中教育健康快速持续和谐发展，在战略上就要凸显"以人为本"、"立德树人"、"全面和谐发展"的思想。这就要求我们关注社会发展和人的发展两大方面，而且要体现在行动上，在教育行为方面自觉地体现出促进社会全面进步和人的全面和谐发展的思想意识。促进社会全面进步和人的全面和谐发展，就要把教育工作和人力资源开发结合起来，促进全民族综合素质的提高。全民族综合素质的提高，主要落实在普通高中教育战略之中，体现在普通高中教育甚至是高中阶段教育的毕业生的素质方面。因此，如何促进全民族综合素质提高，是普通高中教育要面临、要解决、要发挥作用的重大方面。这是一个思想观念的重大变化，也是整个教育工作本身的一个重大的转机，其不是仅培养学龄阶段的学生，而是面向全社会开发人力资源，从人力大国到人力资源强国，由此全面建设中国特色社会主义教育体系。

科学发展观所主张的"以人为本"、"立德树人"、"全面和谐发展"的思想，其中"以人为本"是核心，是立足点。那么以人为本和教育是什么关系呢？总体上说，教育的以人为本，就是要以培养人的发展能力为本，以全民教育为本，以人才培养为本，以终身学习为本。我们过去讲教育要培养德、智、体、美等方面全面发展的人才。但是，德、智、体、美等方面全面发展是要靠一生去造就的，学校培养只是人生发展的一个阶段，普通高中教育也只是其中的一个阶段，其培养目标即使全部实现，也是很难达到教育方针中所规定的德、智、体、美等方面全面发展的那样一种人才。因此，全面贯彻落实科学发展观，坚持以人为本，就是要在学校教育阶段，特别是在普通高中教育中，重点培养学生的人的全面发展的能力，使其在德、智、体、美等方面全面发展，克服和防止片面追求升学率的教育实践倾向。这就是我们现在所讲的"素质教育"的任务。

三、普通高中教育发展战略的制度定位是高考制度

我国普通高中教育发展战略的制度起点，应该是我国的高考制度。其主要原因如下。

首先，建设新中国、发展新中国，都需要人才。而人才匮乏是实现"四个现代化"奋斗目标的最大制约因素。

毋庸讳言，改革开放初期，中国社会刚刚从"文化大革命"的噩梦中走出来，各行各业都需要人才，人民渴望知识和教育振兴。由于"文化大革命"期间正常的教育教学秩序被破坏，社会上知识人才奇缺，尤其是专业人才不足成为当时的最大问题。恢复高等教育事业的发展，尽快培养社会主义现代化建设所需要的各类专业人才，是当时教育领域的头等大事。1978年3月，邓小平在全国科学大会上强调指出："科学技术人才的培养，基础在教育。"他还强调指出："我们要千方百计，在别的方面忍耐一些，甚至于牺牲一点速度，把教育问题解决好。"这掷地有声的话语使得神州大地掀起了学习科学、重视教育的阵阵热潮，全国涌现出一大批像陈景润一样刻苦学习、用心钻研业务的楷模。

1977年8月8日，邓小平在科学和教育工作座谈会上发表了重要讲话。在谈到关于教育制度和教育质量问题时，他大胆提出："今年就要下决心恢复从高中毕业生中直接招考学生，不要再搞群众推荐。从高中直接招生，我看可能是早出人才、早出成果的一个好办法。"在邓小平的亲自指导下，恢复高等学校招生工作取得了拨乱反正的重大成果，新中国成立以来我国逐步建立起来的符合中国国情和社会主义建设需要的高等学校统一招生制度得以全面恢复。10月5日，中央政治局讨论并原则通过了教育部《关于1977年高等学校招生工作的意见》。10月12日，国务院批转了教育部《关于1977年高等学校招生工作的意见》，规定从1977年起，对高等学校招生制度进行改革，恢复统一考试制度。凡是工人、农民、"上山下乡"和回乡知识青

年、复员军人、干部和应届毕业生，符合条件者均可报考。招生办法是自愿报名，统一考试，市地初选，学校录取。录取原则是德智体全面衡量，择优录取。

在邓小平的亲自主持下，教育界冲破重重障碍，在 1977 年冬天恢复了中断 10 年之久的高考制度。高等学校招生制度的改革是"文化大革命"后拨乱反正的重要标志之一，是我国教育改革中较早进行的一项重大改革，强烈地震撼了教育界乃至全社会。

其次，高考制度是极大地满足广大人民群众日益增长的科学文化需求的基础制度平台。

恢复高等学校招生制度不仅是高等教育领域的一件大事，而且是对整个教育事业、整个社会发展具有重大影响的大事。高考制度的恢复极大地改变了当时年轻一代沉闷的精神状态，激发了亿万青少年学习科学文化知识的热情，广大教师精神振奋，教育界重新焕发了生机和活力，全国教育风气为之一新；高考制度的恢复也激活了整个社会，社会风气和人们的生活方式为之一变。中国教育和人才培养由此走上了健康的轨道。以此为开端，在中国改革开放的总设计师邓小平的主导下，国家部署和启动了恢复高考制度工作，并进一步扩大派遣留学生。邓小平决策的教育领域的改革"为帮助全党全社会解放思想，冲破'两个凡是'思想束缚，纠正'文化大革命''左'的错误，摒弃'以阶级斗争为纲'，起到了开风气之先的作用。从这个意义上讲，邓小平决策恢复高考，绝不仅仅是教育领域的事情，它是全面拨乱反正、开辟中国特色社会主义新道路的一个突破口"。这些具有划时代意义的战略决策，历史地成为中国改革开放的重要组成部分，成为中国改革开放的先声和前奏。

再次，高考制度的恢复是我国整个教育改革与发展和教育制度建设的内在需求，是时代的呼唤。

20 世纪 70 年代末，经过十年"文化大革命"的中国百废待兴，中国社会主义建设事业处在十分重要的历史转折关头。十年浩劫，中国的教育事业遭到严重破坏，学校教学秩序混乱，广大教师受到摧残，青年一代丧失了接受科学文化教育的机会，中国向何处去？中国的教育向何处去？中国走在了十字路口。1976 年 10 月那个金色的秋天，党中央一举粉碎了"四人帮"，"文化大革命"结束，人民渴望教育振兴，国家建设呼唤人才，教育事业的发展提上了党和国家的重要议事日程。教育改革怎么搞，大学怎么办，高中怎么办，成为社会关注的焦点之一，而此时各条战线专门人才短缺，人才匮乏已成为实现"四个现代化"奋斗目标的最大制约因素。1977 年 5 月 12 日和 5 月 24 日，即将复出的邓小平在和中央有关领导同志的谈话中就强调：实现现代化的关键是科学技术，发展科技必须抓教育，一定要在党内营造尊重知识、尊重人才的氛围。他敏锐地指出："靠空讲不能实现现代化，必须有知识，有人才。"1977 年 7 月，中共十届三中全会通过了恢复邓小平党、政、军领导职务的决议。邓小平刚一恢复工作，就以一个政治家、战略家的气魄和勇气深刻地思考着中国的前途命运和发展道路问题。中国的道路如何走，走向何方？应当从何处入手？以哪里为突破口？邓小平主动请缨，郑重地向中央提出分管科技、教育工作的请求。邓小平认为，中国要走现代化建设之路，要改革，就必须寻找突破口，这个突破口就是科技和教育。他敏锐地认识到教育是关系着国家和民族生死存亡的重大问题，并亲自指挥和领导了教育界的拨乱反正和全面恢复教学秩序的工作。

教育作为"文化大革命"的"重灾区"，当时面临许多困难和障碍，"两个估计"就像一个巨大的精神枷锁仍压得知识分子喘不过气来。邓小平首先选择把推翻"两个估计"作为拨乱反正和解放思想的突破口。在当时政治形势还没有得到根本扭转的情况下，1977 年 8 月 8 日，他以政治家的智慧和胆略，在科学和教育座谈会上发表的重要讲话中，旗帜鲜明地指出："对全国教育战线十七年的工作怎样估计？我看，主导方面是红线。"同年 9 月，他在与教育部主要负责同志谈话时再一次尖锐地指出："'两个估计'是不符合实际的。怎么能把几百万、上千万知识分子一棍子打死呢？我们现在的人才，大部分还不是十七年培养出来的？"他充分肯定了"文化大革命"前十七年教育工作的成绩和知识分子的作用，为落实党的知识分子政策，为教育战线全面拨乱反正、整顿教育教学秩序奠定了思想和理论基础，为此后的思想解放、改革开放开辟了先河。

应当看到，1977 年，是中国现代教育史上具有重大历史意义的年份。这年秋天，在中国改革开放总设计师邓小平的倡导下，国家决定恢复高考。从此，因"文化大革命"一度终止了的全国高校招生统一考试制度终于恢复，中国教育重新迎来了阳光明媚的春天。自此，一个国家的光明前途仿佛在一夜之间被重新点亮，一代青年在那个火热年代的奋发意气仿佛顷刻间被熊熊点燃，人们奔走相告，欣喜若狂。当年全国百万青年纷纷从田间地头、工厂车间、军营哨所等祖国的四面八方走进考场。这一年全国有 570 万人报考，当年全国高等学校录取新生 27.3 万人；半年后，1978 年的夏天，610 万人报考，录取了 40.2 万人，同时还有 6.35 万人报考研究生，1.07 万人获得了深造机会。冬夏两季，全国共有约 1 180 万名青年参加了考试，迄今为止，这是世界考试史上人数最多的考试，亿万青年沉积多年的强烈求知愿望和热情仿佛火山喷发，宛如江河奔流，激情万丈、热烈欢腾、汹涌澎湃。全国高考制度的恢复，为我国普通高中教育发展战略奠定了时代性制度起点。

最后，高考制度的恢复，为迷失的中国教育拨正了方向，为体系混乱的中国教育恢复了学制体系，给濒临崩溃的教育注入了活力。

在邓小平的倡导和领导下，教育战线打破徘徊局面，开始了全面恢复和整顿，被"文化大革命"搞乱了的教育教学秩序开始得到治理。很快，随着学制的恢复与重建，全国教育迅速摆脱了混乱局面，逐步走上了健康发展的轨道；随着全国教育界知识分子成千上万的冤假错案被平反，广大教育工作者在政治上获得了新生。在"文化大革命"的动荡岁月里，新中国成立以来逐步建立起来的全国普通高等学校统一招生制度被彻底否定，学校教育秩序混乱，学生停课闹革命，全社会没有了学习知识的动力和活力，国家出现了严重的人才断档。改革高校招生制度成为当时加快人才培养的迫切需要，也成为广大人民群众的强烈愿望。1977 年，在人们的思想还没有从"左"的束缚下解放出来的情况下，邓小平首先以遭受严重破坏的教育战线作为突破口，开启了中国社会的拨乱反正和解放思想的伟大航程。1977 年，在正式决策恢复高考前夕，邓小平在关于科技和教育问题的多次谈话中，就尽快改变"文化大革命"中实行的高等学校招收工农兵学员制度和恢复高等学校招生考试制度问题，提出了两点重要意见：第一，高等学校招生要恢复文化考试制度；第二，提倡高等学校招生"两条腿"走路（大学要从工农兵中招生，重点学校可以从应届高中毕业生中招），允许高中毕业生直接上大学。关于恢复高等学校招生考试制度，邓小平最初的设想是，1977 年用一年时间作准备，1978 年正式恢复高考，生源一半是应届高中毕业生，一半来自社会，然后逐步走向正规。然而，随着形势的变化，在邓小平复出后主持召开的科学和教育工作座谈会期间，恢复高考的决策提前确定和实施了。

1985 年 5 月，全国教育工作会议在北京隆重召开，邓小平发表了《要把教育工作认真抓起来》的著名讲话。讲话只有短短的 13 分钟，但字字千钧。邓小平指出："我们国家，国力的强弱，经济发展后劲的大小，越来越取决于劳动者的素质，取决于知识分子的数量和质量。一个十亿人口的大国，教育搞上去了，人才资源的巨大优势是任何国家比不了的。"这是一次在中国教育史上具有历史意义和深远影响的会议。会前，《中共中央关于教育体制改革的决定》颁布。这是继《中共中央关于经济体制改革的决定》

和《中共中央关于科学技术体制改革的决定》后，中共中央颁布的又一重大纲领性文件。《中共中央关于教育体制改革的决定》提出："必须从教育体制入手，有系统地进行改革。"该决定是我国教育发展史上一个重要里程碑，总结了我国教育发展正反两方面的经验，指明了我国教育体制改革的正确方向，提出了"教育必须为社会主义建设服务，社会主义建设必须依靠教育"的根本指导思想和新的历史时期教育事业的战略目标，将教育改革纳入到改革开放和现代化建设的总体设计之中。（改革开放30年中国教育改革与发展课题组，2009）由此，国家决策层下决心强力狠抓教育改革与发展。

由以上分析可以看出，我国普通高中教育发展战略的制度定位，是国家高考制度。也可以说，只有在国家确立了高考制度之后，普通高中教育才在战略上确立了它在我国教育制度体系中的制度地位，从而也才能确立其社会地位。只有在国家恢复了高考制度之后，普通高中教育才在战略上重新获得了其历史地位和社会地位，并逐渐在中国特色社会主义建设的伟大事业中发挥出它应有的重要作用。但是，随着改革开放的深化和社会主义建设事业的发展，我国社会经济、政治、文化和生态文明的发展取得了巨大的成就，获得了崭新的基础，广大人民群众对普通高中教育发展的要求也越来越高，期待越来越迫切，而普通高中教育过去的战略定位所承载的历史使命已经完成，需要在新的时代条件下进一步彰显出其新的社会价值，发挥出符合新的时代要求的作用，就必须重新调整战略定位，在人的健康全面和谐发展方面实现更加积极的社会意义。

从我国普通高中教育发展战略定位出发，有必要进一步明确普通高中教育的性质、功能和规模。

第二节　我国普通高中教育的基本性质定位

一、普通高中教育是为受教育者终身发展奠基的高层次基础教育

确定我国普通高中教育发展战略的首要问题，是明确普通高中教育的基本性质定位。实现高中阶段教育的普及，要求我们重新认识普通高中教育的基本性质。显然，精英阶段、大众阶段、普及阶段的普通高中教育在基本性

质和任务上发生了不可逆转的变化。现实中我们对普通高中教育基本性质和任务的理解,仍然停留在"精英阶段"的认识水平。这不仅导致了对普通高中生源和质量"一代不如一代"的普遍误判,对教育教学现实中发生的诸多现象无法理解,而且也严重影响了普通高中办学行为和教学行为的选择,即每一所高中都希望成为省内或国内一流高中,把所有学生作为"精英"而不是大众来教,希望他们升入不低于一本的名牌大学。因此,重新认识和理解普通高中的基本性质和任务,成为普通高中教育健康发展的重要前提,这有助于使普通高中教育发展走向科学化和法制化轨道。

自 1922 年实行"新学制"("六三三学制")后,普通高中教育成为我国学制系统中一个新的教育阶段。八十多年来,我国社会发生了天翻地覆的变化,教育事业获得了极其迅速的发展,普通高中教育的内外部条件出现了前所未有的变革,传统的"双重任务说"越来越难以包容其趋于复杂的性质与使命,同时,人们认识事物的方式和能力也在不断进化,逐渐对当代普通高中的性质与使命形成比较系统的新认识,诚如埃德加·莫兰所说:"复杂的统一体如同人类和社会都是多维度的","恰切的认识应该看到多维度性和把它获取的资讯都置入这个框架"(埃德加·莫兰,2004)。本书提出关于我国普通高中教育的性质和定位的新判断,以便容纳和梳理我们对当代普通高中教育基本性质和使命的若干新认识。

我们的基本判断是:普通高中教育是在九年义务教育基础上进一步提高国民素质、面向大众的基础教育。普通高中教育是基础教育的最高层次,或者说是高层次的基础教育、非义务阶段的教育。这样定性,一方面,有助于确定普通高中在整个教育体系中的位置,即它既不属于基础性的义务教育,也不属于高层次的专业教育,而是二者的交汇点和衔接口;另一方面,普通高中教育既然被定性为非义务阶段的教育,它就应该具有较强的可选择性,人们可以接受、也可以不接受这种教育。这就是说,普通高中教育不仅仅具有满足人们教育需求的公益性质,还应具有一定的接受人们选择和市场调节的非公益性质,是一种准公益性教育。明确普通高中教育的任务,则至少具有以下三方面的意义:一是有助于进一步建立和完善财政投入保障机制,明确各级政府的办学责任,建立合理的成本分担机制;二是有助于规范普通高中的办学行为,即高中教育必须具有较高的起点和层次,必须体现教育的现代化特色;三是有助于确定普通高中教育的人才培养规格,即它所培养的人应该具有广泛的适应性、较强的可塑性和发展的多样性,为数以亿计的高素质劳动者、数以千万计的专门人才和一大批拔尖人才的培养打好基础。普通高中教育这样定性和定位，有助于调动社会各界办学的积极性，对于弥补高中教育资源的不足、缓解高中升学压力将很有裨益。

普通高中教育具有社会选择性和市场调节性特征。首先，高中教育是一种选择性教育，它必然面临、也必须接受社会的选择。这种选择应该是宽口径的，即人们可以选择不同种类的高中教育，各类高中也可以选择各种各样的学生；这种选择还应该是双向的，即学校有权选择学生，学生及家长也有权选择学校，不应有所强迫。其次，未来的高中不能再像过去那样，应该接受市场的优胜劣汰，实行有序的竞争。因此，必须注重办学的效率、效益和质量，效率优先原则应该受到尊重。但普通高中教育不能成为一种完全市场化的行为，必须兼顾公平。高中教育是一种准公益性的教育，必须体现一定的教育公平理念，否则，很多优秀学生就可能因家庭经济困难而无法接受应有的教育，这对个人发展是不公的，对社会发展也不利。政府要充分发挥引导、规范的作用，以保证教育应有的公平性。

普通高中是高层次的基础教育，应实行"地方政府分级管理，以县为主"的管理体制，坚持属地管理的原则，县级政府应承担办学和管理的主要责任，省市级应加大对本行政区域内高中教育的管理和统筹力度，在管理方面加强指导，在质量方面进行监控。

普通高中教育是联结国家教育链环中初等教育和高等教育的一个中间环节，是国民都能达到适应社会最低水平的基础教育与只有部分人能够获得高等教育机会的专业教育之间的过渡阶段，是教育与就业之间的过渡阶段，也是每个人从童年向成年发展的关键时期，因此它关系到国家的教育公平、教育质量和国家竞争力，在国民社会发展中具有承上启下的作用。

这样一来，我们把我国普通高中教育的基本性质定位，描绘为"国民性中等教育机构"，凸显其普及性，如此，以便于更加符合我国的国情和教育健康和持续发展对普通高中教育的内在需求。同时，如前所述，普通高中教育作为中等教育的高级部分，它又是义务教育后且与职业技术高中平行的基础教育，其发展所具有的相对独立性则有助于其兼容"中等教育"与"普通教育"的双重性质。为此，我们明确并强调普通高中教育的义务性和普及性的两种价值取向，这就决定了普通高中教育的基本性质是促使实现人之"中成"的教育阶段。

二、普通高中教育是面向
受教育者全面生活的普通教育

顾名思义，普通高中教育首先是一种普通教育。普，全面之意。通，通达，通畅，贯通，交通，无阻隔之意，与"专"相对，所谓"通人"泛指学识渊博、贯通古今之士。普通，平常、一般之意。普通教育又称通才教育、博雅教育、文雅教育、自由教育等，是相对于职业教育、专门教育而言，具有综合性、非功利性和自由性或解放性等特点。人的现实生活是全面的，普通教育就是面向人的全面生活的全面教育。

从学理层面考察，普通教育以两个基本假设为支撑。其一是关于人性整体性的假设。现实的个人无一不是完整的活生生的有血有肉的生命体，是心与物、灵魂与肉体、理性与非理性的统一，是处在一定社会关系当中的能动个体，是"现实的、肉体的、站在坚实的呈圆形的地球上呼出和吸入一切自然力的人"（马克思 等，2002）。整体的人具有物质与精神、生产与消费、创造与享用、学习与表达等多方面的需要，向往一种全面丰富而有诗意的生活，除了职业生活之外，还有业余的闲暇生活、情感生活以及单纯满足好奇心的探险生活。总之，"人的整体远在任何能设想的客观化的事物之外……人的存在可谓是'敞开的'。人总是超越了他对自己所知或所能知的一切。"（雅斯贝斯，1989）人的社会职业无疑会有分工，并且绝大多数人一生只从事一种职业，但作为人却是整体而不可分割的。"人在成为律师、医生、商人或制造商之前首先是人……没有普通教育，人有可能成为称职的律师，但是普通教育可以使他们成为富有哲理的律师——他们会去寻求（并有能力理解）原则，而不仅仅是将自己的记忆里塞满具体的细节。"① 普通教育应当以完满而丰富的教育活动促进和丰富人性的充分展开与整体生成，促进受教育者不仅学会认知，而且要学会做事，学会共同相处，学会自我发展，在日后从事何种职业，扮演任何社会角色时，都首先作为一个健全的"受过教育的人"，过一种正常人的生活，广泛参与并享受生活的各个方面。

普通教育的另一个基本假设是，人类社会除了拥有共同的科学文化知识

---

① 美国哈佛大学有关学者的观点，资料来源：陈向明．美国哈佛大学本科课程改革的四次浪潮［J］．比较教育研究，1997（3）．

之外，还有若干经久不变和广泛尊崇的"普世"价值，教育应以传递与弘扬这些基本价值为重要使命。人类长期积累成的一系列共同价值，诸如忠诚、诚实、勇敢、慷慨、勤奋、正义、公正、独立、善良、尊老爱幼、遵纪守法、爱国爱家、助人为乐、自我修养等，都是人类文明中珍贵的"共同的大众文化"，亦即"我们社会内聚所必需的、不容协商的价值观"，它能够"让尽可能多的人共享"，"以便防止本已支离破碎的社会进一步的分化"（联合国教科文组织，2002）。当代社会，新的科技革命创造了极大的物质财富，人们开始追求新的人生意义，许多人片面追求感官快乐，而是非荣辱等若干基本价值观念面临破裂或变异，人们思想活动的独立性、选择性、多变性、差异性明显增强。社会变化迅速，竞争激烈，机遇与风险对人的精神和心理健康既是折磨也是考验。人类在反省中逐步认识到，应对这些变化的基本途径是重建共同价值，开发人类个体的精神潜力。

上述两个基本假设逻辑地要求：（1）普通高中应对学生进行完整普通的文化教育。最重要的是实施普通文化科学知识的教育，使学生掌握人文科学、社会科学和自然科学的普通知识，具有基本的文化修养和处理社会问题的能力。加强文理渗透与综合，力求所有高中生在文理科上达到基本相同的水平。通过丰富与充实学生的精神生活，帮助青年学生形成初步的积极健康的人生观、价值观，提升其人生价值、意义与品位。（2）普通高中应采取"为人"与"属人"的教育方式。人不是消极接受知识的容器，而是具有主动性的生命体，教育应当注重启发，强化体验，促进交往。人不是训练而成的，特别不是通过突击强化训练而成的，而是通过人类优秀文化的潜移默化"化"成的，"是通过个人参与人类社会意识而进行的，这个过程几乎是在发生时就在无意识中开始了，它不断地发展个人的能力，熏染他的意识，形成他的习惯，锻炼他的思想，并激发他的感情和情绪。由于这种不知不觉的教育，个人便渐渐分享人类曾经积累下来的智慧和道德财富。他就成为一个固有文化资本的继承者。世界上最形式的、最专门的教育确是不能离开这个普遍过程。"（杜威，1981）这样的途径包括有意识的与无意识的，自觉的与自发的，正式的与非正式的，正规的与非正规的，系统的与非系统的，是一个基于生活又面向生活的普通而又普遍的过程。

三、普通高中教育承载着
培养全人的多重社会使命

综观我国普通高中教育的存在形态，它不仅担负着为高等学校输送优秀后备人才和培养高质量的新生劳动力，也担负着培养完全人格的人的任务，当然还应包括辐射文化、服务社区、开展交流、发展自身等任务。因此，普通高中教育的任务在客观上存在着一个多重、多样化的任务体系。尽管"升学、就业、全人"是国外部分有代表性国家普通高中教育的三维发展目标，但事实上，"升学"和"就业"在深刻意义上讲并非普通高中的终结性和不可分解性的任务，而是在普通高中辐射文化、服务社区、开展交流、发展自身中培养、提升人的素质基础上完成的任务，应该说是"任务中的任务"。因此，普通高中多重任务体系有着明晰的层次，其中全人的培育居于核心位置，正是它使普通高中成为一种高级中等教育机构而不是升学助考班或就业培训机构，也正是它能够促使普通高中其他任务得以实现；辐射文化、服务社区、开展交流、发展自身是其内在的基本任务；升学、就业则是其外在的直接任务所在。

普通高中教育的具体目标，其中必然地包括学会认知、学会做事、学会共处、学会生存，走向全人。普通高中教育在为今后继续教育作准备、为未来生活作准备以及培养健全人格的人之三位一体的基础上，将普通高中教育的目标定位在"四个'学会'一个'走向'"，即学会认知、学会做事、学会共处、学会生存，走向全人。

第三节　我国普通高中教育的基本功能定位

一、普通高中教育为"未完成人"终身发展奠基

普通高中教育从中学教育凸显出来之后，自然而然地承继了"中学教育"的基础教育性质，可以说，"基础性"是普通高中教育的又一天性。基础教育是国家规定的对儿童实施的最低限度的教育，是受教育者发展的根本与起点。社会总是把时代最需要的人的各类品质，必须掌握、不可缺失的基

本工具，保证持续发展的必备素养，作为基础教育的核心部分。人类文化中的基础知识、基本技能、基本思想，不但具有"万变不离其宗"的稳定性，而且具有极大的适应性和可迁移性。现代科技发展一日千里，科学技术的综合化和专门化日益增强，但基础知识所论证的基本规律依然是各门学科赖以存在和发展的基础。历史上和现实中大量的发明创造，归根到底都离不开基础知识，否则，无论是科学技术还是社会发展就都会成为空中楼阁。20世纪50年代，美国教学内容现代化改革曾导致教育质量严重下降，这一教训引起了世界各国的警戒，许多发达国家自20世纪70年代中期先后强调"回到基础"，美国也在80年代提出"回归基础学科"的口号，2002年，日本文部科学省顾问团在一份报告中强调，中小学教育要回归基础（过基 等，2003）。显而易见，加强基础已成了全世界教育改革的共同趋势。

不同社会、不同时代和不同学段对基础的内容和要求有所不同。19世纪末至20世纪中期，随着资本主义国家初等义务教育的逐渐普及，基础教育从初等教育向中等教育阶段延伸，教育要求从掌握最基本的读、写、算等基础知识和基本技能，扩展到要求学生掌握与科学技术发展密切联系的基础自然科学以及与公民品格、修养相关的人文社会科学的基础知识。2003年，我国教育部颁发《普通高中课程方案》，明确规定了高中教育的培养目标和教育内容。就当代普通高中教育而言，它的基础性内容似可分为五个层面。知识层面：语文、数学、外语这三门公认的基础学科和各门学科中的基础知识；技能层面：听、说、读、写、算、点（点击）等各学科通用的以及各门学科自身的基本技能、基本能力；方法层面：基本的学习方法、思维方法、获取和利用信息的方法；价值层面：社会准则，积极向上的人生观，社会倡导的创造性和批判精神；习惯层面：良好的生活、学习与交往习惯，等等。

普通高中教育的基础性，同时体现在基础形成的过程之中。如同高层建筑的基础性工作不在引人注目的墙面涂饰，而在默默无闻的地下，基础教育的着眼处不是外在于受教育者的各种符号和标记，而是力求进入受教育者内心深处，形成基本素质，使其真正成为"受过教育的人"。它强调实效而不追求形式，强调扎实而不追求精致，强调长效而不追求速成，强调潜移默化式的熏陶、"泰山不拒细壤"式的积累和日复一日的从容积淀，而绝不追求倒计时式的紧张与急迫。基础还意味着巩固性。眼下那种临时突击、为应试而教的东西多属短时记忆，考完即忘；只有内化了的内容，即基于理解与记忆又超越于理解与记忆，影响受教育者的情感、态度、价值观，成为一种文化基因，成为受教育者身心结构的组成部分，成为良好的"习性"时，才是能够抵御时间与遗忘的侵蚀，使学生终身受益的基础。这样形成的基础还能转化为创造性，因为它能举一反三，触类旁通，广泛迁移，生成创造。

基础教育不仅是学校系统教育的基础，从国家视角言之，它是造就数以亿计的高素质劳动者、数以千万计的专门人才和一大批拔尖创新人才的基础，从个人视角言之，它是"人之初"的最为重要的教育环节，是为每个人铺设生命底色并且"增加可教育性"的基础工程。在生理和法律意义上，"成人"有明确的年龄起点，但在教育中，"成人"（"成为人"）则是一个终身的即与个体生命共始终的过程，因为人永远处于"未完成"状态。人的发展并不限定在某一年龄阶段，它是终身的，它使人不断地变成一个全人。与人的终身发展相适应的是终身教育。由于传统教育是"一次性"的，因而常常导致若干非基础教育本义规定的内容纷纷挤入基础教育，使其不堪重负。今天，我国的终身教育体系已基本形成，至少可从两个方面给基础教育以解放。其一，大胆删除非基础教育本义的内容，使基础教育从过重的内容负担中解放出来，回归本义，专心致志地承担"打基础"的任务，在使受教育者掌握必备的基础知识、基本技能和基础学力的同时，激发继续学习的欲望，坚定继续学习的信念，掌握继续学习的技能技巧，养成终身学习的习惯，成为适应学习化社会要求的终身学习者。其二，使受教育者从过重的成败得失的心理负担中解放出来。对于人的终身发展而言，基础教育无论怎样重要，都不具备"一着不慎，满盘皆输"的决定意义。诚如西谚所云："多雾的早晨仍可迎来晴朗的白天"，起步阶段教育失利并不意味着终身失败，其欠缺可以在后来的教育环节中获得补偿，这方面的案例古今中外都很常见。以终身教育理念观照，高中教育应予以高度关注的当是受教育者发展的"可持续性"。

二、普通高中教育是九年义务教育后移进程中的大众教育

1912—1913 年民国政府制定颁布的"壬子癸丑学制"，曾把"养成共和国国民健全之人格"放在教育宗旨首位，在中小学目标定位上力主大众主义方向，避免英才教育、升学教育、科举遗习渗入中学教育之中。可惜，这些追求在当时只能是美好的理想，因为当时能够进入中学就读者绝大多数是中等家资以上人家子弟。1918 年全国校长会议议决案中明确提出："来校学

生，家率中资。办中学者之目的，当然以预备学生升学为原则，而预备从事职业为例外"（李桂林 等，1995）。1922 年的新学制实行初高中分级后，高中生人数在统计中显得更为稀少。直到 1949 年，全国共有高中及完全中学1 597 所，高中在校学生 20.72 万人，可见，当时的普通高中教育是标准的"小众教育"、"精英教育"。

普通高中的"大众教育"性质是全国解放以后，特别是改革开放以来逐步发育成熟的。20 世纪 80 年代中期，国家大力普及九年义务教育并于2000 年如期实现预期目标，与此同时，普通高中教育事业获得长足发展。到 2007 年，全国普通高中达 15 681 所，在校学生达 2 522.40 万人，分别是1949 年的 9.8 倍和 121.7 倍。2007 年初中毕业生升学率为 80.48%，高中阶段毛入学率达 66%。① 事实表明，普通高中教育已成了九年义务教育基础上进一步提高国民素质的大众教育。近年来，九年义务教育正在许多地区稳步后移。2008 年，党的"十七大"报告郑重提出"加快普及高中阶段教育"的战略任务，在实现这一战略任务的过程中，普通高中的非义务教育色彩将进一步趋于淡化，大众教育性质日益显著。此间的意义并不限于数量变化，它意味着普通高中教育将出现脱胎换骨的变革：今后的普通高中不仅应是人人应该接受的教育，也应是人人能够接受的教育；培养目标、教育内容与教材难度都将有所调整，体现出差别化和一定的弹性，课程改革中将逐步强化大众语文、大众数学、大众物理、大众化学等"大众理念"；教育教学工作将强调应用能力和实践能力的培养，普通高中与中等职业教育的区分不再是高下之分，而是受教育者基于个人特点的不同选择；日常的教育理念将进一步面向全体，激励手段将从以选拔和竞争为主转变为以目标、理想、权利和义务教育为主，重点与非重点的区分将日益淡化并最终消失，等等。

三、普通高中教育是满足
升学与就业双重需要的预备教育

中国近代由国家颁布的《奏定中学堂章程》（1904 年）规定："设普通中学堂……施较深之普通教育，俾毕业后不仕者从事于各项实业、进取者升入各高等学堂均有根柢。"（璩鑫生 等，1991）这是我国普通中学"双重任务说"的最初源头。民国初年，蔡元培主持制定的《中学校令》（1912

---

① 资料来源：《2007 年全国教育事业发展统计公报》。

年）确定普通中学"以完足普通教育、造成健全国民为宗旨"。1916 年，教育部在一份文件中又将这一宗旨具体规定为"一方面为升学之预备，一方面为谋生之基础"。新中国成立后延续了"双重任务"的提法①，一度流行的著名口号"一颗红心，两种准备"，就是要求将"双重任务"落实到每一位高中学生身上，使之在结束普通高中教育后能够接受党和国家的挑选，独立地生活与学习。

考察既往的实践不难发现，普通高中"双重任务"的理解与落实极易陷入两大认识误区。其一，把"双重任务"分解到不同学生身上：一部分学生专门预备升学，另一部分学生专门预备就业，"皮鞋班"与"草鞋班"壁垒森严。这一现象一直受到批评，今天更应予以抛弃。在终身教育体系已基本建立的今天，高中毕业后的升学和就业不再是"两条道上跑的车"，而是一条能相互交替的人生之途，对每一位高中学生而言，两种预备教育都不可少。其二，将升学预备教育片面理解为专门瞄准升学考试的教育，忘却了高等教育的重要使命及其对普通高中的基本要求。许多高中毕业生连基本的学习方式和行为习惯都未达到应有要求，进入高校后不得不耗费时间补基础教育的课。再者，高等教育的任务是培养具有创新精神和实践能力的高级专门人才，与此相适应，普通高中理应将创新精神和实践能力的培养放在重要位置，然而现实教育中，学生爱动好问的天性受到连续不断的压抑，到了高中阶段几近泯灭。升学考试的沉重压力使许多学生唯书、唯师、唯标准答案是听，致力于记忆、复制、再现，不敢越雷池半步。依赖这些"法宝"而终于跨入高校大门的学子们，不少人已丧失了创造的兴趣与热情。我们到底为高等教育作出了什么样的预备，不值得反思吗？

四、普通高中教育是多样化的选择性教育

普通高中学生是迅速成长中的"准成年人"或"初成年人"，精力充沛，思想活跃，求知欲望强烈，是生理、心理发展的转折时期，也是长知

---

① 例如：1952 年新中国教育部颁布《中学暂行规程（草案）》规定："为升入高等学校或参加建设工作打好基础。"1963 年中央正式发布的《全日制中学暂行工作条例（草案）》规定："中学教育为社会主义建设事业培养劳动后备力量和为高一级学校培养合格新生的双重任务。"1995 年 6 月，国家教育委员会在《关于大力办好普通高级中学的若干意见》中又一次明确："普通高中的任务是进一步提高学生的思想道德、文化科学、劳动技能和身体心理素质，发展学生的个性和特长，为高等学校输送合格的新生，为社会各行各业输送素质较高的劳动后备力量，有侧重地对学生实施升学预备教育或就业预备教育，为培养社会主义现代化建设需要的各类专门人才奠定基础。"

识，长身体，形成正确世界观、人生观的关键年段，他们的主体意识特别是独立意识日益觉醒，兴趣、爱好和特长将逐渐显露，对自然、社会和人生问题开始具有自己的见解，开始形成独立人格和独立思考精神，容易对单一的指令性的学习内容、包办代替的教育方式、面面俱到的讲解和喋喋不休的说教产生反感乃至抵制。周国平曾将中学时代称为"人生中一个发现的时代"，发现了一个书的世界，发现了一个异性世界，发现了自我也发现了死亡，"质言之，可以说就是发现了人生"。（周国平，1999）"自我"的发现使成年期前后的高中生们同时学会自我选择。回顾"六三三学制"在美国确立之初，设计者就曾有过心理学的考虑："使学校教育调整到更能与儿童生命的自然生长和心理成熟阶段相切合"。（王伦信，2002）[51] "六三三学制"传入中国后，我国中学界曾一度盛行过"选科制"。当时的实践即已证明：选科制是一种有利于学生主动发展的制度，可以培养学生的"自启"、"自信"、"自我实现"和"尝试成功"的意识。选科制与学分制、弹性学制相辅而行，学生学业进度的快慢和在校肄业时间随学生的学习能力和努力程度决定，无论高才低能者都会努力争取按时或尽早毕业（王伦信，2002）[164-165]。回顾这段历史，我们不能不对教育先驱们的探索精神由衷敬佩。

以今天的眼光考察，普通高中教育的多样化与选择性的实现，意味着千方百计呵护学生的创造天性，不让其被扼杀在萌芽之中。青年初期是人的主体意识觉醒期，其能动意识和创造能力最敏感也最脆弱，像火花一样既可能光芒四射，也可能渐渐熄灭。普通高中教育应创设丰富生动的教育生活情境，为学生提供多层次多种类的发展选择。学生的学习活动不应只限于接受、记忆、模仿和练习，应倡导自主探索、动手实践、合作交流、阅读自学等多种学习方式，激发学生的学习兴趣，发挥学生学习的主动性，使学习过程成为在教师引导下的再创造过程。在此过程中，学校无疑需要提供必要指导，培养学生把发现和发展自己的天赋、选择和规划自己的人生道路与奉献社会的意识结合起来，端正自我发展的根本方向。

五、素质教育：普通高中多重使命的最终归结

前述的所有问题都集中指向一个问题——素质教育，"就像聚光灯一样从不同角度明晰一个中心议题。"（联合国教科文组织，2002）普通高中教育的诸多性质是同时具备的，如果归结于一点即是以人为本，以人的素质发

展为本。诸多概念或瞩目于前提，或立足于宗旨，或侧重于内容，或着眼于制度，或取义于对象，例如，普通教育性质基于完整人性假设，基础教育性质强调做人的根基与底蕴，普及教育性质要求面向全体学生，多样选择性则是强调受教育者的主动精神，所有这些，与素质教育面向全体、全面发展、终身发展、主动发展的基本理念完全一致。普通高中多重属性之间呈现着相乘而非相加的关系，其多重性质相互兼容渗透，融为一体；过分强调某一方面并使之与整体分离，就会导致教育方向的偏离与教育质量的下降。回顾新中国成立前，我国中学目标定位曾长期"摇摆不定，主要纠缠于三种不同的取向及其分合上，即升学准备、充实普通知识与提升国民素质、进行生活和职业预备"（王伦信，2002）[86]。新中国成立后，关于"双重任务"的理解也曾出现过若干争议。也许可以认为，历史上的普通高中教育的最重要的教训在于执一忘多，以偏赅全。这种偏失，最主要地表现在普通高中的诸多性质中过分偏重升学预备教育的性质，而在升学预备教育中又过分偏重应对升学考试的任务。记不清哪位学者曾经说过，"素质教育就是纠偏"，此话不无道理。换言之，深刻认识与全面体现普通高中的多重性质，在多重关系中保持好一种积极平衡与适度张力，就是较好地实施了素质教育。普通高中教育是整个基础教育中最为敏感的部位，也是实施素质教育难度最大的阶段。随着和谐社会的建设与推进，素质教育的外部环境正逐步优化，一些具有远见卓识的校长正奋力挣脱内外部枷锁，坚定不移地推进素质教育，全面提升普通高中的教育质量与文化品位，他们不愧是中等教育界的脊梁，从他们身上可以看到我国普通高中教育的美好明天。

第四章

我国普通高中教育发展的战略目标

第一节 我国普通高中教育发展的规模

科学确定我国普通高中教育发展的规模，是制定普通高中教育发展战略目标的首要任务。我们知道，普及高中阶段教育是党中央对今后我国教育发展所作出的重大战略决策。这一重大战略决策首先必须基于我国高中阶段适龄人口的变动趋势。当前，我国高中阶段适龄人口的变动是呈现逐年下降的趋势。如此一来，我国高中阶段教育资源有望出现不断宽裕的现实可能性。

进入 21 世纪以来，我国高中阶段教育的规模不断扩大，普及进程显著加快。全国初中毕业生升学率从 2000 年的 51.2% 提高到 2007 年的 79.29%，提高近 29 个百分点；2007 年高中阶段教育毛入学率达到 66%，比 2002 年上升了 23.2 个百分点；全国高中阶段教育在校生达到 4 481.2 万人，其中普通高中在校生 2 522.4 万人，增长 49.8%。

高中教育的快速发展，基本适应了九年义务教育后普及时代对高中教育的需求，有力地支撑了 21 世纪以来我国高等教育的大规模增长。高中教育发展明显滞后的瓶颈问题基本解决，这促进了我国教育体系的协调发展，更重要的是满足了广大人民群众接受更高层次教育的迫切需要，为更多适龄青少年提供接受高中及以上教育的机会，为经济社会发展提供了大批具有高中文化的建设者和劳动者。

根据上海教育科学研究院胡瑞文的研究，教育综合入学率和劳动年龄人口平均受教育年限是教育现代化的核心指标。根据发达国家教育现代化进程的历史经验和联合国在近些年来发布的《全球人类发展报告》中提出的教育指标，教育现代化最重要的数量指标是"教育综合入学率"（指初等、中等和高等教育三级综合入学率）和"劳动年龄人口平均受教育年限"。此外，根据发达国家当代教育所具有的重要特征和我国实际，为经济社会发展和人们就业需求所需要的职业能力发展水平，以及满足人们"灵活学习"、"终身学习"的继续教育发展水平，也是教育现代化的重要指标。

新中国成立以来尤其改革开放以来，我国各级教育普及程度大幅度提高，三级教育综合入学率达到了世界各国的平均水平，为到 2020 年实现全民受教育水平明显提高、教育总体发展达到中等发达国家的先进水平的目标奠定了基础。2007 年，我国三级教育综合入学率为 68.5%，比世界平均水平高出近 10 个百分点，但比中等发达国家 75.7% 的先进水平低 7.2 个百分点。

根据国际组织的统计数据，我国义务教育普及率已经超过了中等发达国家的先进水平，我国教育目前的发展水平与基本实现教育现代化在三级教育综合入学率上的差距，主要表现在高中阶段教育和高等教育入学率方面。与中等发达国家 2006 年的平均水平相比，我国中等教育毛入学率比其低 8 个百分点，高等教育毛入学率低 19 个百分点。如果我国高中阶段毛入学率能由 2007 年的 66% 提高到 2020 年的 90%，那么整个中等教育毛入学率将达到 95% 左右，相当于中等发达国家的先进水平；高等教育毛入学率能由 2007 年的 23% 提高到 2020 年的 42%，可达到中等发达国目前的平均水平。届时，我国三级教育综合入学率预计将达到 78% 以上，相当于中等发达国家同期的先进水平。

胡瑞文指出，如果我国三级教育综合入学率到 2020 年能够达到上述目标，届时全国劳动年龄人口人均受教育年限将达到 11 年，其中新增就业人口人均受教育年限可达到 13 年以上，相当于中等发达国家同期先进水平。（2009）

如果按每 10 万人口设置一所高中学校的绝对理论值而言，我国高中学校总校数的理论值应为 14 000～16 000 所比较恰当。然而，我国东部地区人口密集，中西部地区地域辽阔，人口稀少，西部相当一部分县区总人口仅在 3 万～5 万左右，至少应设置一所高中学校。考虑到这样一种特殊情况，我国高中学校的总数的理论值应适当调整并提高。

2007 年我国高中（阶段）学校总数为 31 140 所，全国共有 2 016 个县（包括县级市）。全国平均每县有普通高中 8.15 所，平均每县有职业高中和中专校 7.3 所。如果考虑到高中校数不断向大中城市集聚的基本态势，县级及县以下的高中学校数会更低。如江苏省为适应城镇化和城乡一体化的社会发展趋势，持续不断地将普通高中学校从农村向城市和县镇集中，农村普通高中从 1994 年的 240 所到 2007 年的 123 所，减少了一半，仅占现有普通高中总数 781 所的 16%，2007 年城市和县镇普通高中为 628 所，占现有普通高中总数的 80%。人口不断向县及县以上城市集中，农村高中生源越来越少，农村高中学校不断撤并或搬迁。东部、中部地区相继地呈现出这一基本趋势。

2007 年我国高中在校生数为 4 481.2 万人，平均学校规模为 1 439 人。普通高中在校生数为 2 522.4 万人，普通高中学校数为 16 423 所，平均学校规模 1 600 人左右，如以 54 人为标准班额，平均每校为 30 个班级不到。东部地区的学校平均规模较高，如江苏省 2007 年普通高中学校的平均规模为 1 960 人，远高于全国平均水平；平均每校为 36 个班级，也远高于全国平均水平。然而，平均值掩盖了一个重要问题，即普通高中大规模学校和超大规模学校的存在。目前在东部和中部地区，4 000~6 000 人的大规模学校较为普遍，学校班级人数在 70~110 人，万人左右的超大规模普通高中也不在少数，对提高高中教育办学水平、管理水平和教育质量构成了严重威胁。

随着今后十多年高中阶段教育适龄人口的显著下降，会给高中教育尤其是普通高中带来布局和规模调整的良好发展机遇。从高中阶段教育学龄人口（15~17 岁）变动趋势看，高中阶段学龄人口在 2004 年达到高峰 7 500 万人以后，呈逐年下降趋势，2020 年预测为 5 200 万人，比高峰时段减少约 2 300 万人。

表 4-1　2000—2020 年全国高中阶段教育学龄人口区域分布预测

年　份	各地区学龄人口数（万人）			学龄人口数的地区构成（%）		
	东部	中部	西部	东部	中部	西部
2000	2 335	2 046	1 700	38.40	33.64	27.96
2005	2 955	2 521	2 100	39.00	33.28	27.72
2010	2 217	1 843	1 537	39.61	32.93	27.46
2015	2 054	1 663	1 389	40.23	32.57	27.19
2020	2 131	1 680	1 403	40.86	32.22	26.91

从东中西部适龄人口的变化情况来看，从 2005 年到 2020 年，东部下降 824 万人，中部下降 841 万人，西部下降 697 万人，全国共下降 2 362 万人。这 15 年为我国提供了普及高中阶段教育的极好机遇。可以从战略上预先做好三个方面的相应工作：一是伴随着高中教育的普及，要严格控制高中学校数和普通高中学校数的增加，并使全国高中校数总量逐步减少到 28 000 所左右；二是严格控制普通高中学校规模，使所有普通高中学校控制在平均 30~36 个班级，既具有较好的规模效益，也不出现大规模和超大规模学校；三是严格控制班级学额，使普通高中班额控制在 50 人以下，提倡有条件的省份和地区逐步实现普通高中小班化教学。

根据上述国际比较和适龄人口下降的预测，我们可以分别以毛入学率为 85% 和 90% 作出两种预测，分别称之为低方案和高方案。

低方案：以毛入学率达到 85% 为测算标准，2020 年我国高中阶段适龄人口总数为 5 216 万，高中阶段在校学生规模应为 4 432 万。2007 年我国高中阶段教育已经发展到 4 460 万人，维持现有在校生人数的总规模，不断调整学校布局和结构，努力提高办学水平和教育质量，即可达到毛入学率为 85% 的普及水平。

高方案：以毛入学率达到 90% 为测算标准，2020 年高中阶段在校学生规模应为 4 700 万人。在未来 12 年内，平均每年招生规模只要增加 2%，即可在 2020 年达到总规模 4 700 万人的目标。

实施高方案，可以分两步走。

第一步：到 2015 年前后，全国高中阶段适龄人口为 5 106 万，毛入学率达到 85% 左右，比 2007 年提高约 19 个百分点。高中阶段在校生规模为 4 340 万人，按普职比大体相当，普通高中在校生 2 200 万人左右。

第二步：到 2020 年高中阶段教育的毛入学率将达到 90% 左右，比 2007 年提高约 24 个百分点，在校学生数从 4 481 万增加到 4 910 万，增加 429 万。按普职比大体相当，普通高中在校生为 2 500 万人左右。

根据 2007 年我国东中西部高中阶段在校生规模，以 2020 年实现毛入学率 90% 以上的目标，也可实施两种方案：

方案一：2020 年东中西部分别达到高中阶段毛入学率 90% 的目标

东部：2007 年高中阶段在校生规模为 1 796.3 万人，2020 年在校生规模应为 1 917.9 万人，增加在校生 121.6 万人；

中部：2007 年高中阶段在校生规模为 1 547.8 万人，2020 年在校生规模应为 1 512 万人，在校生规模有所下降，到那时工作的重点应是布局和规模的调整；

西部：2007 年高中阶段在校生规模为 1 137.1 万人，2020 年在校生规模应为 1 262.7 万人，增加在校生 125.6 万人。

方案二：2020 年我国东中部分别达到高中阶段毛入率 95% 的目标，西部地区达到 90% 的目标。实现这一方案，东部地区 2020 年在校生规模应为 2 024.5 万人，增加在校生 228.2 万人；中部地区 2020 年在校生规模应为 1 596 万人，在校生规模增加 48 万人，规模扩张的压力并不大。

第二节　我国普通高中教育发展的结构

结构与布局问题涉及面很广，是高中教育发展的重大战略问题。从结构的角度看，一是涉及普通高中与职业高中的比例问题，简称"普职比"，又称"横向结构";二是涉及普通高中与初中、普通高中与大学的衔接问题,又称"纵向结构"。从布局的角度看,一是涉及普通高中的分布问题,目前主要是城市、县镇、农村的分布比例问题;二是与分布紧密相关的普通高中规模问题。

1. 高中阶段教育的横向结构

长期以来,我国高中阶段教育的横向结构,强调普职比为1:1,后又表述为"大体相当"。高中阶段教育的"双轨制",即初中后分流,一部分人上普通高中,一部分人读职业高中或中专技校,在普通高中资源较为紧缺的状况下,对促进高中教育的发展起到了十分重要的积极作用。

随着我国实施免费义务教育,国民受教育年限的不断延长,高等教育毛入学率的不断提高,接受高等教育的机会普遍扩大。同时就业环境趋紧,人民群众希望子女能够接受更高层次的教育,获得更好的就业机会,由此普通高中教育的需求正不断扩大。在这样的背景下,如何确定高中教育的横向结构,如何确定普职比例,无非有两种选择:一是继续实行全国统一的"普职比大体相当"的比例;二是放宽选择,由各省因地制宜,自主确定普职比例,既可以继续选择普职比1:1,也可以根据省情适当放宽,或以职业教育为主,或以普通高中为主,主要取决于当地经济社会的发展和对各类人才的需要。

未来高中教育的发展,是否有必要继续实施"双轨制",涉及高中教育发展的重大战略选择。借鉴国外成熟的经验,也可以考虑先行在部分地区进行高中并轨实验。普通高中与职业高中完全打通,所有普通高中的学生均要接受统一的职业技能教育,为高中毕业后的就业作好充分职业准备。

2. 高中阶段教育的纵向结构

高中教育"纵向结构"的描述涉及高中教育两头:一是"进口",初中与高中的关系问题;二是"出口",高中与高校的关系问题。

从"进口"的角度看,初中与高中同属基础教育,但初中教育属义务教育阶段,高中教育属非义务教育阶段。由于目前高中教育尚未普及,全国约有30%以上的初中毕业生不能升入高中阶段教育。能否升入高中,升入什么样的高中,目前由"中考"决定。由省市组织的"中考",决定了高中的"进口",同时也决定了初中毕业生"分流"的命运。约30%以上的学生被淘汰出局,不能升入高中;60%以上的学生分别进入不同的高中:一小部分进入省市名牌高中,一大部分进入一般高中,另一部分则进入职业高中。估计高中教育普及后,全部初中毕业生都能进入高中阶段教育,仍然需要"中考"发挥分流功能和作用。在已经普及高中教育的北京、上海、天津、浙江、江苏等地,中考仍然发挥着很重要的分流作用,同时对初中教育具有十分明显强制性影响。比较理想的未来预期是,高中学校基本均衡化,办学条件和教育质量基本相当,多数初中毕业生能够免试进入高中,从而为理顺初高中关系,打通初中高中教育教学创造良好的条件和环境。

从"出口"的角度看,决定高中与高校关系的核心是"高考",高中毕业生要通过高考的选拔进入相应的大学就读。2008 年我国高等教育毛入学率为 23%,已进入国际公认的高等教育大众化的阶段。但全国范围极不平衡,相当一部分东部地区已进入后大众化阶段和普及阶段,高等教育毛入学率在 35% ~60%,但我国的中部、西部的一些省份仍然处于精英阶段,高等教育的毛入学率为 10% ~15%。同时,我国的教育体系相对封闭,普通教育与职业教育各成体系,无法沟通和整合,念了职业高中一般来说就无法进入普通高等学校。更重要的是,读什么样的高校,在一定程度上决定了一个人的基本命运。在这样的背景下,尽管多数高中毕业生毕业后无法进入高校就学,但以高等教育选拔人才为主要目的的"高考",依然从根本上决定了高中教育的生存状态,对普通高中教育的影响是巨大的,是无法估量的。随着高中教育和高等教育的逐步普及,随着高考和升学制度的不断改革,如果在不远的将来我国实行"考教分离"的政策,高考由社会中介组织进行管理和实施,与高中教育基本脱钩,普通高中教育的生存状态将会有所改变,普通高中教育才有可能全面实施素质教育,才有可能真正成为全面提升国民素养、实现人的全面发展的基础教育。

必须指出的是,在纵向结构的问题上,有一个突出矛盾,即"初、高中分离"。一方面,从行政管理的角度来看,初中教育属于义务教育阶段,实施免费教育,普通高中教育属于非义务教育阶段,实施成本分担。一所完全中学包含初中和高中两个部分,具有两种不同的性质,体制不顺,管理上有一定难度。另一方面,从教育教学的规律来看,初中教育与高中教育同属中等教育,具有教育上的连续性,实施六年一贯制对学生发展、教师发展和学校发展均较为有利。

目前,我们政策和制度设计的要求是"初、高中分离"。在相当一部分省、市和地区实行了强制分离的政策,但效果如何? 现实是:到目前为止,仍有相当一部分普通高中学校无法实现初、高中分离。江苏在 20 世纪末,完全中学占 90% 以上,但到 2007 年高级中学也只占 42%,完全中学仍占58%。或是明分暗不分,相当一部分著名高中划分出初中进行改制,以高收费的方式办学，但实际上仍归高中部管理和领导。分离的结果是：初中教育失去了大量优质公办教育资源，导致公办初中教育的明显弱化。同时，由于相当一部分高级中学普遍失去了本校的初中生源，直接导致高中招生时的生源大战。更重要的是，对高中教育而言，由于缺少初、高中的连续教育，给高中教学和教育增加了难度，也增加了教学和教育的多方面成本。

从有效提高中学教育效益和质量的角度，建议不再强制进行初、高中分离，而且实行高级中学和完全中学并存并行的格局。

第五章

我国普通高中教育发展战略的模式选择

目前，我国普通高中阶段教育和普通高中教育由政府包揽的格局仍未打破，多元化办学体制和投资渠道尚未形成。民办教育作为基础教育事业的有机组成部分，其发展还缺少政府的统一协调和良好的政策环境的支持，民办高中阶段教育和普通高中教育的办学规模、学校数量和在校生人数明显低于公办高中。依靠政府完全包揽高中阶段教育和普通高中教育发展的观念，客观上已成为束缚我国高中阶段教育和普通高中教育战略发展的一大桎梏。

当前，我国高中阶段教育和普通高中教育在发展战略上，除了应进行深入细致的系统理论研究和阐述之外，还应当对其发展战略的模式，选择不同地区的省份进行深入的比较研究，既考察我国不同地区若干省份高中阶段教育和普通高中教育战略发展的个性需求与实践探索经验，又能够从中发现一些共性的问题，触摸其战略发展的重点，揭示出规律性的东西，以便推进未来高中阶段教育和普通高中教育的自觉、深入、持久的战略大发展。因为经济、社会的发展对教育发展的影响是基础性的，因此区域划分既要结合中国国情，遵循地理、经济、社会发展的一般规律，还要方便区域发展问题的研究和区域政策的分析。

关于中国区域划分，有众多专家学者研究并提出了多种被不同领域采纳的建设性的划分方法。国家层面的根据，见于 1997 年 7 月 3 日颁布实施的《国有资产年报统计分类的具体规定（试行）》（国资统发［1997］7 号）。"为规范国有资产年报统计分析工作，深入开发国有资产年报数据，为国有资产管理和经济建设服务。根据国家标准《国民经济行业分类与代码》，对国有资产年报统计分类作如下规定。"其中，按经济带划分，分为东部沿海地区、中部内陆地区、西部边远地区。按行政区域划分：分为华北、东北、华东、中南、西南和西北地区。[①]

国务院发展研究中心发展战略和区域经济研究部的课题报告《中国（大陆）区域社会经济发展特征分析》，为了克服各种划法的种种弊端，提出了划分中国（大陆）区域的新方法，其中保留"三大地带"的划分方法，但不同的时期，每个地带覆盖的地域范围不同。同时，又增加了"六大综合经济区"、"八大经济区"、"九大经济区"的划分方法，而每一种划分方法，都将东北地区独立单列出来。

---

① 《国有资产年报统计分类的具体规定（试行）》（国资统发［1997］7 号）。国务院发展研究中心发展战略和区域经济研究部的课题报告《中国（大陆）区域社会经济发展特征分析》。此外，参考：李孝聪《中国区域历史地理》，北京大学出版社，2004 年 10 月；周红《中国（大陆）区域的划分》，《中学地理教学参考》2003 年第 8 期。

综合以上根据，本书采用三大地带和东北地区相结合的划分方法，形成东北区域、东部区域、西部区域和中部区域，以便较为深入地分析我国普通高中教育发展战略的模式选择。通过鲜活的区域案例和校本案例分析，从多层面和多侧面体现我国普通高中教育发展战略的方向定位、思想定位和性质功能定位，全方位展现我国普通高中教育发展战略所面临的机遇与挑战，明晰制定和实施普通高中教育战略的现实基础、历史积淀和时代选择等，以期进一步深化和凸显我国普通高中教育发展战略的理论识破点和实践着力点。

在普通高中教育战略发展区域模式选择的基础上，我们还要面对另一个不容回避的突出问题，即普通高中教育在近年的发展中存在着相当程度的"同质化"现象，普通高中学校的办学特色越来越趋向淡化或模糊不清，甚至出现了"千校一面"的情形。面对这种状况，为了找到克服和超越这种现象的有效路径，全国一些地区和普通高中学校开始谋求"特色高中"发展战略，尝试探索普通高中的校际"差异竞争"策略，即逐步建立学校自主发展、形成办学特色的学校评价制度，鼓励学校根据社会和社区需要，形成学校文化和学校特色。需要指出的是，普通高中教育的特色发展是要通过普通高中的特色发展来体现，普通高中的特色发展是形成普通高中教育特色发展的重要的实践支撑。迄今为止的经验证明，普通高中如果要寻求自身又好又快发展，应当走特色发展之路。理论界认为，学校特色就是学校文化个性的积淀。从操作层面看，是学校主体根据共同愿景和学校自身特点，经过长期努力而形成的优良独特的学校文化品质。要以独到的办学理念为灵魂，以稳定的学校常规为中介，以独特的优良校风为标志，以学生的素质特征为归宿。（孙孔懿，2007）

普通高中学校要根据各自的不同区域、不同类型、不同办学历史和社会发展的实际，融通整合而形成自主办学的理念，建构独特的办学思想、教育哲学和学校管理文化，形成管理、课程、教学等方面的个性化表达和独特实践形态。因此，在上述四种基本的区域战略发展模式下，我们在全国东、中、西部和东北地区选择若干个普通高中学校作为校本案例分析，以期进一步深入探索我国普通高中教育战略发展模式选择的校本实践样态。

第一节　东北区域：示范性高中推动模式

示范性高中推动模式指以评选省示范性普通高中活动为抓手，推动普通高中学校数量的扩张和质量的整体提升。东北三省，在各省范围内，有组织地开展评选省级示范普通高中活动，通过此项活动，充分调动地方政府和学校的办学积极性，促成了普通高中实现跨越式发展的内在动力和外在契机。到2007年，东北地区各省的省级示范性普通高中学校数目明显增加。

在规模扩张的同时，注重质量的提高，逐步实现普及与提高并举。其中，一是着力提高普通高中学校专任教师的素质，注重教师的专业化发展，高学历教师数量明显增加，骨干教师队伍扩大。二是全力推进高中新课程改革。加强了对新课程管理者和实施者的专业化培训，成立专门机构负责课程改革工作。三是以高考科目设置改革为牵引，深入推进素质教育，促进学生全面发展，保证教育教学质量。

这些省级示范性普通高中学校在深化教育教学改革、扩大办学规模、创新管理体制等方面，都发挥出明显的示范和辐射作用。目前，从三省的整体情况来看，各省范围内普通高中的发展规模已不再是制约其基础教育发展的"瓶颈"问题，普通高中开始向优质特色化方向发展。

下面，以辽宁省普通高中教育战略发展的模式选择为例予以分析。

1998年辽宁省成为全国第七个实现"普九"的省份。"普九"任务的基本完成，对高中阶段教育的发展提出了新要求。1999年开始的高等教育扩招，促使普通高中教育加快发展。党的十六大把普及高中阶段教育作为全面建设小康社会的奋斗目标之一，推动着普通高中教育快速发展。近十年来，特别是"十五"以来，辽宁省普通高中教育稳步发展，取得显著成绩。同时，也存在一些问题。未来辽宁省普通高中教育要获得更好发展，必须从战略高度采取切实可行的措施。

一、辽宁省普通高中教育发展模式选择的现实基础

（一）主要成就

"十五"以来，辽宁省普通高中教育稳步发展，取得显著成绩，积累了有益的经验。未来辽宁高中教育的发展已经站在了新的起点上，主要表现在以下方面。

1. 规模不断扩大，普及水平显著提高

1998年以来，辽宁省普通高中持续稳定发展。在校生由1998年的36.72万人增加到2007年的74.24万人；招生人数由1998年的13.77万人

增加到 2007 年的 23.37 万人；毕业生由 1998 年的 10.82 万人增加到 2007 年的 24.92 万人；专任教师由 1998 年的 2.40 万人增加到 2007 年的 4.11 万人。

2000 年，辽宁省高中阶段毛入学率为 47.4%，2005 年达到 59.9%，2007 年提高到 76.9%，7 年间提高了 29.5 个百分点，高于全国平均水平（66%）近 11 个百分点。

高中阶段教育的发展，为全省人口素质的提高作出了重要贡献，基本上满足了社会对普通高中的需求，普通高中的规模扩张任务基本完成，制约高中阶段教育发展的瓶颈已经打破。普通高中从生源数量方面支撑了高等教育的发展。

2. 办学条件逐步改善，为普通高中的进一步发展奠定良好的物质基础

从 2001 年到 2007 年，体育运动场（馆）面积达标校所占比例由 74.67% 提高到 87.42%；体育器械配备达标校所占比例由 72.67% 提高到 86.97%；音乐器材配备达标校所占比例由 63.11% 提高到 80.00%；美术器材配备达标校所占比例由 62.89% 提高到 81.57%；理科实验仪器达标校所占比例由 74.89% 提高到 86.52%；建立校园网的学校所占比例由 21.56% 提高到 70.34%。各项指标均高于全国平均水平。（见表5－1、图 5－1）

虽然生均体育运动场（馆）面积由 2001 年的 8.52 平方米下降到 2006 年的 7.77 平方米，但生均计算机台数由 2001 年的 0.07 台提高到 2006 年的 1.02 台；生均图书册数由 2001 年的 16.01 册提高 2006 年的 17.51 册；生均电子图书由 2001 年的 0.04 片提高到 2006 年的 1.13 片；生均仪器设备总值由 2001 年的 0.11 万元提高到 2007 年的 0.12 万元。

"十五"以来，全省普通高中的基本办学条件全面改善，基本满足了普通高中教育的需求，同时也为今后的进一步发展奠定了良好的物质基础。

表5－1　2007 年辽宁省普通高中办学条件与全国的比较

年份	体育运动场（馆）面积达标校所占比例（%）	体育器械配备达标校所占比例（%）	音乐器材配备达标校所占比例（%）	美术器材配备达标校所占比例（%）	理科实验仪器达标校所占比例（%）	建立校园网校所占比例（%）
全国	78.39	78.31	72.61	73.31	82.82	67.80
辽宁	87.42	86.97	80.00	81.57	86.52	70.34

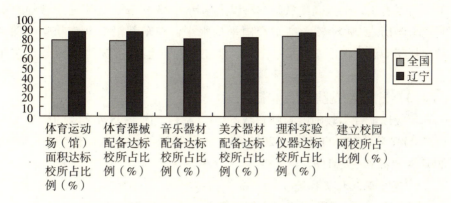

图 5-1 2007 年辽宁省普通高中办学条件与全国的比较

3. 民办普通高中得到发展，弥补了公办学校数量的不足，缓解了生源压力

辽宁省民办普通高中在 20 世纪 80 年代末开始兴起，经过一段时间的调整发展后，目前已基本进入稳定发展时期。1998 年，辽宁省民办普通高中82 所，在校生 28 377 人，招生 14 187 人，毕业生 3 875 人，分别占全省普通高中总数的 18.14%、7.73%、10.23%、3.58%。2007 年民办普通高中达到101 所，在校生 75 339 人，招生 23 999 人，毕业生 23 981 人，分别占全省普通高中的 22.70%、10.15%、10.27%、9.62%。

辽宁省虽然发展民办教育的条件与东南沿海地区有很大差距，但还是努力发展了一批民办普通高中。民办普通高中的发展，解决了一部分学生的升学需求，为辽宁省顺利度过高中阶段适龄人口高峰期作出了贡献。

4. 师资队伍总体素质得到提升，保证了教育教学质量的提高

伴随着普通高中的发展，普通高中的师资队伍也在不断扩大。普通高中的专任教师由 1998 年的 23 952 人增加到 2007 年的 41 141 人，增加 72%。由于采取了各项培训，教师的专业化水平、总体素质不断提高，为促进普通高中学校内涵发展，提升全省高中教育质量创造了有利条件。

（1）教师队伍年龄结构趋于合理。

35 岁以下的青年教师和 36~45 岁的中年教师在教师中所占的比例逐年增加，2003 年中青年教师所占比例为 87.69%，2007 年提高到 91.22%。

（2）专任教师学历达标率居全国前列，高学历教师比例逐年提高。

1998 年，专任教师学历达标率为 79.68%，2007 年提高到 91.71%。比全国水平高出 2.4 个百分点。其中，硕士研究生以上学历的专任教师 2001年所占比例为 0.21%，2007 年提高到 1.49%。

可以看出，全国高中教师本科以上学历占 83.00%，辽宁高中教师中本科以上学历占 90.69%，高于全国平均水平，在东部沿海 9 省市中列第 4 位，居于中游，仅次于北京、上海、浙江，高于天津、江苏、山东、广东和福建。

（3）教师的专业能力逐步提高。

市级以上骨干教师占教师总数的 10% 左右，由 1998 年的 2 300 多人提高到 2007 年的 4 000 多人。2003 年，高级职称教师所占比例为 27.12%，2007 年提高到 30.41%。

5. 高中课改扎实推进

两年来的高中新课程改革，已经取得了初步的成效：

——通过培训，教师的教育、教学观念得到更新，教师以人为本的学生观，民主、平等、合作、和谐的师生观正在初步形成；

——和谐民主的课堂氛围正在形成；

——教师自我学习的积极性逐步提高；

——校本课程开发积极踊跃；

——通过问卷调查发现 61% 的学校管理者对普通高中课程改革充满信心；有 77% 的学生认为教师能够做到经常提问；有 51% 的学生对高中新课程很感兴趣。

（二）有益经验

1. 统筹规划，有序发展

2001 年，辽宁省普通高中无论是办学规模还是优质学校的数量都处于低水平发展阶段，难以满足初中升学、高校扩招和社会对优质教育的需求，这成为制约辽宁省基础教育发展的瓶颈问题。为了解决这一问题，2003 年以来，辽宁省确定了加快发展普通高中政府统筹、盘活资源、创新体制、扩大规模、示范带动、均衡发展的基本思路。根据适龄人口的变化和社会需求，确定发展规模。充分利用现有高中资源，扩大现有学校的办学规模，坚持"城乡协调、增量进城"的原则，农村高中建设在全省统一规划内实施。避免一哄而上，造成资源浪费。

2. 以评选省示范性普通高中活动推动普通高中的发展

在全省范围内开展评选省级示范普通高中活动，调动地方政府和学校的办学积极性，促进了普通高中实现跨越式发展。到 2007 年，省级示范性普通高中学校数目达到 110 所，占高中总数的 24.7%。这些学校在深化教学改革、扩大办学规模、创新管理体制等方面发挥了示范和辐射作用。目前，普通高中已经开始向优质特色化方向发展。

3. 普及与提高并举

在规模扩张的同时，注重质量的提高。一是提高普通高中专任教师的素质，注重教师的专业化发展，高学历教师数量增加，骨干教育队伍扩大（"1123工程"）；二是全力推进高中新课程改革，为此，加强了对新课程管理者和实施者的培训，成立专门机构负责课程改革工作；三是以高考科目设置改革为牵引，推进素质教育，促进学生全面发展。

4. 多种渠道筹措办学资金

用好用足国家扩招的政策，在社会能够承担得起的情况下，按照"政府负担一点，老百姓出一点，学校自筹一点，社会资助一点"的方式，解决普通高中发展所需资金。充分利用国家开发银行贷款，加强农村普通高中建设，仅2005年就利用国家开发银行贷款7亿元进行农村普通高中改建、扩建。

总之，经过"十五"以来的大发展，辽宁省普通高中的基本办学条件全面改善，为今后的进一步发展奠定了雄厚的基础。"条件"与"容量"已不再是制约普通高中教育发展的瓶颈问题。辽宁省的普通高中教育已经站在了一个新的起点上。

未来辽宁省的普通高中要实现"两个转变"，即从重基本建设向重内涵建设的转变，从重示范高中建设到全面提高的转变。

二、辽宁省普通高中教育
发展战略面对的主要问题

（一）优质高中教育资源不足

义务教育的普及和高等教育大众化对普通高中教育提出了新的更高的要求。义务教育普及后，社会对接受优质普通高中教育的要求日益强烈；高等教育大众化对普通高中的生源质量提出新的要求。目前，示范性高中仅占全省普通高中总数的24.7%，其还不能很好地满足社会对优质高中的需求。以示范高中为代表的优质高中资源覆盖面有限，重点与一般的差距仍然明显；优质高中资源的地区分布、城乡分布差异较大，受经济发展水平和投入体制等因素的制约，经济欠发达地区提升高中教育质量面临巨大困难。

（二）办学模式单一，提升办学的内涵十分艰难

辽宁省与全国的总体情况相差不多，不缺少应试实力较强的学校，却缺乏具有高中精神的名校，也就是缺乏富有创意、办出特色的学校。其原因在于，支撑内涵发展的制度还未建立起来，主要表现在以下几个方面。

1. 高考制度缺乏素质教育导向的力度

人们期望通过高考科目设置来破解导向的问题，但多年的实践表明，仅在高考科目上寻求改革是做不出文章的。只有对学生平时的成绩、高考和多元招生进行一种立体的思考和构建才能有出路。

2. 行政管理缺乏统筹的力度

在现在的国民教育体系中，恐怕只有普通高中教育和学前教育由谁来管，既无法律规定，也无政策说法。一个城市的普通高中教育，常常出现省管、市管和县区管并存的格局。这种管理上的无序，必然冲击教育教学的秩序。

3. 学校发展缺乏支撑的力度

在规模扩张的过程中，普通高中替政府承担了很大的发展责任。但在它们奋勇前行的时候，发展的命脉却一而再再而三地被压缩。政府行为的缺失至今没有一个说法，比如公用经费标准，国家就没有一个明确的意见。一些高中已经被沉重的债务压得喘不过气来。

4. 教育质量缺乏监测的力度

因种种原因，目前我国尚缺乏普通高中教育质量监测标准和配套的监测方法，于是普通高中教育质量监测实施便出现政策缺位、实践缺位。迄今，我国普通高中教育质量监测的专业队伍——研究队伍和操作队伍——建设，客观上已经成为一个值得高度重视和加强的瓶颈问题。

（三）新课程实施面临诸多的挑战

1. 教育观念需面临挑战

由于受到社会大环境和高考制度的影响，普通高中领导和教师还不能完全放开手脚，真正按照国家和省的部署开展工作，仍然存在着"穿新鞋走老路"的情况。

2. "学分制"面临挑战

学分制对学生学习管理缺乏应有的力度。过程性评价在学校难以得到应有的体现，结果性评价仍起着决定性的作用。采用学分记录学生成绩是全体

一致性的，反映不出学业差异和学生个体的区别。在学分认定和管理上，会因为缺乏统一标准，或学校各自为政，出现"学分制"流于形式，或各校因把握的标准不同，而对学生的学分认定产生较大差异的现象。

3. 走班制面临挑战

选修模块进入课堂以后，将在行政班的基础上实行走班制，而走班制面临的最大的问题就是教室和教师不足与教学班管理等问题。

4. 教师培训面临挑战

随着课程改革的不断推进，广大教师在教学实践中不断遇到新的困惑和问题，他们迫切需要能够针对课堂教学解决具体问题的教师培训。

5. 新的教学方式面临难挑战

调查结果显示，新课程倡导的教学方式深受广大教师和学生的喜爱，然而，由于新的教学方式比较费时，使得原本就不充足的教学时间显得越发不足。在这种情况下，如果再大量地组织学生进行"自主、合作、探究"式的学习，教学任务将更加难以完成。

（四）投入不足，制约普通高中教育的可持续发展

虽然辽宁省近几年普通高中经费总量在不断增加，但仍不能满足普通高中事业发展的需要。普通高中尚没有建立起多元投资体制，面临政府投入有限与学费收入受限的双重压力，多元化筹措经费受到政策等方面的限制。受来自社会的压力等因素的影响，普通高中的生均公用经费标准没有确定，效率与公平的矛盾比较突出。2003 年，全省普通高中生均预算内公用经费在全国排在第 8 位，2004 年、2005 年上升到第 7 位。2003 年，全省普通高中生均预算内公用经费比上年的增长率在全国位居第 6 位，2005 年则下降到第 21 位[①]。（见表 5 - 2）

---

① 辽宁省 2003 年普通高中生均预算内事业费支出 1 594.27 元；普通高中生均预算内公用经费支出 348.22 元；辽宁省 2003 年普通高中生均预算内教育经费 1 942.49 元。辽宁省 2004 年普通高中生均预算内事业费支出 1 836.23 元，普通高中生均预算内公用经费支出 462.36 元。两项合计，辽宁省 2004 年普通高中生均预算内教育经费支出 2 298.59 元，高于全国平均水平，在全国 31 个省区市中，排名第 12 位。2005 年辽宁省普通高中生均预算内教育经费为 2 643.08 元（其中，普通高中生均预算内事业费支出为 2 088.08 元，全国普通高中生均预算内公用经费支出为 555.00 元）。高于全国平均水平，在全国 31 个省市自治区排名中列第 11 位。（参考：《教育部、国家统计局、财政部关于 2003 年全国教育经费执行情况统计公告》《教育部、国家统计局、财政部 2004 年全国教育经费执行情况统计公告》《教育部、国家统计局、财政部 2005 年全国教育经费执行情况统计公告》）

表 5 – 2　2003—2005 年辽宁省普通高中教育经费情况

年　份	生均预算内教育事业费增长情况				生均预算内公用经费增长情况			
	生均预算内教育事业费	全国位次	增长率（%）	全国位次	生均预算内公用经费	全国位次	增长率（%）	全国位次
2003	1 594.27	13	10.49	16	348.22	8	32.81	6
2004	1 836.23	12	15.18	14	462.36	7	32.78	8
2005	2 088.08	11	13.72	14	555.00	7	20.04	21

（五）体制仍然是制约普通高中教育健康发展的重要因素

1. 普通高中的地域分割，制约优质高中资源在省域内有效扩张；
2. 普通高中以市为主的管理体制，造成地区之间发展支撑条件的严重不均衡；
3. 公民办合作、中外合作推进优质高中资源扩张，还存在一定障碍；
4. 民办高中发展还缺乏招生等方面的公平待遇；
5. 编制紧张是制约优质高中规模扩张的重要因素。

三、辽宁省制定普通高中教育发展战略面临的挑战

（一）国家重视高等教育和义务教育的政策，使普通高中的发展环境受到影响

高等教育作为地方教育水平的标志，受到高度重视，特别是伴随高等教育强省战略的实施，投入将显著增加。而"双高普九"战略以及"两免一补"的全面实施，也需要大量投入。在教育财政的总盘子没有大的突破的情况下，普通高中教育的投入必然受到影响。

（二）经济社会发展对普通高中教育提出了新的需求

目前，辽宁正在加快全面小康社会与和谐辽宁建设。在未来的发展过程中，辽宁省要根据全国战略布局和本省实际，集中力量重点建设大连东北亚国际航运中心，培育现代装备制造业和重要原材料工业两大基地，加快发展高新技术产业、农产品加工业和现代服务业三大产业。这些调整对从业人员素质、能力提出了新的要求。同时，建设和谐辽宁也对普通高中的质量、公平性等提出了更高需要。普通高中教育要适应这些要求就必须进行教育教学

改革。普通高中不仅要为高等教育提供合格的生源，还要承担起培养劳动后备军的重大使命。如何协调二者之间的关系，是今后普通高中发展中需要着重解决的难题。

（三）高中阶段适龄人口虽然下降，但普通高中的发展任务更加繁重

"十五"期间是普通高中适龄人口的高峰期，从"十一五"开始，普通高中适龄人口呈持续下降趋势，预计2016年下降到100万人，此后开始缓慢上升，2029年达到新的高峰142.4万人，但由于出生人口的下降，已不可能再出现"十五"期间那样的高峰。见图5-2。

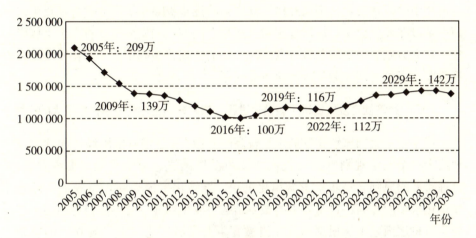

图5-2　2005—2030年辽宁省高中阶段适龄人口变化曲线

高中阶段适龄人口虽然下降，但普及高中阶段教育的任务依然繁重。一方面，社会接受普通高中教育的需求越来越大；另一方面，未来五年，辽宁高等教育的毛入学率将达到40%以上，为适应高等教育的这种发展变化，普通高中面临着生源数量不足和质量不高的双重压力。到2010年，辽宁高等教育总规模要达到110万人，高等教育毛入学率要达到38%，其中普通高校在校生要达到90万人。到2012年，辽宁高等教育毛入学率将达到50%。而近年来，辽宁省的高考录取率一直在80%左右的高位状态。支撑高等教育规模的持续发展并为之提供合格的生源面临着很大的压力。

（四）大力发展职业教育计划的实施，影响着普通高中未来发展空间的拓展

中等职业教育发展对普通高中的发展也具有重要影响。普通高中教育与中等职业教育同属高中阶段教育，但两者的培养目标是不同的，因此办学模

式也不尽相同。在高中阶段毛入学率一定的前提下，普通高中教育与中等职业教育的规模是一种此消彼长的关系，中等职业教育规模的扩大必然导致普通高中规模的缩小。按照国家经济社会发展对不同层次人才的需求，普通高中与中等职业教育必须保持协调发展才能保证形成不同的人才梯队。因此，规划未来普通高中的发展，必须考虑到中等职业教育发展的影响。辽宁省2006年中等职业教育在校生占高中阶段在校生比例为36.5%，低于大部分经济发达地区的平均水平（北京43.4%，天津38.7%，上海48%，江苏43.9%，浙江43.8%，山东37.2%）。辽宁省已经制定并实施了《职业教育发展计划》，《辽宁省教育事业发展"十一五"规划》对中等职业教育在校生占高中阶段在校生比例已经作了规划，将逐步提高中等职业教育在校生占高中阶段在校生比例。这对辽宁省普通高中的规模和发展速度将产生直接影响。在大力发展中等职业教育的同时，如何实现普通高中的多元化发展，实现普职二者的协调发展是亟待解决的问题。

（五）经济社会发展促进了城镇化进程，农村普通高中的发展面临更大的挑战

辽宁省是我国城镇化发展水平较高的省份。《辽宁省国民经济和社会发展第十一个五年规划纲要》提出，按照循序渐进、节约土地、集约发展、合理布局的原则，稳步推进城镇化进程，城镇化率提高到63%左右。随着城镇化水平的提高，普通高中的城乡结构将发生明显变化，农村普通高中在校生数将逐渐减少。根据《辽宁省教育事业发展"十一五"规划》的规划目标，2010年城镇普通高中在校生为29.3万人，农村普通高中在校生为40.5万人。我们依据2000年第五次人口普查统计数据及惯例，可以大致推算出2020年辽宁省普通高中城乡在校生数。根据2000年第五次人口普查统计，当年辽宁省16~18岁适龄人口总数为171 512人，其中，城镇为100 998人，占总数的58.9%，农村为70 514人，占总数的41.1%。以此为基础，根据我国未来城镇化人口比例每年按一个百分点递增来计算，到2020年，城镇高中阶段的适龄人口为91.17万人，农村高中阶段的适龄人口为24.38万人，按高中阶段毛入学率98%和普通高中与职业高中在校生之比56:44计算，城镇普通高中在校生为50万人，农村普通高中在校生为13万人。

1. 城镇化水平的提高，使普通高中的布局调整任务摆在面前

2006年辽宁省14个市中，只有7个市还设有农村普通高中，设置1所的有2个市，设置2所的1个市，设置3所的2个市，设置6所的1个市，设置14所的1个市，共计30所，另外设置有农村的完全中学9所，全省44

个农村县、市平均不到一所。

2. 提高农村普通高中普及水平是难点

农村劳动力人口的战略转移对普通高中教育提出了挑战。农村普通高中的重点不在容量方面，而在质量方面。不仅要考虑数量需求，还要考虑受教育者的需求。以初中学历为主的农村劳动力的转移，为提升高中普及水平提出了新的挑战。外出从业农民受教育程度普遍较低，其中初中文化程度的劳动力构成了农民打工族的主体。2006年的调查数据显示，辽宁省初中文化程度农民工的比重高达72.6%；高中及以上学历者约占14%。大量初中毕业生选择进城务工，使农村高中发展面临生源不足的问题。如何增强农村高中的吸引力，如何创新高中教育的实现形式，是亟待解决的重要问题。

四、辽宁省普通高中的指导思想、战略目标、战略重点

（一）指导思想

以科学发展观为指导，以提高全省普通高中教育教学质量和提高农村普通高中普及水平为重点，以普通高中的标准化建设为载体，坚持普及与提高相结合的原则，努力提升辽宁普通高中的整体发展水平。

（二）战略目标

根据高中阶段适龄人口的变化情况、普通高中与职业高中的发展比例等确定辽宁2010年和2015年普通高中发展目标。到2010年普通高中在校生达到69.8万人，高中阶段毛入学率达到90%（此为辽宁省教育事业"十一五"规划目标，普职比为55.9∶44.1）。到2015年因适龄人口下降，普通高中在校生减少到53.76万人（按普职比为56∶44计算），但高中阶段毛入学率提高到95%。普通高中的毛入学率将达到53.02%，优质高中的覆盖率将达到60%以上。（见表5-3、图5-3）

表5-3 辽宁省普通高中发展规划

	2010年	2015年
高中阶段适龄人口16～18岁（万人）	137.8	101.4
高中阶段在校生数（万人）	124	96

续表

	2010 年	2015 年
高中阶段毛入学率（%）	90	95
普通高中在校生数（万人）	69.8	53.76
普通高中毛入学率（%）	50.65	53.02
普职比	55.9:44.1	56:44

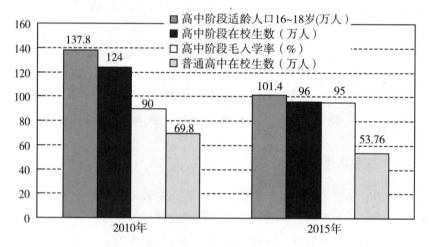

图 5 - 3　2010 年和 2015 年高中阶段和普通高中发展目标

（三）战略重点

1. 提高农村普通高中教育普及水平。优化农村普通高中布局，提高农村普通高中的质量，创新农村普通高中的实现形式，增强农村普通高中的吸引力。

2. 促进普通高中的优质发展。加快普通高中办学设施标准化建设。实施普通高中优质特色化工程。正确引导优质学校在全面实施素质教育、加强师资队伍建设、积极探索特色教学、努力提高教育质量等方面发挥示范、带动作用，推动普通高中教育不断向更高水平迈进。

五、辽宁省普通高中发展的战略措施

（一）实施高中优质化工程，扩大优质教育资源覆盖面

1. 调整农村普通高中结构布局，提升农村高中普及水平与教育质量。

原则上逐步取消设置在农村乡镇的普通高中，通过以市为单位规划布局调整，将设在农村乡镇的普通高中合并到县城及以上城市办学。

2. 推进普通高中标准化建设，全面提高办学水平。在现有的省级示范性高中建设标准的基础上，制定新的建设标准和设施配备标准，按每年建设20余所的推进速度，争取五年之内使全省60%以上普通高中达到标准化。

3. 改革招生制度。扩大省级重点和示范性普通高中招生指标到校的比例，取消指标到校附加条件，推进普通高中生源的合理分布。积极探索包括统一招生录取、推荐录取、特长录取、划片招生录取、注册录取等多元录取方式，逐步扩大优质普通高中的招生自主权，到2012年使优质普通高中在校生达到50%以上。

4. 积极推进普通高中课程改革，全面提高高中教育教学质量。为了更好地推进课程改革，要建立以下制度：新的课程管理制度、新的教学管理制度、新的校本教研制度、新的教师专业发展制度、新的学生管理制度、新的评价制度。

5. 进一步增加招收"宏志班"学生数量，使各地贫困家庭的优秀学生都能够享受更加优质的教育。

（二）实施高中教师培训工程，全面提高教师队伍素质

1. 提高具有研究生学历教师所占的比例。到2012年，全省高中本科以上学历达到97%以上，高中具有硕士研究生学历教师达到5%以上。到2015年，全省高中本科以上学历达到98%以上，高中具有硕士研究生学历教师达到7%以上。

2. 合理确定教师编制标准。根据教育事业发展需要，重新研究确定普通高中编制标准，以满足高水平高质量的教育教学需求。

（三）以新课改为契机，深化教育教学改革

积极推进普通高中课程改革，全面提高高中教育教学质量。各级教育主管部门和学校要依照教育法规的要求开展教育活动，认真执行国家课程计划，按照《辽宁省普通高中课程改革方案》的要求，开齐课程、上满学时，不得挤占通用技术、信息技术、音乐、美术、体育和社会实践等课时，不得随意增减课程门类、难度和课时，普通高中班额稳定在45人以下，逐步实行小班化教学。加强教师和校长队伍的专业化建设，适应课改的需要。

为了更好地实施课程改革，深化教育教学改革，要建立以下制度。

1. 建立新的课程管理制度。要结合本校实际，合理安排课程，积极开发适合本校特点的、可供学生选择的、多样化的课程，形成学校的课程特色，实施基于课程标准的有效教学。学校要尊重教师的教学自主权，鼓励教师参与课程建设和管理，建立教师、学生及其家长、社区人士参与学校课程管理的机制，提高课程科学、民主决策的水平。要建立新的学生选课制度。学校要根据《方案》的规定建立行之有效的校内选课指导制度，并向学生提供课程设置说明和选课指导手册。选课过程要充分体现学生主体参与、指导教师和家长共同参与的原则，鼓励学生根据自身特质和人生规划，在感兴趣、有潜能的方面多修学分，形成自身特长，实现个性发展。要在校内成立学分认定和学分管理委员会，学生的学分通过学年学分和三年总学分进行管理，学校通过学分记录学生的学习过程和学业成绩。

2. 建立新的教学管理制度。要按照科学性、适用性、系统性的原则健全和完善各项教学管理制度，包括教师备课制度、课堂常规制度、学生作业制度、考试命题制度、考务管理制度、师生谈话制度、学生评教制度等新的教学管理制度，逐步完善有序高效的教学管理体系。要按照新课程理念重建新的教学常规标准，从开发课程资源、执行教学计划、优化教学设计、深化课堂教学、强化教学反思、活化课外辅导、规范作业批改、改革考试评价等方面重建新的工作规范和考评方案，引导教师不断调整自己的教学行为，逐步达到与新课程的教学要求同步。教师要确立"三维"目标的意识，为每一节课制订切实的课程目标，使每一节课有明确、清晰的教学方向；依据教材特点、学生的认知水平和课程目标，精选教学内容，抓住重点，突破难点，对教学过程进行精心设计，讲授、指导、提问题、选阅读、思考、练习等每个环节都要精心安排，发挥目标的导向作用。

3. 建立新的校本教研制度。学校要建立校本教研制度，建立以数字化技术网络平台为支撑，集教师自我反思、同伴互助、专业引领于一体的新型教研网络体系。要强化教研组和备课组建设，重视不同学科教师的交流和研讨，建设有利于引导教师创造性实施课程的环境。要建立校本研修的理论学习制度、听课评课制度、专题研修制度、课题研究制度和激励保障制度，充分发挥校本教研对新课程实施和教师教学的支持作用、对教师职业和教师专业成长的提升作用、对学校文化的重建作用。切实推进"教研一体化"校本科研建设。以学校教育教学实践活动为基本立足点，把工作当成学问做，把问题变成课题做，推进"教研一体化"进程；结合学校实际，重视选题、研究过程以及成果推广的校本特色。

4. 建立新的教师专业发展制度。要重建新的教师专业发展制度，坚持进行校本培训，并可根据学校教师队伍状况以及教师专业发展需要，立足校本，实施教师培养方案。培训方案可以"双基平台＋学科专业模块＋教育实践模块"为内容，立足校内，借助高校及科研院所资源优势，重基础、重特色、重内涵，促进教师专业发展。

5. 建立新的学生管理制度。要探索重建符合新课程要求、有助于促进学生自我教育和自主管理的新型学生教育管理机制。在教学班与行政班等多种教学组织形式并存的情况下，要赋予任课教师更多的班级管理职责，同时要更加注重培养和提高学生自主管理的能力；要建立相应的协调机制，由班主任牵头，选课指导教师参与，协调行政班、教学班以及其他学生组织（如团组织、学生会、寝室单元等学生生活组织）的关系，多方协同，共同做好学生的教育和管理工作。组建学生发展指导中心，建立并实行学生选课指导及发展导师制。积极拓展渠道，寻求建立社区支持系统，为学生社会实践和社区服务提供更多的机会。

6. 建立新的评价制度。要探索建立发展性评价制度，逐步形成良好的、有利于促进学生和教师发展的评价激励机制。在对学生的评价方面，评价内容既要包括学业成绩，也要包括道德品质、公民素养、学习能力、交流与合作能力、运动与健康、审美与表现等综合素质，在评价方法上要实行学生学业成绩与成长记录相结合的办法，帮助学生认识自我，建立自信。在对教师的评价方面，评价内容应包括教师的职业道德、教育思想、教学设计、教学管理、育人绩效等方面，在评价方法上要建立教师业绩档案，促使教师不断提高教学水平。

（四）实施民办教育发展支持引导工程，促进公办和民办高中教育的协调发展

1. 依法保障民办学校教职工享有与同级同类公办学校教职工的同等权利。将民办学校教师的业务培训、资格认定、职称评定、表彰奖励以及申请科研项目等内容纳入各级教育人事部门的业务和服务范围。

2. 确保民办学校受教育者与公办学校受教育者享受同等待遇。采取有效措施，使民办学校的受教育者在升学、就业、参加先进评选、医疗保险以及助学贷款和补助、乘车等方面，享有与同级同类公办学校受教育者的同等待遇。

（五）深化投资体制改革，保障普通高中健康发展

建立和逐步完善政府、社会、家庭合理的普通高中教育成本分担机制。

1. 省、市政府负责设立普通农村高中教育专项资金，重点用于农村普通高中校舍维修改造、学校布局调整等补助和以奖代补支出。对农村普通高中教育给予倾斜支持，优先保障农村普通高中优质均衡发展所需资金。

2. 鼓励社会力量支持普通高中的发展。

3. 合理确定普通高中的收费标准，保证专款专用。

4. 设立专项资金用于补助家庭经济困难的普通高中学生完成学业。

东北区域校本案例分析：

大连市第十五中学特色化办学之路

2007 年随着最后一批省级示范高中的成立，大连市第十五中学这所"美术家的摇篮"，因其特色定位恰适，成效显著的办学模式，又一次成为教育界关注的焦点。大连市第十五中学创建于 1954 年，有 50 多年的完中办学历史。美术特色是从 20 世纪 70 年代一个"红画室"星星之火，逐渐演变发展起来的。1984 年被市教育局批准创办成为美术特色学校，初、高中各设一个美术班，2000 年学校全部转轨，所有在校生均为美术特长生，是目前大连市唯一的公办美术特色完全中学。大连市第十五中学的这种美术特色定位和成效显著的办学模式，顺应了国家高中发展的现行背景。

1. 国家发展普通高中教育的战略已从规模扩张转向提高质量。

2. 高等教育大众化进程对高中阶段教育提出了更高要求。

3. 社会对普通高中教育、特别是优质高中教育的需求持续增长。

4. 普通高新课程的实施给普通高中教育带来了新的挑战。

从以上背景看，无论是国家高中教育的发展方向，还是社会及高等教育对高中阶段教育的要求都是高质量，即"卓越"；而普通高中新课程的这种各学科分层次、分类别，设计多样的、可供不同潜能的学生选择的课程内容的变化，为普通高中多元化教育带来了发展的契机，即"特色"。十五中人审时度势，更早地抓住了发展的契机，确立了自己的办学模式——以美立校，追求卓越。

一、办学目标

办学宗旨：培养一个特长生，帮助一个家庭；办好一所特色学校，造福一方百姓。

学校发展定位：将学校办成集现代化优质教育资源于一体的全国的一流

中心型美术特色学校。

培养目标：全面打好基础，发展个性特长，文化与美术双赢，培养具有健全人格的美术特长生。

校训：知行合一，学画先学做人，画品亦是人品。

校风：厚德、笃志、尚美、博学。

二、办学思路，运行机制

经过多年的实践，该校建构了"在现实中求发展，在特色中创品牌"的"集成、创新、跨越"的发展思路。

"集成"就是要融会继承建校以来优良的办学传统，规章制度和教育教学成果；"创新"是在传承历史的基础上不断探索改革、出新，确立新的办学理念，创立新的管理机制、方法，取得新的成效；"跨越"既是突破，也是超越，实现大幅度的提高与发展。

（一）建构"1231"系统办学工程

"1231"工程，即为"一个熏陶，两个注重，三个突破，一个建设"的办学系统工程。

"一个熏陶"，即教育学生树立"厚德、笃志、尚美、博学"的人生观。学校通过"美术中学德育目标建构"课题研究，制订学生日常行为规范，组织学生开展体验性综合实践活动，在学科教学中突出育人功能，开展专题活动等途径，给学生多方位、多渠道的人生熏陶。

"两个注重"，即注重学生创新精神的培养，注重科学与人文的结合。

"三个突破"，即由学科的均衡发展向个性发展突破，教学过程由单项传授向多向交流突破，教学形式由传统式向活动开放式突破。"三个突破"的核心就是要求教师顺应时代的发展，不断更新教育观念和教育手段，充分运用现代科学思想与技术，为全体学生的发展提供充分的发展机遇和条件。在教学活动中，学校积极落实"全面推进素质教育，培养21世纪现代化建设的社会主义新人"的教育方针，提出"六会""五让"教育准则。"六会"即"会做人、会健身、会健心、会学习、会审美、会创新"，"五让"即为让学生观察、记忆、想象、思维和感悟。

"一个建设"，即教师队伍的建设。衡量一流学校的一个本质标准是拥有一支一流的教师队伍。要建一流的教师队伍，就必须促进教师提高专业化水准。教师专业化的前提和方向可谓"一个平台两个支点"。一个平台，指教师的知识和能力；两个支点，指教师的专业化的教育理念和专业化的精神。学校围绕这两大方面，通过校本教研和校本培训等各种方式和手段，锻炼、培养教师专业化素质，通过"教师科研素质""发展性教师评价""中学学科教学整体改革实验"等课题研究提升教师专业化水平，促进教师专业化队伍建设。

（二）创设"以人为本"的分权管理模式

十五中人本管理的内涵是：以人的发展为本，强调"宽厚、宽松、宽容"，相互尊重。在管理中提出六字方针：挖潜、激励、矫正，"挖潜"，指挖掘师生的潜能，让每一个人都发挥自己的最大优势，将人才放到"最佳才能区"和"最近发展区"，使人才得到最充分的发展。"激励"，就是采取各种有效途径，建立各种规章制度和保障措施，通过各种激励手段和竞争机制帮助他们养成积极向上的品质以及良好的教育教学行为和学习能力。"矫正"，就是通过机制、制度帮助教师在工作中进行自我约束，自我调整；鼓励并创造条件促进教师自主发展，指导教师树立"职业意识"，明确自我发展和学校发展同等重要，要敬业、勤业、精业、爱校如爱家。

在人本思想指导下，十五中的领导集体实施"分权管理模式"，班子内部各成员分工明确，职权有别，各有所司，同时，既有分工又能合作。这种分权管理不仅是对组织成员的一种激励，也是出于对班子成员的充分信任、尊重和满足自我价值的实现，增强了领导集体每个成员工作积极性，提高了工作效率。

（三）建立健全规章制度，强化常规管理

该校已初步形成了行政管理、教学管理、德育管理、总务管理等近百个项目的规范要求，整理编印了《十五中工作规章制度汇编》，从教育、教学、思想建设、岗位职责等各方面对教职工提出了明确的要求和努力方向并制订了具体的奖惩方法。

为了使各项规章制度真正落实，避免流于形式，该校专门成立了"考评小组"，其主要职责有：贯彻、落实学校各项规章制度及领导布置的各项工作；对全校干部和教职工遵守各项规章制度的情况进行检查、考核；反馈教职工的意见、建议和有关信息，核实每人的实际工作量，核算月结构工资；协助主管领导做好教职工的绩效评价工作。考评小组在工作中遵循"督导与服务并重，管理与协调并重"的原则，大胆开展工作，督促和激励每位教职工严格要求自己，为人师表，做到教书育人，管理育人和服务育

人，大大增强了工作的实效性。

（四）发挥合力功效，提高管理质量

首先，充分发挥党总支委员会的政治核心和保证、监督作用。

在学校发展规划、干部聘任、人事安排、干部队伍建设、廉政勤政等重大问题上，校长主动听取党总支的意见和建议，在校委员会负责制管理体制下，学校党总支的地位、作用、职责得以充分保证。党政一心，共创佳绩。

其次，集思广益，坚持开好周干部工作会。

该校每周四都要开一次集思广益的工作会议，五位校级领导，八位中层主任均参加，总结一周工作，充分肯定成绩，找出缺陷与不足，重点研究下一周工作安排、工作思路和主要措施。这既是一次工作会议，同时也是一次相互学习，统一认识，提高干部基本素质的会议，对于圆满完成学校各项工作，达到目标要求起着巨大的指导和保证作用。

再次，充分发挥工会作用，教职工民主管理学校。

该校工会认真履行职能，组织召开教代会讨论并通过学校发展规划、师德建设、教科研工作、结构工资方案、货币化分房方案、教职工福利等。教职工代表通过座谈、审议、交换意见等方式参与学校管理，监督校长及全体行政干部管理过程，发挥了积极的推动作用。

最后，畅通民主渠道，吸纳家长、学生、社区人员参与管理学校。学校通过学生评教评学、问卷调查，班长、学习委员定期上报评价表等多种形式广泛了解学生对教育教学管理等工作的意见和建议，并及时反馈到职能部门，以便研究措施改进工作。同时还定期召开家长委员会向他们介绍素质教育、特色教育进展情况以及学生的进步和教育中存在的问题，征询家长、社区人员对学校工作的意见和建议，与他们探讨家庭、社区教育并解决疑难，调动了他们的积极性，使他们成为参与学校民主管理的有生力量。

三、办学模式例谈

办好特色学校的关键是要打造一支高素质的教师队伍。近年来，该校以教育部《中小学教师队伍建设"十五"计划》为指导，依据省市关于加强教师队伍建设有关文件，在传承十五中优良教风——敬业、爱生、严谨、高效——的基础上，努力加强师德建设，培养出一支具备适应21世纪发展需要的各种素质，有十五中特色"高雅（志趣雅正）、博学（才学广博）、大气（综合素质高）"的教师队伍。具有十五中特色的教师素质包括两大方

面，一是指每个教师的个体素质；二是指教师队伍的群体素质。培养具有十五中特色的专业化发展的教师的具体目标是：教师个体的素质结构更加合理；教师群体的素质水平更加稳定；学历结构优化；现代教育信息技术辅助教育和教学工作；教师的四种水平（思想品德修养水平、教育教学理论水平、学科系统知识水平、教学艺术技能水平）进一步提高；教育科研能力提高。

（一）教学方面

1. 开展校本教研活动，提升教师专业化水平

十五中创设大量的教学研究活动促使教师不断学习、不断探索、不断超越、不断创造、不断发展。定期开展学习、研讨、反思活动并制度化；开展课例分析活动；倡导"教学实践问题"研究活动。

2. 加强校本培训，着力扶持青年教师

高中的课程改革呼唤以校为本的研训制度，校本培训将越来越发挥它不可替代的作用。该校的校本培训模式主要有三种形式：以理论学习为线索的校本培训模式；以研究交流为主体的校本培训模式；以案例分析为路径的校本培训模式。创设机制、条件，让青年教师尽快成长。通过有效的活动使全体教师尤其是青年教师更专业、更成熟。

3. 实施"名师工程"，培养专家型教师

该校现有特级教师1人，省级骨干教师2人，市级学科带头人2名，市级骨干教师17人。力争用3～5年时间使3%的教师成为辽宁省内有影响的教师，10%的教师在大连市有影响，扩大特级教师后备队伍，鼓励教师脱颖而出。为此，学校已保送10名教师先后去清华大学深造；每年组织专业课教师及部分文化课教师远赴欧洲、日本等地考察学习。今后，学校要设立"首席教师""特色教师"等业务考核项目，让更多教师发展成为专家型、学者型教师。

4. 结合办学特色，大力提高教师美术素养

非专业课教师的基础性培训第一是让教师了解美术特色办学的意义、培养目标，加强对培养美术特长生要履行职责的认识，了解美术教学目标、教学内容，正确把握文化课与美术教学的关系——一体两翼相辅相成。

第二，接受美术入门通识培训。

第三，向全体教师介绍中外美术家及其代表作、美术发展史等理论通识。

第四，培训教师特别是班主任要对学生画作的线条是否流畅、构图是

否合理，色彩搭配是否协调等作出较内行的点评，能及时发现他们的进步。

5. 强化教学过程管理，提高教学的质量

认真落实国家课程计划，开齐学科，尽最大努力协调好文化与美术教学用时，力争开足学时。

优化课堂教学，有效提高教学质量是工作的重点。美术特长生每天1/3的时间用来学习专业课，2/3的时间用来学习文化课，不论是美术教师还是其他学科教师，树立"有效"教学观念，探索"高效"教学模式尤为重要。

教师要把学校教育的质量目标"文化美术双赢"落实在教学各个环节之中，按照学校以下的规定约束自己的教学行为。

（二）德育方面

1. 构建全方位育人的德育网络管理系统

学校建立了德育工作校长负责制的体制，构建了以校长为领导的，由党总支、政教处、共青团、学年组、班主任、学生会共同参与的学校德育工作体系。在实施学校德育工作中，建立了学校、家庭、社会德育工作网络，成立了家长委员会，建立警校联谊、军校共建组织，加强了与校外有关方面的沟通、联系与配合，取得一致的认识，采取统一有效的行动培养教育学生。

2. 建立德育管理规章，使德育工作走向规范

为了配合学校常规思想教育工作，制定了《学生日常行为规范》《班主任工作制度》《宿务管理制度》《卫生清扫要求》等。开展了文明班级评比活动，树先进、扬正气、倡新风、讲文明。

3. 突出体验教育，培育"画品""人品"

学校为促进学生特长发展，每学期组织学生进行一次野外写生活动，为期两周。从1990年至今已建立了旅顺太阳沟、瓦房店长兴岛、庄河仙人洞、三架山等写生基地。写生基地自然风光优美，民风淳朴，物质生活条件较为艰苦，写生期间每位班主任、美术教师热心、耐心培养学生克服困难的品质，吃苦耐劳的毅力，指导学生生活自理，如洗毛巾、袜子、衣裤等。学生白天选景作画，晚上观画、评画，教师为学生出示范画，提高学生色彩感受和用色技巧。写生活动不仅培养了学生独立生活能力，克服困难、互相帮助、乐观向上的人品，也提升了学生感受自然、热爱自然、明快、热情、刚毅、执著、豁达、超然的画品。

4. 德育教育系列化、层次化

（1）节假日专题教育系列：教师节、国庆节、元旦、五一劳动节、五四青年节、七一建党节开展相关教育活动。

（2）社会实践教育系列：组织学生春游、秋游、自愿者活动，进行爱国、爱家乡、爱大自然等参观、考察、体验、环保等活动。

（3）学军、学农实践活动：每个入学新生都要经历为期一周的学军、学农磨炼，锻炼了学生吃苦耐劳、顽强拼搏、严于律己、团结互助的好品质。

（4）办好艺术节、校运动会等活动。通过组织学生绘画、摄影、书法比赛、各类球赛等培养学生个人兴趣爱好，陶冶艺术情操，丰富校园生活。

5. 重视发挥团委，学生会在学校德育工作中的重要作用

团委是学校德育工作决策的参与者和重要执行者，在教育学生、引导学生、促进学生发展等方面起着重要作用。该校一直以来鼓励、支持团委、学生会独立自主地、富于创造性地开展以学生为主体的丰富多彩的活动。

6. 开展心理健康教育，促进学生健康成长

学校发挥班主任在心理健康教育中的主力作用，定期组织班主任学习《学校教育心理学》《青少年健康指南》等，针对学生关心的热点话题及已出现的问题，收集资料，找出最佳策略，及时做心理辅导，并安排同学间相互沟通交流成长体会、感悟。同时组织学生在校园网上"学生论坛"中发表看法，进行网上讲座，营造了健康向上的学习氛围，大大提高了学生学习的积极性和学习效率。

7. 重视开展德育科研工作

2005 年该校独立承担了国家级科研课题"美术学校德育目标的建构及实验"研究。组织班主任围绕课题学习教育理论，撰写资料综述，积极探索深层次的德育目标、途径、思想教育方法等。

（三）师德方面

注重理论学习，强化师德培养。该校曾多次开展过师德专题大讨论活动，全校达成共识：教师良好的师德应表现为依法执教，爱岗敬业，热爱学生，严谨治学，团结协作，尊重家长，廉洁从教，为人师表。

组织教师认真学习贯彻落实《教师法》《中小学教师职业道德规范》，针对师德建设的重点、热点制定《大连市第十五中学教师忌语》，有针对性地开展了"我心中的明星教师"评选。

每周三下午定时组织教师学习时政、各级教育文件法规、教育理论等，要求教师写出读书笔记，定期召开教书育人心得交流会。

四、办学特色

办学特色是学校在长期的办学过程中所表现出来的有别于其他学校的独特办学风格、独到的办学理念以及在人才培养、科学研究、校园文化等方面的独到之处，具有独特性、稳定性、发展性的特点。其核心是办学理念，办学理念贯穿于办学的整个过程和各个方面，对教师学生的目标追求起着导向作用，在教风、学风、校风、科学道德、为人等方面起着潜移默化的作用，决定着人才培养的质量和水平。所以在学校办学理念基础上美术部依据自己的特点制定相关的办学理念。

（一）办学理念

工作理念：合作、互助、共享

学术理念：开放、兼容、互补、整合、创新

治学理念：以人为本，以人的发展为本

管理理念：挖潜、激励、矫正

四个意识：忧患意识、合作意识、服务意识、精品意识

（二）美术教学校本化

1. 课程设置

立足创建特色美术学校校本教材，依据普通美术教育教学大纲，该校美术教育教学特制订以审美教育为主线，以创新精神为目标，以培养学生综合能力和完善人格为宗旨的课程计划。

2. 师训管理

要求师生明确每一单元教学活动要达到的教学目标（集体和个体的）及其对实现美术教学总目标的意义，使一切教学影响都有利于发展学生的艺术素质。

教师在教学中要注重基础知识和基本技能的教学，必须保证基础知识和基本技能的主导作用。引导学生适当读一些艺术类书籍，扩大和丰富其内心世界。让学生懂得只有具备丰富的内心世界，才会有鲜活的表现形式。

开足、开全、开好设计基础课，变被动完成作业为主动把握作业。培养学生的创新思维习惯，变作业的单一化为多元化，鼓励和褒奖那些有独特个

性和创新精神的学生。利用校门前和班级的画窗将优秀作业及时地展示，第一时间地交流和沟通；

教师与学生一起作画、评画，辅导家长给子女点评画，与家长交流、沟通育人心得；定期到渔村、果园、田野、海港等采风写生，到法国、日本、俄罗斯等地博物馆、艺术馆参观学习，开阔视野，提升艺术鉴赏品位；外请美院教授来校讲学，现场作画，与兄弟学校交流经验，不断提高专业素养；定期举办校内外绘画作品展，为保证展画的品位，设有教师作品审核小组。

五、办学成效

（一）升学情况

清华美院每年录取该校学生占招生计划总数的 1/8 以上。

2004 年高考，22 人考入清华大学，36 人考入中央美院，33 人考入中国美院，90% 左右的学生被重点美院录取，在全国同类学校中拔得头筹。

2005 年高考，28 人考入清华大学，18 人考入中央美院，19 人考入中国美院，在全国同类校中名列第一。

2006 年高考，19 人考入清华大学，40 人考入中央美院，37 人考入中国美院，三大美院录取人数是该校历史上最多的一年。

2006 年的省专业通考是辽宁省首次设立的，全省状元为该校高三（六）班周鑫同学，前 5 名学生我校占 4 名，前 100 名中我校占一半。我校省统考成绩平均分为 324.4 分，学生 100% 通过考试，引起了专家、同行的关注和广泛赞誉。

2007 年高考，16 人考入清华大学，27 人考入中央美院，37 人考入中国美院，103 人被鲁迅美术学院录取。

（二）教师成果

十五中拥有教师 158 人，特级教师 1 人，高级教师 76 人。其中中国美术家协会会员 4 人，省美术家协会会员有 7 人，市美术家学会会员 20 人，大连教育学会会员 80 余人。美术部主任姜复越，现为大连市美术家协会副主席，全国模范教师。刘永雄、薛继斌、张钧、伊凯等 10 位教师有美术论著出版。张钧等教师主编了《21 世纪美术基础教育》正规系列教材，分为初级、中级两套，分别设有速写、素描、写生、设计等共三十余册。该校自编出版美术教材共五套，四十余册。姜复越的作品《十月》《山村》《街》

分别为马来西亚皇家美术学院、辽宁美术馆、中央美术学院收藏，一大批美术教师作品参加全国、省美术展或在全国各大报刊上发表，被国际友人收藏的画作有 40 余幅。十五中现有两项正在研究的国家级课题：美术中学德育目标的建构研究和创新写作实验。一项省级课题：建立校本教研基地，推进人教版教材改革的实验研究。

近年来评为市级以上优秀论文、经验介绍 110 余篇，其中国家级 10 篇，省级 15 篇，市级 38 篇；国家级优质课 2 节，省级优秀课 5 节，市级优秀课 5 节。

（三）学校荣誉

2001 年，学校被授予"清华美院生源基地学校"；

2003 年学校被教育部授予特色育人成功学校铜牌，国家级社会公认特色育人成功单位；

2004 年被评为大连市先进单位；

2005 年被评为国家级未成年人生态道德教育先进单位。

第二节 东部区域：高位均衡发展模式

高位均衡发展模式指有计划、有组织地激活和调动普通高中优质资源，既体现效率，同时又体现公平，力求实现二者之间的平衡与统一。其基本方式是尽量依托原有省级重点高中和国家级示范高中的优质资源，采取星级评估的方式，不断扩大优质普通高中资源，追求效率与公平的统一，实现普通高中教育的高位均衡发展。初步形成与义务教育发展不同的格局，即普通高中教育在办学条件、师资水平、社会功能等方面都应体现出更高的要求，在优质化的基础上达到高位均衡发展。

由于普通高中教育为"准公共产品"，在政府的教育投入主要侧重于义务教育和高等教育的情况下，长期以来，没有更多的经费投入于普通高中教育的发展。然而，经历了"温饱"和"小康"后的东部各省人民群众，对子女接受优质普通高中教育具有巨大的需要和愿望，愿意承担更多的普通高中教育的培养成本。十多年来，各省的普通高中总投入增长快速，而政府对普通高中的投入基本未增，所占比例逐步降低到 40% 以下，而非政府投入上升却很快。这就迫使普通高中学校逐步形成了面向社会需要的自主办学模式，有利于运用市场运行机制和手段，解决学校发展中的政府投入严重不足的问题。

为了保证与市场运行机制相匹配的高位均衡发展，各省提供了宽松的普通高中教育发展政策与制度环境。实践证明，普通高中学校自主运用"市场手段"谋求发展，是实现普通高中高位均衡发展的重要保障。

下面，以江苏省普通高中教育战略发展的模式选择为例。

一、江苏省普通高中教育发展模式选择的水平与特点

江苏普通高中教育的发展在全国处于较为领先的位置，我们可以从发展的主要指标和发展的主要特点两个方面进行考察。

（一）发展的主要指标

据江苏省教育厅 2007 年的最新数据，考察以下主要发展指标：高中阶段教育毛入学率；初中毕业生升学率；普通高中学校数及分布；普通高中的优质程度；普通高中专任教师学历水平。[①]

1. 高中阶段毛入学率

2007 年江苏高中阶段毛入学率达到 85.7%，较 2007 年全国高中阶段毛入学率 66.0% 高 19.7 个百分点。

2. 初中毕业生升学率

2007 年江苏初中毕业生升学率为 95.72%，较全国当年初中毕业生升学率 80.48% 高 15.24 个百分点。2007 年江苏全省所有县（市、区）的初中毕业生升学率都已超过 90%。

3. 普通高中学校数及分布

2008 年江苏省共有普通高中 781 所，比上一年减少 57 所，其中高级中学 330 所，完全中学 451 所；城市学校 272 所，县镇学校 386 所，农村学校 123 所；校均学生规模为 1 960 人。

4. 普通高中的优质程度

根据 2007 年的数据，江苏省三星级以上普通高中总数为 429 所，其中三星级学校 253 所，占普通高中总数的 32.4%，四星级学校 176 所，占普通

---

① 资料来源：相关年份的《江苏教育年鉴》《江苏统计年鉴》。

高中总数的 22.5%，全省半数以上的普通高中已创建为三星级以上优质高中。高中优质教育资源的扩大，进一步增加了学生就读的受益面，全省有超过 78% 的学生在三星级以上优质高中就读。

5. 普通高中专任教师学历水平

高中专任教师 9.78 万人。专任教师中本科毕业及以上所占比例达到 91.7%，略高于全国 89.30% 的比例。其中研究生毕业占本科毕业及以上比例为 1.89%，比上一年增加一倍多。

（二）发展的主要特点

概括起来，江苏普通高中教育发展有以下几个明显特征。

1. 总体发展速度较快基础上的持续发展

以 1986 年、1998 年、2010 年三个重要年份为标志，代表江苏省高中阶段教育分别进入不同的发展阶段。

以 1986 年为标志，全省高中阶段教育毛入学率为 15.43%，高中教育处于精英教育阶段；

以 1998 年为标志，全省高中阶段教育毛入学率达到 51.86%，开始进入大众化阶段，共用了 12 年的时间；

以 2007 年为标志，全省高中阶段教育毛入学率达到 85% 以上，进入普及化的阶段。根据江苏省委、省政府 2010 年全省率先基本实现教育现代化的指标要求，2010 年全省高中阶段教育的毛入学率要达到 90%。由于近年来高中适龄人口的不断减少，这一目标的实现已完全没有悬念，据 2008 年的统计数据，江苏已经提前两年实现了这一目标。

从精英阶段到普及阶段，江苏用平均 3 年左右的时间，跨越普及高中阶段教育的一个台阶（10 个百分点）。从 20 世纪 80 年代末，江苏开始有意识地推动高中阶段教育的发展。以 20 世纪 90 年代初到 2006 年为例，从 1991 年初中毕业生升学率的 38.69%，到 2006 年达到 93.48%，共花了 16 年的时间。

如果以每 10 个百分点作为节点，我们可以看到以下发展轨迹和历程。

从接近 40% 到超过 50%，用了 3 年时间；从 50% 到超过 60%，用了 2 年时间；从 60% 到超过 70%，用了 5 年时间；从接近 70% 到超过 80%，用了 3 年时间；从接近 80% 到超过 90%，用了 3 年时间。增长速度最快的是 1993 年到 1994 年，增长超过 9 个百分点；增长最慢的是 1997 年到 1998 年，为 -1.41 个百分点，全部年份中只有 1998 年是负增长。江苏用平均 3 年左右的时间，跨越普及高中阶段教育的一个台阶。如图 5-4 至图 5-6 所示。

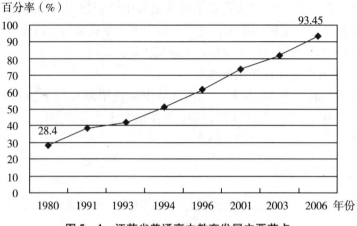

图 5－4　江苏省普通高中教育发展主要节点

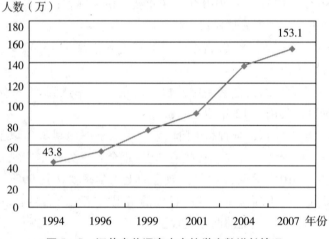

图 5－5　江苏省普通高中在校学生数增长情况

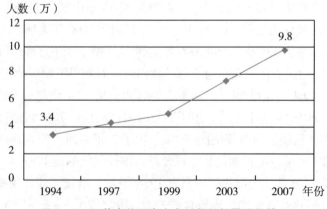

图 5－6　江苏省普通高中专任教师数量增长情况

2. 以学校规模扩张带动区域规模扩张的发展模式

江苏高中阶段教育的发展，尤其是普通高中的发展，采取的基本办法是以学校规模扩张带动区域规模和数量的增长，而不是通过简单地增加学校实现数量增长。从1994年开始，江苏的高中校数不断减少，从957所下降到2007年的781所；而学生数量和学校规模则不断扩大，在校生数从43.85万人增加到2007年的153.12万人，学校规模也从1994年不足500人，扩展为全省平均学校规模为1 960人。

3. 高中学校布局和结构的较大幅度调整

主要表现在三个方面：

一是从学校布局看，持续不断地将普通高中学校从农村向城市和县镇集中，农村普通高中从1994年的240所，减少到2007年的123所，仅占现有普通高中总数781所的16%；城市和县镇普通高中2007年总数为628所，占总数的84%。如图5-7所示。

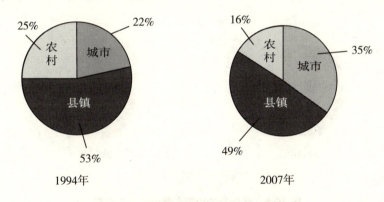

图5-7 江苏省普通高中学校分布情况

二是从学校类型看，从以完全中学为主的办学模式，转向高级中学与完全中学并行的格局。1994年，江苏有完全中学891所，占全省普通高中总数967所的92%。到2004年，全省完全中学经过10年的调整，从891所下降到451所，高级中学从76所上升到330所，占全省普通高中的42%。

三是从高中阶段教育的普职比看，普通高中教育与职业高中较好地保持了1:1的比例。作为制造业大省的江苏，高中阶段教育的普及，必须与产业结构相适应，必须充分发挥职业高中和技工学校在普及高中阶段教育中的作用和功能。因而，普职比作为高中阶段教育的横向结构具有重要的意义。

江苏普通高中招生数占初中毕业生总数的比例，较好地保持在40% ~ 45%：2000年为40.98%，2001年为44.19%，2002年为46.49%（为历年最高)，2003 年为 44.88%，2004 年为 43.68%；2005 年为 43.42%，2006 年为 44.24%，2007 年为 45.63%。

职高和技工学校在高中阶段教育的普及中扮演了重要角色。2003 年至 2007 年职高和技校招生数占初中毕业生总数的比例如下。

2003 年，职高为 30.43%，技校为 6.97%；2004 年，职高为 32.47%，技校为 8.67%；2005 年，职高为 34.22%，技校为 7.93%；2006 年，职高为 37.25%，技校为 8.77%；2007 年，职高为 35.46%，技校为 9.54%。二者所占比例最高年份为 46.02%，超过普通高中的 44.24%。

4. 优质基础上的高位均衡发展

依托原有省重点高中和国家示范高中，采取星级评估的方式，不断扩大优质高中资源，追求效率与公平的统一，实现普通高中教育的高位均衡发展。江苏省优质高中校数占普通高中总校数和优质高中在校生数占普通高中在校生总数如图 5-8 和图 5-9 所示。

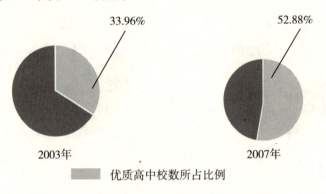

图 5-8　优质高中校数占普通高中总校数

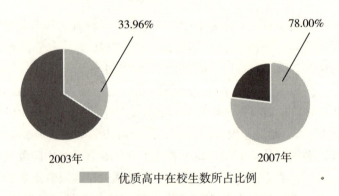

图 5-9　优质高中在校生数占普通高中在校生总数

二、江苏省普通高中教育
发展模式选择的基本经验

江苏省普通高中教育发展模式选择的基本经验，可概括为以下几个方面。

（一）省委、省政府和省级教育行政部门高度重视高中阶段教育的发展

省委、省政府和省级教育行政部门从全省经济和社会发展的全局，以长远的、战略的、超前的眼光，高度重视高中阶段教育的发展。从 20 世纪的 80 年代末 90 年代初，江苏省教委就开始重视高中阶段教育的发展。近十多年来，省委、省政府始终把高中阶段教育的发展作为江苏经济社会发展重要指标，作为满足江苏人民群众接受高层次教育的基本权利和基本需求，坚持不懈地推动和促进江苏高中阶段教育的发展。进入"十一五"以来，2010年高中阶段教育毛入学率要达到 90%，作为全省经济社会发展的重要指标之一写进由省委、省政府出台的江苏相关重要文件，并由省政府领导与各市市长签订责任状。这样一种根据本省实际所作出的重大决策，通过长期不懈的努力，终于取得了重大成就，使江苏的高中阶段教育进入了"准义务教育"的阶段，实现了全省高中阶段教育的"全民性"。①

（二）充分利用高等教育发展的机遇和拉动力

江苏高中阶段教育的发展，尤其是普通高中的发展，能够取得持续进步的重要原因，是充分而有效地利用了江苏推进高等教育大众化的机遇。在江苏省委、省政府决定从 1995 年开始，连续五年每年扩招 1 万人的背景下，1994 年初中毕业生升学率一下从 1993 年的 40% 左右，快速提升为 50% 左右，一年中上升了 9 个百分点，为江苏普通高中的发展"掘了第一桶金"。此后的十多年，江苏高等教育的大众化过程，不断拉动着高中阶段教育的持续发展，二者之间的关系是一种高度的正相关。

（三）面对巨大的社会需求充分利用"市场"的运行机制

高中阶段的教育为"准公共产品"。在政府的教育投入主要侧重于义务教育和高等教育的情况下，长期以来，没有更多的经费投入于高中阶段教育

---

① 资料来源：《江苏省教育事业发展"十一五"规划》。

的发展，江苏的情况也是如此。然而，经历了"温饱"和"小康"后的江苏人民群众，对子女接受高中阶段教育和高等教育具有巨大的需要和愿望，愿意分担更多的高中阶段教育的培养成本。十多年来，江苏普通高中的总投入增长迅速，而政府对普通高中的投入基本不增，所占比例逐步降低到40%以下，非政府投入上升却很快。这就迫使普通高中学校逐步形成了面向社会需要的自主办学能力，能够运用市场运行机制和手段，解决学校发展中的政府投入严重不足的问题。实践证明，普通高中学校具有运用"市场手段"的能力和本领。

（四）发展过程中注重效率与公平的统一

推动和促进高中阶段教育的发展，应与义务教育有不同的目标和策略。高中阶段教育与义务教育性质不同，不能只有"公平"而没有"效率"，而要追求二者之间的平衡与统一；江苏的普通高中星级评估无论如何评价，都有效地促进了普通高中的发展，提供了将"效率"与"公平"统一起来的成功案例。与义务教育发展不同，高中教育在办学条件、师资水平、社会功能等方面都有更高的要求，因此高中教育的发展应在优质化的基础上寻求高位均衡。

（五）宽松的高中教育发展政策与制度

为支持和服务于全省的高中教育发展，江苏提供了一个相对宽松的政策和制度环境。1996年全国高中教育工作会议以后，当时的省教委和现在的省教育厅关于高中教育的文件下发得最少，允许高中学校进行各种探索和尝试。进入新课程以后，关于新课程的文件下发了很多，但也允许根据本校的实际，进行不同程度的变通。处于社会和教育转型的复杂时期，双轨制的变形和扭曲不可避免，纯而又纯、过于理想化和情感化的政策设计，缺少现实的合理性，必然导致实践陷入困境。在基本无法使用财力支持普通高中教育发展的情况下，少发文件，为普通高中教育创设一种宽松的环境，较为明智。

三、江苏省普通高中教育
发展模式选择存在的突出问题

江苏省普通高中教育发展模式选择存在的主要问题和困难，集中表现在以下几个方面。

（一）各级政府对高中阶段教育的投入严重不足

江苏省 2006 年高级中学经费总额为 58.8 亿元，其中财政预算内投入 21.6 亿元，占高级中学经费总额的 37%，家庭和社会投入是高级中学经费来源主体。

普通高中教育的助学体系薄弱，2000—2006 年，通过财政预算内安排的助学金，生均不足 20 元，其中财政预算内安排的助学金生均只有 3 元左右。

表 5-4　我国高中经费来源构成　　　　　　　　单位：亿元

年份	总经费	预算内教育经费	预算内经费占比例	预算外教育经费	预算外经费占比例
1996	169.4	83.2	49%	86.2	51%
1998	241.7	109	45%	132.7	55%
2000	346.2	148.8	43%	197.4	57%
2003	676.9	289.4	43%	387.5	57%

资料来源：《我国普通高中教育成本分担研究》，《教育发展研究》2007 年第 7 期。

由表 5-4 可知，不仅仅是江苏的普通高中经费政府投入严重不足，而是全国的普遍现象。从 1996 年到 2003 年普通高中教育的总投入不断增长，预算内教育经费所占份额则不断下降，从 49% 下降到了 43%，而预算外教育经费所占比例从 51% 上升到了 57%。

部分地方政府认为公办高中是优质教育资源，存在着"靓女先嫁"的看法，对公办普通高中有"甩包袱"的倾向。相当一部分地方政府鼓励高中"乱"收费，并对高中收费实行"提成"，以弥补财政不足。实施免费义务教育以后，仍有部分县区政府将公办高中改制为民办高中，或暗地里支持完全高中的初中部改制为民办初中等。

政府投入不足直接导致普通高中学校的"办学困境"。具体表现在以下几点：

一是尽管有"三限"规定，但普通高中面对社会的普遍择校行为，不规范收费问题难以禁止；

二是公办普通高中"公有民营"、"公办民助"、"校中校"等"公"、"民"不分的体制变形和扭曲较为普遍。当然，在教育转型期这种现象的发生需要进行具体分析，而不是抽象批判和乱扣"帽子"；

三是由于普通高中招生直接关系学校生存和发展，因此每年学校之间的招生竞争日趋激烈，各种手段花样翻新；

四是由于学校规模越大，经费越充足，因此大规模招生的学校越来越多，在校生数越来越多。很多百年名校、老校也无法摆脱不断扩招的命运，学校规模不断扩大，同质化现象越来越严重。

（二）地方政府对普通高中的管理严重"错位"，加剧了普通高中的升学竞争

部分市、县（区）级政府对普通高中学校的管理严重"错位"，"一对一"地下升学指标的现象比较普遍。因升学率的下降导致的撤局长、撤校长的情况只是偶有发生，但因升学率上升而重奖局长、重奖校长、重奖教师的现象则非常普遍。政府的不当管理加剧了基础教育阶段的升学竞争，普通高中"应试教育"愈演愈烈，学生、教师和校长承受着过重的心理和身体负担。高中课程改革推进艰难，多数学校很难放开手脚，只能带着镣铐"跳舞"。"应试导向"也从另一个方面加剧了普通高中学校的同质化、单一化倾向。

（三）经济相对落后的地区普通高中快速发展带来相应问题

由快速发展和规模扩张所带来的普通高中资源紧缺，在苏北地区表现得比较突出，于是形成了以下三个普遍问题：

一是学校规模过大。规模4 000人左右的学校较为普遍，万人左右规模的学校也不在少数。

表5－5　苏北某地级市学校规模

星　级	校数（所）	平均学校规模（人）
四星学校	4	6 797
三星学校	10	4 150
二星学校	13	2 369
一般学校	15	1 135
平均	42	2 774

二是大规模"出现"民办高中，以弥补公办高中的数量不足，与公办高中平分"天下"。

三是优质资源不足，苏北地区公办高中本身数量不足，民办高中本身更缺乏优质资源。

（四）生源下降后的普通高中学校，将面临新的调整和多方面的挑战

从 2007 年开始，江苏省初中毕业生数开始下降，比 2006 年下降约 5 万人。据江苏省教育厅统计：义务教育阶段在校生数自 2005 年以来持续减少，与 2004 年相比，2007 年小学在校生数减少了 150.21 万人，平均每年减少50 万人以上；初中在校生数减少了 72.17 万人，平均每年减少约 24 万人以上。据初中在校生数预测，从 2008 年开始的近三年，全省高中生源将以每年 15%～20% 的比例下降。

普通高中生源下降，客观上有利于全省高中教育的整体发展、内涵发展和长远发展，但也会在一段时期内出现"阵痛"，并将可能会面临以下新的调整：

——引发普通高中布局、结构的新一轮调整，将有相当数量的民办高中和薄弱公办高中关门"倒闭"；

——打破普通高中招生的现有格局，进一步加剧和恶化生源大战。普通高中学校之间有可能出现两极化现象，部分学校规模有可能进一步扩大；

——高中办学资源的大量闲置不可避免，需要研究充分利用的问题；教师大规模分流问题有可能出现，需要相应政策保障；

——普通高中面临着管理和教学的重大变化：从大规模学校到小规模学校，从大班化教学到小班化教学。

四、江苏省普通高中教育发展模式选择的对策与建议

基于江苏普通高中教育发展的现状和问题，根据今后几年全国将进入普通高中发展的重要机遇，我们分三个层次提出以下建议。

一是建议教育部近期是否可以考虑抓好以下几项工作：

1. 研制《中国高中教育发展纲要》，明确未来 5～10 年中国高中教育发展的主要战略目标，东、中、西部分区域、分层次、分步骤实施的战略规划。

2. 研制有利于（而不是限制）促进高中教育加快发展、稳步发展、长期发展的政策设计和制度安排，要明确全国统一的高中教育发展基准的低限，逐步建立稳定的高中教育投入机制。

3. 建议国家财政出资，设立"西部高中教育发展攻坚计划"，设立国家

普通高中学生奖学金、助学金制度。

4. 研制并尽快出台《普通高中教育法》，从法律上明确高中教育的性质、功能、作用、任务等重大问题，从根本上保障高中教育的发展。

5. 召开全国普通高中教育工作会议，对发展普通高中教育的战略意义和重要机遇，发展普通高中教育的目标、任务和措施等，作出全国性的部署。

二是建议省级政府：

1. 对江苏省高中教育的发展制定 5 ~ 10 年的发展规划，明确提出发展的指导思想、主要目标、基本思路、相关政策与措施等。

2. 江苏省级政府要把高中教育的发展作为政府的主要责任之一，省级财政要不断增加对高中教育的投入，以地方法规的形式明确政府、家庭、社会对高中教育成本的分担责任。

3. 建立江苏省内统一的普通高中教育基准，省级财政对本省经济欠发达地区建立普通高中教育转移支付制度，实行本省普通高中学生奖学和助学基金制度。

4. 在江苏省范围内研究和制订高考招生制度的改革，逐步实行高考、招生与高中教学、管理、评价脱钩的方式，使本省范围的"应试竞争"全面"裁军"；加强对省级各类媒体的舆论导向，减少对高考成绩及高考状元的渲染和负面报道，为普通高中的健康发展创造良好的外部环境。

5. 建立区域内统一的教师合理流动制度，增加省级教师培训专项资金，加大省级教师教育和培养力度，为高中教师发展提供良好的制度环境。

6. 制定江苏省普通高中学校发展标准，明确普通高中管理规范，为学校建设提供专业平台和服务。

三是建议市、县政府：

1. 制定对市、县高中教育的发展近中期发展规划，明确提出发展的指导思想、主要目标、基本思路、相关政策与措施等。

2. 明确市、县政府为本地高中教育发展的主体，有经费投入、宏观规划、协调统筹的重要职能。严禁地方政府对高中教育甩包袱，严禁地方政府随意改制和转买公办高中；要不断增加市、县两级对普通高中发展的经费投入。

3. 市、县政府要创造良好的普通高中教育发展的外部环境，避免对升学竞争的不当炒作和渲染，淡化高考升学率的竞争。要严格禁止市县政府对普通高中下升学指标的错误做法。要在本地建立公平、公正的高中招生制度。

4. 教育行政部门要帮助学校自主发展，明确普通高中的社会责任；建立普通高中教育共享资源中心，建立城乡学校对口支援制度，建立本地统一的教师合理流动机制，推动区域普通高中教育整体协调发展。

东部区域校本案例分析一：

天津耀华中学弘扬学校文化传统，不断进行改革创新

天津耀华中学已历经八十载沧桑。今天的耀华中学已然成为名贯东西、声闻南北的教育品牌。阅读丰厚的校史素材，反观耀华的发展脉络，透视耀华的行进轨迹，对名校历史追问，只有透过史料，才会得到精当的回答：这是用"平凡"垒就的"卓越"，用"骨气"积淀的"不朽"。通过洞察这所学校厚重的历史积淀以及从中凝结出的深邃的学校文化特质，可以看清她在顽强坚韧品格下的行进轨迹——八十年风雨兼程，八十年薪火传承，八十年励精图治，八十年开拓创新，从而树起耀华中学坚实的丰碑。

天津耀华中学自1927年建校后，即以爱国为魂自然生成学校文化，包天地之大气、舒民族之豪气、显人杰之灵气，在耀华校园生生不息，福荫万千学子，润泽书香门庭。耀华文化所蕴涵的价值观念、行为准则、气质特点和精神风貌已凝固为意识形态，书写成"勤朴忠诚"的校训。

一、耀华中学的数字世界

跨越时空的数字：从1927年耀华前身天津公学创办起，耀华纵跨两个世纪，历经旧、新中国两个时代，走过了5个历史时期（国内革命时期、抗日战争时期、解放战争时期、经济恢复时期和改革开放的新时期）。岁月的流逝反映的是过程和积累，表征的是耀华的成熟度。

教学质量的数字：1936年，耀华首届高中毕业生44人参加天津市首届高中毕业生会考，前5名中有4名为耀华学子，名震沽上。这种优势竟80年长盛不衰。20世纪60年代初，教学质量在天津市独领风骚，初、高中毕业生100%升入高中和大学，恢复高考制度后，考入大学的比例及考入重点大学的人数稳居全市前茅。

2000年以来，耀华每年为全国各类高校输送近1 000名优秀毕业生，1998年至今，从耀华园走出了8名高考状元，其中理科状元6名，文科状元2名。全国重点高校录取率高于97.3%。2005年考入清华、北大的耀华

学生 46 人，2007 年考入清华、北大的耀华学生 48 人，均占两校在津招生人数的 40%。

耀华学生几十项科技成果先后获全国青少年科技创新大赛一、二等奖，更在国际中学生奥林匹克数学、物理、天文等竞赛中屡获金、银、铜牌，近5 年来有 500 多人次获天津市各学科竞赛一、二等奖，百余人次获全国高中奥林匹克竞赛一、二、三等奖，近十名学生在尚未毕业时，因在全国竞赛中成绩突出，被北京大学"预"录取。

校园生活的数字：从耀华建校初期起，学校就十分重视文体活动和社团活动。耀华的体育运动从 20 世纪 30 年代起便享有盛名，学校的篮球、足球、排球、垒球、田径在天津市比赛中屡获佳绩，名列前茅；20 世纪 40 年代，学校的歌咏团、话剧团、舞蹈队、口琴队、国剧社、演讲组等社团活跃在校园中和社会上，成为抗日救国的一支特种部队。学生中有自己出版的刊物《耀华社》。这一传统竟又是 80 年不变。

二、昨天的耀华：厚重的历史文化从孕育到成熟

一所学校的精神是不能自发产生的，它的孕育和生成首先取决于校长的引领和栽培，同时依赖全体师生员工（校园人）在长期践行中培育，逐步凝聚为校园人共同追求的价值判断和价值取向，并体现和渗透在学校环境文化和制度文化当中，成为一种相对稳定的价值观体系。耀华文化的历史积淀，正是经历了这样一个完整的过程。

（一）爱国教育家赵天麟校长，将"教育救国"之种撒播于耀华

耀华的前身系天津公学，1927 年创立的初衷就是为居住在英租界地的中国纳税人子弟争取上学读书的权益。这所"大振民族雄风、大长国人志气"的学校，从"十月怀胎"起便与中华民族的苦难和中国人民的抗争建立了患难与共、同舟共济的关系。创办之首功，当归于煤炭界爱国名人庄乐峰先生。

天津公学第三任校长赵天麟（字君达），早年留学美国，在哈佛大学获法学博士学位和金钥匙奖，决心用"金钥匙"打开科学救国的大门。于1914 年出任北洋大学校长，在全国第一所公立大学治学期间颇有建树，但为抗议北洋当局对学生代表的制裁，任职 6 年之久的赵天麟毅然辞去北洋大学校长之职。

赵校长到任后的第一件事情是将"光耀中华"的深刻内涵跃然匾上，

同时谱校歌、树校旗、定校色、撰写校志铭（《天津耀华学校记》和《本校礼堂落成记》），从此，校训"尚勤、尚朴，唯忠、唯诚"的价值追求便成为耀华中学数十载办学的灵魂，成为培育千万耀华学子成才的法宝。赵天麟先生短短的 4 年任期，不仅使耀华的办学质量蜚声海内外，而且最为重要的贡献是在耀华的文化积淀中注入了他本人用鲜血染就、永不褪色的殷红色调——民族气节和爱国情怀。

1937 年"七七事变"以后，天津沦陷，赵校长邀集租界内数十名校长和教师秘密聚会，一致通过"继续使用原教科书，不更改抗日救国的内容，各校一律不买日货，学校照常升国旗，学生增加军训一小时随时准备参加抗日战争"的决定。赵校长在耀华开设二部制的"特班"，接收了从沦陷地涌入英租界千余名失学的学生；还将参观学校的日军头目拒之门外。赵天麟的民族气节和抗日举动激怒了日本侵略者，被列入日本特务杀戮的黑名单。面对死亡的危险，赵天麟大义凛然，视死如归，遗嘱中引用了"我自横刀向天笑，去留肝胆两昆仑"的诗句。1938 年 6 月 27 日，在君达公去耀华上班的路上，惨遭敌人暗杀，壮烈殉难，血溅轩辕。

赵天麟校长被害，震惊耀华园，震惊华夏。然而，烈士的血没有白流，鲜红的颜色永远流淌在耀华历史文化的积淀中，成为耀华精神文化的内核。

解放战争时期，在中共地下党的领导下，耀华中学成为反对国民党反动统治的阵地。耀华中学的中共地下党员 39 人，民青、民联成员 79 人，还有 30 多名学子投笔从戎，参加了中国人民解放军。广大师生在地下党的领导下，同国民党反动势力展开了殊死的斗争，耀华中学《学生》等进步刊物相继出版，未名学生会、鲁迅图书馆、女生图书馆、壁报联合会等进步社团先后成立。耀华园的学生革命活动成为天津市学生运动史上光辉的一页。耀华的地下党员和"民青"、"民联"成员为解放天津，作出了不可磨灭的贡献。

耀华师生在各个不同的历史时期所表现出的这种爱国热情和民族责任感绝非偶然，这是以赵天麟校长为代表的耀华教育先驱亲身践行、精神教化的使然，是存在于耀华园时空中、浸入耀华人灵魂里的文化力量；是通过潜移默化、滴水穿石所形成的一种矢志不渝的信念，于是才有代代耀华人薪火相传，生生不息。

（二）爱国教育家赵天麟校长，将"教育兴国"之根深植于耀华

1934 年，赵天麟先生带着他多年实践、积累、总结的教育思想，承接

了耀华中学校长的重任,耀华这所中学成就了他完整的"全面育人,教育兴国"的思想。

赵天麟将中国的传统文化与西方现代教育思想融合,专制管理与民主开放融合,人文思想与科学精神融合。他围绕着校风、教风、学风的建设,制订了一整套"严格管理、严谨教学、严肃学纪"的治校方针,他主张"教学相承,渊源接续",推行"校长负责,专家治校"的管理体制。他以国际一流学校为参照,购置了先进的教学仪器、设备、设施,特别是他倾全力招贤纳士,将清华、北大毕业生作为学校师资的主要来源,为高质量办学奠定了人力资源基础。

在赵天麟校长教育思想的影响下,耀华中学几十年来一贯坚持全面发展的育人目标,智德体诸方面协调促进,无一偏废。

耀华中学的教育思想,就这样从孕育到生成,日臻完善,提升为"治学严谨、管理规范、崇尚科学、修养人文、融通中西、追求全面"的完整的教育教学理念。

三、改革开放以来的耀华中学:灿烂的历史文化在传承中创新

(一)校长领跑　传承着耀华中学的历史文化

金秉真校长受命于危难之时。在任六年,她遵循耀华传统,首先抓住品德教育,弘扬耀华人团结互助、朴实肯干、谦虚诚恳、艰苦奋斗的作风;接着狠抓课堂教学,落实基础知识和基本技能的"双基"要求,严肃教学纪律和教学秩序,仅用三年多的时间,学校的教育教学质量已全面恢复到"文革"前的水平,1982年,高、中考成绩名列全市第一。金校长秉承耀华"全面育人"的教育思想,注重培养学生的多种能力,广泛开展课外活动。

阎治身校长带领耀华实现了新时期的新的飞跃。阎校长自1954年起任教于天津第十六中学,1984年始担任校长达16年之久,他引领全校师生大胆创新,锐意改革,为耀华中学在21世纪驶入发展的快车道准备了充分的条件。

阎治身校长在任的16年,启动了耀华中学教育教学的整体改革,为耀华中学在21世纪的腾飞奠定了坚实的基础。

曲丽敏校长引领耀华中学走向了可持续发展的快车道。曲校长上任后,以她在本校长期教学和做副校长工作的思考和体验,确信只有抓住了"学校文化"这一"觉得出,看不到"的灵魂,把它作为全校师生的价值认同,

再不断注入时代内涵，学校才会在新世纪的挑战中立于不败之地。

（二）时代精神丰富着耀华中学的历史文化

"昨天的耀华"开创了辉煌的办学历程，沉淀下厚重的历史文化，给耀华人留下了宝贵的精神财富。"今日的耀华"的领导意识到：耀华历史传承下来的财富，包含了几代人的心血，凝聚了几代人的智慧，是一笔极其宝贵的财富。珍惜一切有利于学校发展的历史资源，将其挖掘出来，就是今天和未来耀华的发展基石，为了使所有耀华人认同这个道理，曲校长首先将镶嵌在耀华中学礼堂前庭墙壁上、由耀华的奠基人赵天麟烈士撰写的两块碑文——《天津耀华学校记》《本校礼堂落成记》，请学校语文老教师侯安鸿先生将其标点、注释，译成现代文，取名《校志铭》，发给学生作为入学的开篇之课，学习这里包含的深邃的智慧和爱国情怀。在曲校长为《校志铭》写的序言中摘录一些文字，可以领会其中的意图："这两块碑文撰写于三十年代，距今已有六十余载，但其精神不因年代久远而稍显暗淡，也不因岁月流逝而略有减损，耀华精神是不朽的，耀华精神是永存的……认真学习，从中可以受到真的洗礼、善的涤荡、美的陶冶；感悟到我耀华所特有的博大精深的文化意蕴。"侯安鸿先生在《注译者序》中亦写道："吾辈后生，岂可数典忘祖，不屑一顾；耀华学子，切莫饮水忘源，视若无睹。"从此，耀华中学《校志铭》便成为所有耀华人了解耀华、读懂耀华、融入耀华的经典必读。

耀华的文化是精神层面的东西，需要传承和发展；然而这种精神又是无形的"载体"，即体现和折射出学校文化的人、物、史实。桩桩举措表明了耀华新一届领导不仅满怀历史责任感承担了传承的义务，而且以敏锐的时代感，为厚重的耀华历史文化注入了新世纪的时代内涵。正如侯安鸿老先生所颂："学校领导，识见不凡，慧眼独具；想人之未想，见人之未见；识贤文于幽暗，颂华章于诸生；弘耀华之传统，扬耀华之精神——勇为前人不为之事，非金玉其外，急功近利，乃润物无声，惠及众人：此诚难能而可贵者也。"

站在时代文化的前沿，构建完整、稳定、可行的办学方略——把学校教育的落脚点定在："为成功的人生奠基。"为达到这一教育理想，对教师提出"用成功的教育，教育出成功的人"，既体现"教无定法"的教师个性，又归宿到"培养出成功的人"这一共性上。

自觉实现三个创新：一是在管理体制、运行机制上创新，形成充满活力的教育机制；二是在教学上创新，使学生具有高效的学习方法，持久的学习动力，终身的学习能力；三是德育创新，狠抓基础性，重视层次性，突出实效性，每一个耀华中学学生身上体现"勤朴忠诚，奋发有为"的鲜明特色。

（三）有效实践推动着耀华中学的历史文化

自 2002 年起，耀华"办学方略"通过实施"六项工程"得以逐步实现，理念层面的东西广泛而具体地统领了操作层面，而操作层面的实施又不断充实了丰满的理念，从而形成学校鲜明的办学特色。

——二次创业工程。教育发展进入新的世纪，1927 年的建设规模远远不能满足需要，耀华要实现再度飞跃发展，必须突破硬件（占地面积、校舍、设备设施）的制约。借天津市中小学布局调整的契机，班子成员不畏困难，征得规划局的配合，将耀华里（已经被卖出）的土地归于学校用地。学校占地面积从 49 亩增加到 80 亩，建筑面积从 26 000 平方米增加到 66 000 平方米。新的教学楼、体育馆、校舍楼、食堂、宿舍、游泳池及改建的图书馆和运动场，与学校原有的建筑浑然一体。

——绿色工程。学校营造"环境"与"精神"双重无污染的校园。学生在自然生态和人文精神相融合的氛围中，感受环境的"绿色"与人文的"绿色"、天然的"绿色"与营造的"绿色"相得益彰。

——阳光工程。将教师比做阳光，耀华中学全体教职员工以崇高的事业心把师爱的"阳光"播撒到每一个学生心里。为使每一个教师成为学生心中的阳光，耀华中学在教师培训方面，投入较多人力、物力、财力，连续三年围绕"教师形象工程"制订工作主题。

——数字化工程。在 2002 年扩建时，学校领导组织技术力量进行了全面论证，新构建的网络条件达到了全光纤、高内存，预留了足够的升级空间，无线电网络技术已覆盖校园露天广场和所有会议厅、教室。同时将软件建设与硬件建设同步，提升全体教师网络应用与学科教学的整合能力，在全校员工中普及办公自动化。今天的耀华中学已成为以现代信息技术为标志的数字化校园。

——希望工程。学校形成"一机两翼"的平衡格局，耀华中学是主机，两个民办校为机翼，希望几年后机翼带动主机在国际化的领域展翅翱翔。短短 5 年时间，兴办了两所民办学校，达到公办、民办优势互补，耀华中学呈现了多元发展的战略格局。

——校园无边界工程。进入新世纪，耀华人以全新的姿态，打开了对外交往的大门。他们与社区建立了密切的关系，同时在国内与东北三所名校建立了"四校联合体"，名校间取长补短，优势互补；与昆明官渡区建立了长期教学交流；与贫困地区、西部地区建立了"手拉手"的支持与援助。学校的校园常年接待来自各国学习的学生。异国文化的碰撞不仅增加了彼此的了解，增进了友谊，促进了团结，还向国外传播了中国文化。2007年学校被国家确认为"对外汉语言培训基地"。耀华园从"封闭"走向"开放"，不再有学校"边界"，她已然成为中国的耀华、世界的耀华。

（四）一身正气创新着耀华中学历史文化

耀华中学的校级领导和中层干部始终遵循"平凡而不平庸"的追求，"集中而不集权"的管理，"投入而不投机"的工作，"严格而不严厉"的教育，这些管理理念是实现学校持续发展的关键，也是建设现代学校文化的关键。

耀华的这个领导集体，也在耀华腾飞的过程中愈益成熟起来，通过对教育教学的实践和探索，使一些较为朦胧的思想逐渐清晰起来。表现在耀华中学在办学方略上的六个转变。

——在办学目标上：由追求办成国际知名、国内驰名学校转变为追求办成培养高端人才辈出的学校，立足于使学校造就出一批批德才兼备的、有责任感的人。这一转变体现耀华人的思想从功利走向务实，从浮躁走向沉静。

——在学校形象上：由追求象牙塔式的"高雅"转变为主动贴近民众，建立与纳税人的鱼水情结，为社区敞开大门、互动交往的亲民形象。这一转变使耀华人从理想化走入现实，拉近了教育同社会的距离。

——在学校管理上：由约束为主的制约机制转向以赏识为主的激励机制。这一转变使管理者与被管理者由分离走向融合，由依靠少数人办学走向依靠和相信大多数人。

——在教师队伍建设上：由催生和包装少数骨干教师成为"名师"、"大师"转变为创设人才成长的环境，鼓励每一个教师自我成长、自主成才。这一转变体现了公正、平等的人文性，骨干教师的紧迫感和新教师成长的内驱力都增强了，形成了你追我赶、见贤思齐的局面。

——在育人要求上：由安排德育处和班主任负责学生品德教育转变为全员育人，学校中的每位教职工都要承担育人的责任。这一转变提高了教职工自身修养和自我完善的紧迫感，提高了教职工修炼自身教育者风范的自觉性，从而营造了教师、职工与学生共同成长、共同走向成功的氛围。

——在学生特长培养上：由特长生"阳春白雪"式的提升，转变为全体耀华学生人人参与，培养学生掌握一种以上艺体特长。这一转变激发了学生的潜在才能，使学生的情感世界得到了陶冶和润泽，提高了学生追求真、善、美的高雅气质。

（五）德艺双馨升华着耀华中学的历史文化

回顾"昨天的耀华"，一个重要的规律性的启示是，耀华在她发展的各个阶段，都拥有一批批名师，在学生心中永不消逝，亦使耀华的社会声誉经久不衰，像一盏盏明灯，照亮了耀华发展的历史长河。

耀华领导清醒地认识到，今天的学校，要成为人民满意的学校；今天的教师，应是德艺双馨的教师。

1. 教师的精神成长是"为师之魂"

今天的耀华倡导一种新的教师成长观，即关注教师精神生命的成长。耀华教师渐渐增强了一种意识：不仅要"育人"，而且要"育己"。把教师在教育事业中的追求，视为教师职业内在尊严与欢乐的源泉。就这样，"以人为本"这个哲学命题在这里实实在在地落实到了作为"人"的教师身上。教师的这种事业追求成为他们成就自我、完善自我、超越自我的精神支柱。今天的耀华园，人们开始形成了一种对教师职业的共识：教师身上所集中体现的时代理想和精神，必须以实现国家和民族的富强为己任。

2. 教师的职业道德是"为师之本"

耀华的领导始终把教师的职业道德和职业态度的养成放在队伍建设的首位。把教师品质中的诚实、善良、坦荡、大度、诚恳、公正、勤奋、顽强、无私、奉献等，放在长期实践中去锤炼。这一切集中体现在一个"爱"字上。曲校长在教师之中反复强调爱的重要，要求所有耀华教师对学生都要有爱的意识、懂爱的途径、讲求爱的艺术，让学生实实在在地感受到老师的爱。学校领导对教师有严格的行为规范，2005 年，在全校教师广泛参与下，形成了"耀华中学教师形象标准"和"职工形象标准"，从各个方面规范教职员工的行为。

3. 教师的育人能力是"为师之道"

学校高度重视班主任队伍建设，逐渐摸索出一套注重基础、注重层次、注重实践、注重成效的"四重"班主任校本培训模式。

学校先后邀请刘惊铎博士等专家学者前来为全校的班主任进行体验式德育理念和实践操作模式的校本培训。学校班主任校本培训的目标是，将耀华的班主任打造成为各具特色班级教育的专家，成为学生知识的传播者，智慧的启迪者，精神的熏陶者，成为对学生充满魅力的人生道路的引导者。

为实现上述目标，学校从 20 世纪 90 年代开始制订并实施了"三、五、八、十"班主任成长规划。历经十余年的实践总结，"三、五、八、十"班主任成长规划已成为耀华德育工作的最大特色。

4. 教师的科研能力是"为师之源"

为了提高教学研究水平，耀华中学遵循"科研兴校、科研促教"的理念，开展了一系列课题研究，承担了国家级科研课题 5 项，市级科研课题 6 项。教科研与教研的密切结合，以案例为切入点的校本教研，不仅解决了教育教学中的"问题"，提高了教育教学质量，而且使教师增强了教学中的研究意识，"在实践中研究，在研究中实践"蔚然成风，极大地促进了教师的专业化成长。耀华中学十分注重通过教科研，打造坚强的"教师团队"，把多年有效的做法，上升为教学的理念，如"关注细节，构筑优秀"；"落实才有提高，配合才有保障"；"工作状态下研究，研究状态下工作"；"钻研是基础，检查是手段，学生是载体，分数是标志"；"信心教育必须，养成教育必要，感恩教育必有，激励教育必然"；"着眼点要远，立足点要近，起点要低，基础要实"，等等。

通过多年来有效的、持之以恒的教师队伍建设的措施，"今天的耀华"中青年教师迅速成长，新一代名师不断涌现。教职员工中，有大本以上学历355 人，硕士学位 65 人，硕士课程班 120 人，双本科学位 11 人，特级教师18 人，高级职称 133 人，中级职称 66 人，出国进修一个学期以上的 14 人，市级十佳教师 6 人，市级以上学科带头人 10 人，区级学科带头人 15 人。教师们以敬业乐群的职业精神不断实现新的超越。

这一切措施，促进了新教师的快速成长，耀华中学后继有人，这是耀华可持续发展的最宝贵的人力资源基础。

（六）耀华学生身上折射出的现代学校文化

昨天的耀华人才辈出，群星璀璨。今天，耀华遵循"为成功的人生奠基"的办学理念，正在培育着新时代的耀华学子。

1. "四性一坚持"的德育原则

近年来，耀华中学在德育工作中始终遵循"四性一坚持"的原则，在文明礼貌、明理守法、言谈举止、形象气质等个人修养方面强调普及性；在理想信念的追求和价值观选择上体现层次性；在思想道德修养的锤炼上坚持实践性、体验性、感悟性；在学生动机上强化"知行统一"，引导自我发展意识。学校提供广阔的实践空间，利用一切可利用的资源，让学生在自身参与中，丰富情感世界，积累多种素养。学校引导学生通过播种文明行为，获得良好习惯；播种良好习惯，收获高尚品德；播种高尚品德，收获人生成功。

2. 学生成才四要素

首先，耀华学生注重良好行为习惯的养成。

耀华对学生日常行为有严格的规章制度，而且是强制性的要求，大到作息制度、出操集合，小到摆放自行车、着装发型，所有学生无例外地按规章践行。

其次，耀华学生关注高尚道德修养的积累。

耀华学生一方面自入学起就读校训、学校史、唱校歌，从耀华历史文化中汲取耀华人几十年所信奉的价值观；另一方面，学生通过各种活动和渠道接触社会，拉近同民族、同国家、同社会、同人民的距离，在走进"成人"之前，开始感悟"国家兴亡，匹夫有责"的民族责任感。

再次，掌握扎实的知识、技能和获取知识的方法。

耀华学生继承耀华历史上璀璨群星"追求卓越"的精神，刻苦学习，争做"一流的学生"。耀华学生渐渐形成了一种传统和习惯——会学习。只有"会学习"，才能提高学习的效率和成就，而提高了效率就赢得了时间，扩大了空间。

最后，获得多种能力，如生存能力、合作能力、创新能力、语言表达能力、艺术鉴赏能力。

历史上，耀华学生曾以对党的赤诚，投入到火热的阶级斗争、政治斗争和战争中去；在今天和平时期，耀华学生则把自己投入到丰富多彩、富有时代气息、充满挑战的社会实践中去，去历练自己，增强诸多在课上无法得到的能力。

3. 活跃在社会大舞台上的耀华学生

所有耀华人都不会忘记，在耀华几十年的发展史上，校内学生社团是耀华生命力集中体现。无论是抗日战争时期、解放战争时期，还是新中国成立初抗美援朝战争时期，耀华的学生社团活动都起到了推动和鼓舞正义，战胜邪恶的作用。

今天的耀华学生把学校社团活动同社会实践紧密联系，走出了一条学校社团活动的创新之路。进入新世纪以来，除耀华园传统的文艺、体育团体一如既往、保持辉煌外，还出现了若干社团活动的亮点。

耀华中学心理健康使者团

该社团由著名青少年心理辅导专家、耀华心理健康教师张丽珊于1999年吸收了8位耀华学生为同龄求助者进行帮助。这8位同学便是使者团的第一批使者，而且在"助人"的同时，"自助"成长，到高中毕业时，4位升入北京大学，1位升入清华大学，1位升入复旦大学，2位升入南开大学。1999年建团以后，始终坚持"自助，我心成长；助人，播撒阳光"的社团宗旨。经过8年的成功运作，使者团取得了惊人的成果，数百名耀华学生加盟使者团。

耀华中学爱心志愿者社团

21世纪之初，该社团成立，几年来数千名爱心志愿者用自己的行动培育着爱心、奉献着爱心、连接着爱心、享受着爱心，在把爱洒向别人的同时，也感受爱心的阳光沐浴着自己的心灵，焕发自己迈向成功。

原创音乐社

该社团创立于2006年5月，以创新为特色，以原创音乐为形式，以乐曲创作和音乐知识学习为主要活动内容，激发学生的创造性思维。

类似的社团不胜枚举。学生在社团中得到锻炼。至于耀华学生在体育、文艺上的优势则是长盛不衰。

耀华学生的"玩"，"玩"出了品格，"玩"出了才能，"玩"出了智慧，"玩"出了成就，"玩"出了健康，"玩"出了愉悦，一句话，"玩"出了素质。这就是今天耀华的学生文化。

东部区域校本案例分析二：

山东省潍坊一中的转化与重生[①]

2005年由潍坊市政府投资、可容纳6 000多名学生的全日制、寄宿制潍坊一中新校址正式启用。这对有着近百年历史的潍坊一中来说，注定要面临着一场严峻的挑战和考验。超大规模的学校如何发展？硬件条件上去了，软件实力如何提升？为此，潍坊市教育局及时调整充实了学校领导班子，由时任潍坊市教科院院长的曹红旗出任校长兼党委书记。化蛹成蝶的过程是痛苦的，学校改革无法遵循简单化的逻辑进行单一探索，潍坊一中的选择是：在

---

① 资料来源：2008年9月23日《中国教育报》。

三驾马车拉动下前行。

一、启动教学改革——自主高效优质课堂

潍坊一中以课堂教学改革作为自己重生的起点，引领全校教师精心打磨课堂，努力实现课堂教学的转型。

（一）人人参与提出课堂教学改革目标

2005年暑假，潍坊一中开展了"基于问题解决、致力创新共享与课堂教学改革大讨论"。明确提出构建"自主高效优质课堂"的课堂教学改革目标。

教学改革目标的明确仅仅是改革课堂的第一步。他们在学习与研究的基础上，进一步提出了实现目标的策略：突出两个中心、构建六项有效教学。"两个中心"是指，在师生关系上，要以学生为中心；在教与学的关系上，要以学习为中心。"六项有效教学策略"则是先学后讲；"三讲"、"三不讲"，即重点讲易错点、易混点、易漏点，学生已经学会了的不讲、学生通过自己学习能够学会的不讲、教师讲了学生怎么也学不会的不讲；及时矫正、反馈；"三布置"、"三不布置"，即不布置重复性作业、惩罚性作业、超过学生合理学习限度的作业，布置发展学生思维的作业、引导学生探究的作业、迁移拓展和提高能力的作业；创设有效问题情境；删除无效教学环节。

这些愿景与策略就像是一面镜子，每位教师几乎每天都会去照一照，有的教师甚至把它们手抄下来压在办公桌或家里写字台的玻璃板下，备课之前先读上一遍。

（二）构建生长取向的学习型团队

要使教学改革在课堂里真正发生，就必须促使每位教师都创造出自己的关于新教学实践的理念。

学校提出，每个教师都要有课型意识，要在透彻研究教材的基础上，总结自己在讲各种课型时所用的教学方法，然后，就同一个课型，同备课组的教师反复互相听课、讨论，形成较完善的备课思路。学校帮助教师邀请学科专家、教育专家和校内学科研究小组对有代表性的课例进行诊断性研究，反复实践和打磨课型案例。最后，各科公选出有代表性的课型案例，以公开课的形式对全体教师开放，并将课型教案或教师的说课稿发表在校刊上供教师

们讨论、学习、借鉴。这样，各科以备课组为单位形成了一个个学习型团队。在团队的各种互动对话中，学校提出的"六项教学策略"有了真正落实到课堂中的可能性。

（三）反思促进教师不断超越

当潍坊一中的教师们思考课型模式和教学模式的时候，他们实际上有了一个反思平台。教学反思不再是漫无边际、无法把握的空想，而是有着具体目标的聚焦式反思。学校适时通过精心组织的备课组活动、专家的诊断与引领、校刊讨论专栏、各种讲课比赛等，为教师们对自己课堂教学改革的反思与重构提供帮助与支持。

现在，潍坊一中教师们感受最深的是，提炼课型模式与教学模式为全校课堂教学改革带来了深刻变化。由于提高了课堂教学效率，学生们去图书馆看书的时间多了，参加社团活动的时间多了，发展兴趣爱好的时间也多了，学校正逐渐成为真正对学生进行素质教育的殿堂。

二、重建管理机制——"五会四部七中心"

（一）创新组织管理，打造级部管理实体

按照决策与领导、管理与执行、服务与反馈三个系统，潍坊一中把内部管理机构设置为"五会四部七中心"，形成了扁平化管理和项目制管理的新格局。另外，学校还设置了若干个学术性组织，作为学校内部管理机构的辅助和支撑。

潍坊一中"五会四部七中心"的管理模式解决了两个困扰很多超大规模高中的难题。首先，它的目标是把级部打造成为真正的管理实体，以解决过去学校管理层级过多所导致的工作效率低的问题，真正实现学校的低重心管理。其次，它改变了过去各部门与各级部职责交叉、分工不清、管理过分追求精细化所导致的人人忙于事务，无法梳理、分析问题，因此使学校管理工作总是在低水平徘徊的局面。

（二）改革考评机制，营造通力合作气氛

改革对教师的考评机制，把班级建设作为工作组、把备课组作为作业组，实行捆绑式评价。

以班级为单位的工作组考评解决了一个班级的各科教师之间难以形成教

育合力的问题，以备课组为单位的作业组考评则促进了教师之间的深度对话与合作，有助于学习型团队的建设。

（三）疏通管理流程，完善再造机制

潍坊一中迅速崛起的原因之一便是她管理流程的再造机制。这种再造机制是通过息息相关的三个机制共同组成：

1. 问题发现征集机制。从教师、班级、年级、教研组到学校不同层面，学校每年面向这些群体征集具体问题，建立重点问题资源库，着重解决对学校教育教学质量提高有重大影响和带动作用的突出问题。

2. 问题梳理研究机制。引导全校教职工围绕学校各类问题，立足现实，进行深度思考和不断反思，提出并实践具有针对性和实效性的解决措施。

3. 研究成果推广机制。

三、构建"关心型"德育——过程体验自主德育体系

"自主高效优质课堂"教学改革激励教师们努力提高课堂教学效率，"重塑组织，再造流程"的校本管理制度改革使学校成为一个注重团队合作、基于问题解决的学习型组织，以"学会关心"为特色的过程体验感悟式自主德育体系的构建，则为学生的发展奠定了一个比较明亮的人生底色。

1. "六走进"

强化实践育德"六走进"指的是走进社区、走进企业、走进农村、走进高校、走进军营、走进自然，利用课外活动、周末和假期引导、组织学生以研究的态度去观察、体验社会。

潍坊一中还把"六走进"与对学生课外生活的引导结合起来。这一创新举措既把暑假还给了学生，又发挥了学校的正向积极引导作用。

2. "六大节日"：着眼文化育德

在潍坊一中，每两个月就有一个全校性的节日，它们是读书节、艺术节、科技节、英语节、文化节、体育节。每一个节日都有专门部门负责，有详细的行动方案，全体学生都会参与其中。这六大节日不仅丰富了学生的学校生活，而且为所有学生提供了一个不同于课堂、能够展示自我的平台，为培养他们的综合素质打下了基础。

3. "四个体验"：让德育深入心灵

在潍坊一中，"四个体验"贯穿在所有德育活动中。一为"校园体验"，学会乐群、学会自律；二为"社会体验"，学会做人、学会思考；三为"家

庭体验"，学会生活、学会劳动，把在家里帮助父母做各种家务劳动当做家庭体验的主要内容；四为"心灵体验"，学会反思，学会感恩。学校组织学生写道德日记，进行公民教育、自我反思评价，让学生在心灵体验中达到自我教育的目的。

特别值得称道的是潍坊一中在组织各种活动时，通过提供各种角色扮演的体验机会而使德育具有了实效性。学生在活动中与周围社区的环境、与教师以及与家庭形成一种"关心型"的关系；活动中的体验，使学生们在寻找榜样、与周围环境对话、实践道德行为以及证实自己的道德信念的过程中，获得了各种机会去练习关心的技巧。

几年来，潍坊一中坚持在教师中培养学习性文化，使用研究取向的工作推进方式，创立个人创新与组织创新互动的机制，在教师与生源不变的前提下，在推进素质教育的道路上探索前进，为我们提供了一个普通高中转化与重生的典型案例。

第三节　西部区域：政府扶持发展模式

政府扶持模式指以政府加强对普通高中教育的财力和政策支持为主要方式促进普通高中教育健康快速发展。西部各省和各级党委、政府以及教育行政部门、学校，有组织地认真学习党的十六大、十七大精神，自觉提高对普通高中教育战略重要性的认识。党的十六大提出把普及高中教育列为建设小康社会的重要目标，党的十七大提出要加快普及高中阶段教育，充分说明了高中教育在建设小康社会、和谐社会中的重要地位。在理论学习的基础上，西部各省及各级政府审时度势，把握机遇，在基本完成"两基"攻坚任务的地区，把基础教育的发展重点逐步转向高中教育，作为巩固提高"两基"成果的重要措施，"把普及高中阶段教育列入重要议事日程，研究制定普及高中阶段教育工作方案和推进步骤"，有些省教育厅、省财政厅设立了《城市教育费附加普通高中建设项目》，政府千方百计挤出有限的资金支持普通高中建设，对每个新完成"两基"的县，给予巨额奖励，专项用于建设普通高中，鼓励和扶持各地建设一批普通高中学校。有些省政府在深入调研、科学分析的基础上，由省教育厅提出普通高中办学向县城区发展，调整办学结构、扩大办学规模、提高办学效益的发展思路，鼓励各地集中有限的人力、物力、财力，在县城及一些经济相对发达的乡镇，建设一批有规模、有质量的寄宿制普通高中。特别是一些国家级贫困县，通过无偿划拨土地、多方筹资、整体搬迁等形式，较快改善了普通高中学校的办学条件，并以高中发展带动了基础教育的整体发展。

下面，以甘肃省、宁夏回族自治区和云南省的普通高中教育战略发展模式选择分析为例。

一、甘肃省普通高中教育发展的模式选择

（一）甘肃省普通高中教育发展模式选择的基础和起点

西北地区，由于历史、自然、经济等原因，普通高中教育发展不仅落后于国内其他地区，也落后于当地社会经济的发展。其到目前还没有全面完成"普九"，"两基"攻坚计划的全面实施，任务十分艰巨。即使在这样的环境和条件下，自"十五"以来，甘肃省普通高中教育还是进入了快速发展阶段并取得了突出的成绩，主要表现在办学规模持续扩大、办学条件有所改善、财政投入逐年增加、师资队伍水平不断提高、办学效益与教育质量逐年提升等方面。但是需要指出的是，在上述的各项内容中除财政投入一项高于全国平均水平以外，其他均低于全国平均水平。也就是说，甘肃省在经济相对贫困的情况下，各级地方政府想方设法增加普通高中教育投入，逐步改善了办学条件。甘肃省预算内教育经费占财政支出的比例、省级财政性教育经费、省级财政性教育经费占 GDP 的比例、普通高中生均预算内教育经费与生均公用经费的变化如图 5 - 10 至图 5 - 14 所示。

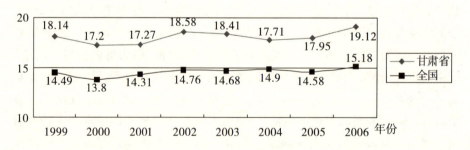

图 5 - 10　甘肃省与全国 1999—2006 年预算内教育经费占财政支出比例对比（%）

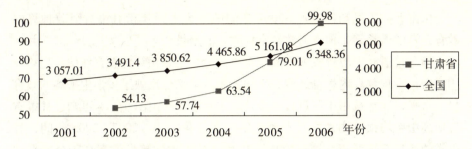

图 5 – 11　甘肃省与全国 2001—2006 年省级财政性教育经费变化对比（亿元）

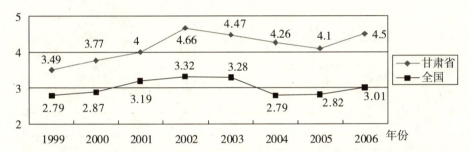

图 5 – 12　甘肃省与全国 1999—2006 年财政性教育经费支出占国内生产总值的比例比较（%）

由图 5 – 10 至图 5 – 12 可知，2001 年以来甘肃省预算内教育经费占财政支出的比例均高于全国平均水平。1999—2006 年甘肃省财政性教育经费占国内生产总值的比例一直高于全国平均水平。

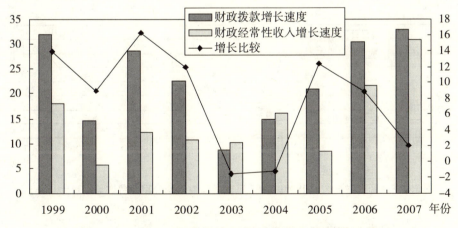

图 5 – 13　甘肃地方财政预算内教育经费拨款的增长速度与
全省财政经常性收入的增长速度比较（%）

由图 5 - 13 可知，1999—2007 年间的绝大多数年份甘肃省财政预算内教育经费的增长高于地方财政经常性收入的增长。

衡量普通高中教育投入的两个重要指标是生均预算内教育经费和生均公用经费，生均预算内教育经费和生均公用经费综合反映了按学生平均的教育投入水平，通常被用于衡量教育投入的实际水平。由图 5 - 14 可知，甘肃省普通高中生均预算内教育经费增长率处在变化之中，2002—2005 年间，甘肃省的增长率均低于全国；2005 年以后，甘肃省的年增长率高于全国平均增长水平。

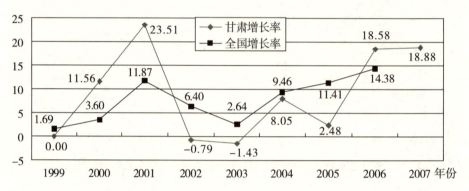

图 5 - 14 甘肃省与全国 1999—2007 年普通高中生均预算内教育经费增长率对比（%）

从图 5 - 15 可以看出，除 2005 年外，甘肃省普通高中生均公用经费的年增长率均高于全国平均增长水平。

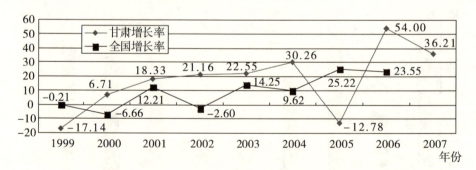

图 5 - 15 甘肃省与全国 1999—2007 年普通高中生均公用经费增长率对比（%）

（二）甘肃省普通高中教育发展的有效模式

作为一个经济落后的西部贫困省份，在全力以赴实施"两基"攻坚任务的同时，普通高中教育能够得到迅速的发展，主要是形成了以下的实践模式。

1. 提高认识，政府加强对普通高中教育的支持

甘肃省各级党委、政府以及教育行政部门、学校通过学习党的"十六大"、"十七大"精神，审时度势，把握机遇，在基本完成"两基"攻坚任务的地区，把基础教育的发展重点逐步转向高中教育。作为巩固提高"两基"成果的重要措施，"把普及高中阶段教育列入重要议事日程，研究制定普及高中阶段教育工作方案和推进步骤"，以高中发展带动了基础教育的整体发展。

2003 年 10 月，全国普通高中建设天津现场会议之后，甘肃省教育厅在省内经济发展较好的张掖、酒泉地区召开全省高中教育建设现场会，省教育厅于 2004 年出台了《关于加快高中教育改革与发展的意见》，鼓励一些已经完成"两基"任务的地区，适时把工作重点转到发展高中教育上来。短短几年间，各地普通高中得到了较快发展。

2. 多方筹资，千方百计促进普通高中教育发展

甘肃省经济发展落后，"两基"攻坚任务艰巨，政府把有限的资金首先投入到义务教育中，保障"两基"攻坚任务的完成。截至 2007 年年底，全省已如期实现"基本普及九年义务教育、基本扫除青壮年文盲"的宏伟目标。夏河、岷县、康县、康乐、礼县的"两基"达标工作，经省政府批复通过了省级验收，同时也通过了教育部专家组评审。至此，甘肃实现"两基"的县市区达 79 个，人口覆盖率 95％，完成了历史性转变。与此同时，政府千方百计，挤出有限的资金支持高中建设。2003 年省教育厅、省财政厅设立了《城市教育费附加普通高中建设项目》，当年拿出 2 990 万元，鼓励建设一批普通高中。2003 年以后，省财政每年拿出 1 000 万元左右资金，对每个新完成"两基"的县，给予 100 万元奖励，专项用于建设普通高中。几年来，共投入资金 7 000 多万元，扶持各地建设了一批普通高中学校。

"借贷办教育、负债求发展"是甘肃省"两基"攻坚的一条有效经验，在高中建设发展中也得到了有效借鉴。在政府投入不足的情况下，各学校不是一味等待政府投入，而是积极寻找发展出路，多方筹资建设学校。学校积极向社会求援，向银行贷款，建设教学楼、图书馆，增添现代化教学设备，提高办学实力。

3. 布局调整，科学实施普通高中教育发展规划

根据甘肃省城乡教育差别较大，农村高中办学条件差、师资力量薄弱、生源差的现状，在深入调研、科学分析的基础上，省教育厅及时提出了普通

高中办学向县城区发展，调整办学结构、扩大办学规模、提高办学效益的发展思路，鼓励各地集中有限的人力、物力、财力，在县城及一些经济相对发达的乡镇，建设一批有规模、有质量的寄宿制普通高中（2007 年寄宿生人数已达到在校生总数的43%）。

4. 示范带动，整体促进普通高中教育的协调发展

从 2000 年开始，实施省级示范性高中建设活动，得到了各地的积极支持，经过几年的努力，甘肃省已建成43 所省级示范性高中和一批市州级示范性高中。这些示范性高中分布在全省各地，以示范性高中为核心实施区域学校联合，示范性高中正在逐渐成为当地基础教育改革与创新的基础。

（三）甘肃普通高中教育发展的思路与策略

1. 发展思路

以科学发展观为指导，坚持"巩固、深化、提高、发展"的方针，在优化结构、完善机制、提高效率的基础上，实现普通高中教育质量和水平的提高。正确对待不同区域内的不同区间、不同人群教育发展的不均衡问题，充分体现"分区规划、分类指导、分步实施、整体推进"的普通高中教育发展原则。

——酒泉、张掖、嘉峪关、金昌、兰州等市及部分农村地区，力争与全国先进的教育发达区域保持同步，积极发展高质量、高层次、高水平、均衡化的教育，区域内力争普及十五年教育（学前三年教育、九年义务教育和高中阶段教育）。

——武威、天水、白银等市及部分农村地区，适度超前发展，赶超目前的全国平均水平。大力发展高中阶段教育，尤其是以就业为导向、适合当地实际的职业教育，促进义务教育的巩固提高。初步建立起终身教育体系，努力向教育现代化迈进。

——庆阳、平凉、定西等市及部分农村地区，全面普及九年义务教育、全面提高教育质量，力争使高中阶段教育的普及程度大幅度提高。城乡之间教育发展的差距明显缩小，教育体系结构趋于合理。

——陇南、甘南、临夏等市州及部分农村地区，全面普及九年义务教育，办学条件得到明显改善，"两基"成果得到巩固。高中阶段教育规模显著扩大。力争实现教育的跨越式发展，教育发展整体水平与目前全国平均水平的差距有所缩小。

2. 发展策略

第一，由规模数量扩张向质量效益提升转变。一是加快普通高中布局调

整、撤销、兼并农村高中或初中"戴帽"的高中，将普通高中集中办在县级（含县）以上城市（建设寄宿制高中），发挥资源的最大效益。二是严格控制学校规模。对于在校高中生数在800人以下的学校要采取撤、并、转以及联合办学等方式，缩减小规模学校。以实现资源的最大化共享，缩小校级之间和区域之间的差别。三是进一步强化质量意识。教学质量是一所学校的核心凝聚力和吸引力。

第二，由个别重点发展向区域协调发展转变。在扩大优质教育资源的同时，走高中教育协调发展的道路。一是发挥示范性高中在办学模式上具有鲜明的创新性，推进区域整体协调发展；二是采用依托名校优势的办法，与一般校、薄弱校结对子，实行"以强带弱，强弱联合，强强竞争，协调发展"的思路，推动普通高中区域内健康发展，三是强化行政调控政策，通过资源重组的方式，对一些基础相对薄弱的学校进行重点改造和建设；四是加强示范性高中建设，实行普通高中"分类规划、分步推进、分级达标、动态管理"的激励机制，进一步扩大优质教育资源。

第三，由单一模式向多元模式发展转变。广泛吸纳社会资金，积极鼓励企事业单位、社会团体、公民个人采取独资、股份、联办、合作和中外合作等多种形式举办高中教育，形成公办学校与民办学校共同发展的格局。办学模式的多元化需要从初中入手，只有这样才能解决经济不发达地区初中生不能全部接受高中阶段教育的问题。另外，普通高中与职业高中发展不平衡的问题，在我省也比较突出，两者的比例多大才合适，还需要进一步研究。

第四，由经验型办学向科学化管理转变。要进一步明确公办普通高中教育定位，对公办普通高中学校招生限定范围。要落实《民办教育促进法》，给民办普通高中学校同等招生权力。要科学管理，规范环节，杜绝招生和办学中的不良行为。

第五，由单纯的数量补充向整体提升师资队伍素质和促进专业发展转变。坚持"培训、提高，充实、调整"策略，一要建立和完善高中教师定期继续教育和培训进修制度；二要加强制度和机制建设，进一步健全和实施高中教师持证上岗、择优聘任、能进能出、能上能下的教师任用制度；三要鼓励和支持在职教师参加多种形式的继续教育培训，通过现代远程教育促进教师专业发展；四要组织开展多种形式的校本研修；五要加强骨干教师队伍建设，培养一批在教育教学工作中起骨干、示范作用的优秀教师和教育名家；六要采取有效措施，提高专任教师的研究生学历比率，并逐步吸引一部分高学历的人才到高中任教；七要逐步建立经济发达地区高中教师到贫困地区学校、城镇高中教师到农村学校、示范高中教师到薄弱学校定期轮流支教的制度，通过教师的示范和合理流动，不断提高高中教师的整体素质。

二、宁夏回族自治区普通高中教育发展的模式选择

（一）宁夏普通高中教育发展模式选择的基础和水平

自"十五"以来，宁夏回族自治区普通高中教育进入快速发展阶段，依据已经形成的示范性高中教育资源优势，取得了突出成绩。在办学规模方面呈现持续扩大的趋势。2003年以来，宁夏普通高中招生人数、在校生人数逐年增加，规模与数量快速发展。2007年，全区总人口数仅为596万，但普通高中在校生人数已达13.5万多人，比2003年增长2.8万人，增长率26.1%，增幅略低于全国平均水平。全区普通高中在校生人数占全区人口总数的2.27%，高于全国1.85%的平均水平。

宁夏普通高中教育飞速发展，每万人口拥有的普通高中在校学生数逐年大幅增加，如图5-16所示。2005年宁夏每万名人口拥有普通高中在校生数226.3人，比2003年增加42.6人，增幅远高于全国平均水平。2005年西部十二个省中，每万人口中普通高中在校学生数仅次于陕西、内蒙古和甘肃，名列第四。

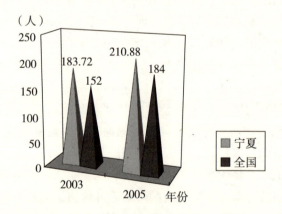

图5-16　宁夏与全国2003年、2005年每万人口中所占普通高中在校生平均人数对比

在经济发展相对不发达的情况下，各级政府想方设法增加普通高中教育投入，宁夏预算内教育经费以及其所占财政支出的比例、普通高中生均预算

内公用经费与生均预算内事业经费出现新变化。2003 年、2005 年宁夏区级财政性教育经费占 GDP 比例分别是 4.59% 和 4.45%。从图 5 – 17 和图 5 – 18 可以看出，宁夏普通高中生均预算内公用经费与生均预算内事业经费在 2005 年以前都低于全国平均水平。2005 年宁夏普通高中生均预算内事业经费增长率全国最高，达 34.12%。2005 年、2006 年宁夏普通高中生均预算内教育经费分别是 2 573.91 元、2 916.33 元，分别高出全国平均水平 251.13 元、226.22 元。

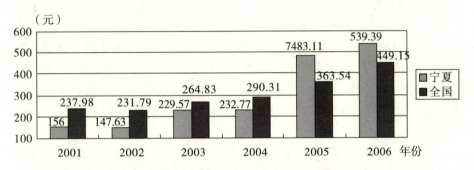

图 5 –17　2001—2006 年宁夏与全国普通高中生均预算内公用经费比

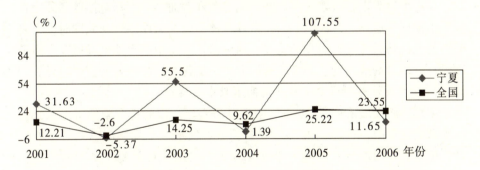

图 5 –18　2001—2006 年宁夏与全国普通高中生均预算内公用经费增长情况

普通高中专任教师队伍逐步扩大，学历合格率稳步提高，并且高于全国平均水平，2007 年达到 93.15%，比 2003 年提升 17.22 个百分点，高于全国平均水平 3.85 个百分点。随着自治区实施教师队伍建设的"135"工程，区（市）级骨干教师和学科带头人的数量不断增加，一大批能够胜任教学改革和课程改革的中青年骨干教师逐步涌现，教师队伍的师德水平以及专任教师学历合格率逐年提高。

高中阶段毛入学率、普通高等学校毛入学率逐年提高，普通高中校均在校学生人数逐年增加，生师比逐步降低。2005 年、2006 年宁夏高考升学率分别是 53.64% 和 59.50%。2007 年宁夏高中阶段教育毛入学率为 68.45%，比 2004 年提高 14.36 个百分点。

（二）宁夏普通高中教育发展的有效模式选择

1. 充分认识加快高中发展的重要意义

宁夏各级党委、政府以及教育行政部门在基本完成"两基"攻坚任务的地区，把基础教育的发展重点逐步转向高中教育，作为巩固提高"两基"成果的重要措施，以高中发展带动了基础教育的整体发展。

2. 政府加强对高中教育的支持

2002 年 9 月自治区教育厅专门下发了《关于进一步加快我区普通高中教育发展的意见》的重要文件。鼓励一些已经完成"两基"任务的地区，适时把工作重点转到发展高中教育上来。2006 年颁布了《宁夏教育事业发展第十一个五年规划》，对普通高中教育发展又作了进一步的部署和要求。各县也相应制定了普通高中教育发展规划。

2002 年，宁夏就将发展优质普通高中建设列入议事日程，自治区在建设银川一中的基础上，通过以市筹措建设资金为主，自治区给予补助的方式，在 4 个地级市各兴建 1 所自治区级示范性普通高中，示范性普通高中在校生总体规模达到 1 万人以上，并使其发挥示范龙头作用。与此同时，宁夏强调要支持县城优质普通高中建设，通过国家支持中西部地区县城高中建设项目，采取自治区补助、县市配套的方式，加强县城优质普通高中建设。

3. 千方百计筹措资金支持普通高中教育发展

宁夏经济发展落后，"两基"攻坚任务艰巨，政府把有限的资金首先投入到义务教育中，保障"两基"攻坚任务的完成。与此同时，政府千方百计，挤出有限的资金支持高中建设。2003 年自治区针对初中生上高中难的问题，在当年基本建设投资计划中，安排扩大普通高中教育专项补助投资 1 700 万元，用于自治区及市县重点发展的普通高中建设。随后，自治区积极争取，国家纪委又安排宁夏普通高中扩招国债资金 5 000 万元，用于 14 个项目学校的建设，新建和改造校舍 10.6 万平方米，项目总投资 1.3 亿元。

学校也不甘落后，以自我加压的拼搏精神举债兴学，"借贷办教育、负债求发展"。据了解，凡是近几年学校发展较快的学校，普遍都有不同程度的欠债，多则上亿元，少则几百万元。实践证明，学校依靠借贷促进了教育发展，但是负债过多、压力过大，也是一个突出问题。

4. 跳出贫困地区，办贫困地区的优质教育

为了全面落实教育优先发展战略，提高南部山区人口素质，加快贫困地

区经济发展和构建和谐社会，彻底改变贫困山区落后的面貌，2002年宁夏回族自治区党委、政府果断作出决策：在首府银川兴建一所专门招收南部山区贫困孩子的学校——宁夏六盘山中学，让山里孩子和城里孩子享受一样的教育，站在同一起跑线上。

在六盘山中学成功创办的基础上，宁夏回族自治区党委、政府投入数亿元，在银川市又建立了一所规模更大的教育扶贫学校——宁夏育才学校。

这两所教育扶贫学校，回族学生占到40%以上，农村孩子占80%以上，少数民族学生享受降低20分录取的政策照顾。党和政府对所有录取学生均实行免费入学，免除住宿费，政府给正式录取的农村户口学生每年提供1 000元的生活补助费。

宁夏党委、政府投巨资专门移植并优化高中阶段教育，这种跳出贫困山区，办贫困山区的优质教育的思路既是一种教育的创新，更是对贫困山区孩子的负责。

5. 科学制定普通高中教育发展规划

在深入调研、科学分析的基础上，教育厅及时提出了普通高中办学"向县城区发展，调整办学结构、扩大办学规模、提高办学效益"的普通高中发展思路，鼓励各地集中有限的人力、物力、财力，在县城及一些经济相对发达的乡镇，建设一批有规模、有质量的寄宿制普通高中。实践证明，这一发展思路完全符合宁夏实际。

6. 加强民族教育建设

自2001年，宁夏就开始实施"百所回民中小学标准化建设工程"，现已建成了87所。这些师资一流、标准一流、质量一流的标准化回民中小学更多地保证了回民孩子的上学问题，也更好地保证了回民孩子接受优质教育的问题。对于家庭困难的孩子，学校还设立助学金制度和贫困生资助制度。为了让更多的回族女孩上学，自治区在小学和初中专门设立回民女子班。这些具有民族教育品牌的学校，带动全区基础教育的办学质量走在了西部前列。

7. 以示范性高中建设带动普通高中教育的整体发展

从2005年开始，全区实施区级示范性高中建设活动，得到了各地的积极支持，经过几年来的努力，全区已建成8所一类区级示范性高中、13所二类区级示范性高中和一批市级示范性高中。这些示范性高中分布在全区各地，以示范性高中为核心实施区域学校联合，在当地发挥着人才培养基地、师资培训中心、教学研究中心、信息资源中心的作用，带动和有效地促进了当地高中教育协调发展。

8. 取消普通高中划分重点班、尖子班的历史做法

宁夏普通高中自2004年开始实施新课程以来，逐步取消了划分重点班、尖子班的做法，这样既减缓了择校的压力，又体现了教育公平、面向全体学生的原则，受到了社会、家长和学生的普遍欢迎。

（三）宁夏普通高中教育发展的思路与策略

1. 发展思路

一是要把普通高中教育放在整个教育工作"重中之重"的位置来抓。二是要解放思想。坚持改革创新，大胆走"政府统筹、部门配合、社会参与、多元化投资、多形式发展"的新路子，充分调动社会各方面的积极性，在实现办学主体多元化、办学模式多样化、投入体制多渠道上取得突破，加快普通高中建设步伐。再次要整体推进普通高中标准化建设，全面改善普通高中办学条件。

2. 发展策略

第一，深化高中教育改革，推动高中教育快速发展。一要进一步改革和完善高中教育管理体制，要坚持和完善"以县为主"的管理体系，进一步强化和落实政府责任；二要积极推进高中教育办学体制改革，大力支持社会力量办普通高中；三要大力推进普通高中人事制度改革，积极建立适应市场经济要求和普通高中发展要求的用人机制，扩大学校的用人自主权，激活用人制度，提高教师的工作积极性。

第二，加大投入，建立多元化筹资机制，加快普通高中建设步伐。加快普通高中建设，最大的困难是资金问题。首先要努力增加财政投入，发挥财政投入主渠道的作用。其次要深化投资体制改革，允许和鼓励"学校贷款、政府贴息、学校还贷"的融资方法。再次要减免有关规定的政策性收费。最后要大胆借鉴高校后勤社会化改革的成功经验，积极尝试把高中后勤推向市场，吸引民间资金参与办学，拓宽普通高中建设资金来源，加快普通高中建设步伐，借力发展，实现双赢。

第三，切实加强高中教师队伍建设。一要按照中小学教师管理权限和管理办法，加强中小学教师管理；二要按照国家颁布的普通高中编制标准对各高中核编定员，落实普通高中教师编制，实行动态管理，以适应普通高中扩招的需要；三要制定优惠政策，创造宽松环境，积极吸引和接收师范类优秀本科毕业生，招聘引进外地优秀高中教师，提高教师队伍本科原始学历人数；四要加强高中教师流动管理，建立和实行高中教师流动补偿制度；五要加强高中教师继续教育，提高教师队伍学历合格率；六要加强普通高中校长队伍建设，采取"走出去，请进来"等办法，加强对现任校长的培训。

第四，以国家基础教育课程改革为契机，全面推进素质教育。一要改革和完善普通高中质量管理办法和质量评价体系，重点高中要把向高等院校输送优秀人才作为首要任务，一般高中要承担为普通高校、高等职业学院输送人才和培养合格劳动者的双重任务。二要十分重视德育工作，培养学生良好的道德情操和高尚的精神境界。三要进一步深化教学改革，全面提高教育质量。

三、云南省普通高中教育发展的模式选择

（一）云南省普通高中教育发展模式选择的战略思路与实践取向

1. 战略思路

通过体制机制创新，布局结构调整，深化教育改革，加快教育发展。到2010年，全面普及九年义务教育，小学学龄人口入学率达到98%以上，初中学龄人口入学率达到95%以上，初中毕业升学率达到60%以上，中等职业教育与普通高中在校生比例趋于合理，高中阶段毛入学率达到50%，高等教育毛入学率达到18%左右，人均受教育年限提高到8年。构建有利于人的全面发展和建设学习型社会、与云南全面建设小康社会相适应、各级各类教育相互沟通、配套协调的现代教育体系，形成以政府办学为主，社会力量积极参与的多元化办学格局。

不断扩大高中优质教育资源。普通高中在现有基础上，提高教育教学质量。

2. 实践取向

云南省普通高中教育的全面和谐发展，要着力从以下四个方面开展工作。

第一，紧密结合云南省实际，科学制定高中阶段教育发展原则和目标。

第二，高度重视普通高中发展，强化政府行为。

普通高中教育属基础教育，发展基础教育是政府的责任。当前，云南省普通高中容量严重不足，资源相当匮乏。加大投入、扩大规模、加快发展是当务之急。应确立以国家财政资金投入为主，多渠道筹措经费的机制。

各级财政设立普通高中建设发展专项资金，集中一定财力支持普通高中

教育加快发展。

要改变当前教育体制投入单一状况，根据需要，面向市场，采取优惠政策，鼓励民间资金投入高中教育，实现投资多元化。

第三，深化普通高中改革，激发学校活力。

云南省普通高中办学有着十分明显的计划经济痕迹，与观念落后并存的体制弊端和机制障碍严重束缚了高中教育健康发展和质量提高，因此，必须深化改革，才能促进高中教育协调健康发展。

加大普通高中学校管理改革。要制定具体政策，落实学校办学自主权和独立法人地位。在认真贯彻国家教育制度、教育方针、课程方案的前提下，允许学校自主招生、自主选用教材、自主支配经费。鼓励有条件的学校按照"社会融资、产业经营、学校监督、服务师生"的原则举办后勤服务，兴建后勤设施。

深化高中用人制度改革。高中校长采取公开招聘、择优聘任，试行年薪制和任期目标责任制，取消学校行政级别，试行校长职级制，校长有权聘用副校长和中层干部、教师。同时，要充分发挥党组织的保障监督作用，充分发挥职代会、教代会的民主监督作用，实行校务公开，财务公开，增强透明度，防止权力滥用。教师实行全员聘任、岗位管理，档案工资与实际收入分离，按贡献大小获取报酬，不断提高教师的政治地位和经济待遇，增强教师行业的吸引力。对落聘、待聘教师要加强教育和培训，为他们再上岗创造条件。要打破对教师合理流动的束缚和限制，实现双向选择。

要进一步改进教学手段和方法，提高课堂教学效益，减轻学生过重的课业负担。通过教育教学改革，全面提高高中教学质量。

第四，加强教师队伍建设，切实解决数量不足、质量不高的问题。

高中教师紧缺是云南省的突出问题。鉴于云南省高中教师培养规模有限，要满足高中快速发展的师资需求，要在立足于扩大自我培养能力的基础上，采取多种措施，统筹加以解决。

①建议本科师范院校扩大招生规模，同时在云大、昆明理工大、云南民大等综合院校设立师范学院或师资班，迅速扩大云南省自我培养高中教师的能力；对综合院校非师范专业毕业生，通过政府提供师范生补助，开设教育学、心理学、教学法课程，帮助他们取得教师资格，引导他们选择教师职业；鼓励各地和学校到省外招聘合格高中教师；对可以胜任高中教学的初中教师，在不削弱初中的前提下，可以抽调到高中任教。

②加强对现有教师的教育和培训。要加大对中青年教师、骨干教师、学

科带头人的培养力度，提高他们的教学水平和科研水平，带动所在地区师资水平的提高。

③依法治教，营造全社会关心、支持高中教育的良好社会环境。从依法治教高度，全面清理检查加快普通高中发展有关法规文件落实情况，制定有利于今后普通高中发展的相关政策和措施，与法律法规相配套，加快高中教育的发展。各有关职能部门要积极主动支持普通高中教育改革和发展；宣传舆论部门要加大对教育改革和科教兴滇战略的宣传力度；新闻、出版、文化部门要为青少年学生提供更多的健康向上的精神食粮；企事业单位和社会团体等要发挥各自的优势，支持教育。

（二）云南普通高中教育发展的有效模式选择

1. 充分认识加快高中发展的重要意义

云南的经济社会在向着现代化快速发展，对人才和劳动者素质也提出了更高的要求，要建设民族文化大省，没有教育的同步发展，这个目标就很难实现。云南是一个多民族的边疆省份，要实现各民族共同繁荣，首先要提高科学文化素质，高中是教育事业承上启下的中间环节，高中发展速度慢，必然影响教育事业的全面协调发展。因此，高中教育非抓不可。云南省委、省政府把抓高中教育作为贯彻科学发展观，践行"三个代表"重要思想，体现执政为民的具体行动。

2. 出台优惠政策，办学条件逐年有所改善

为扩大普通高中办学资源，云南省各地积极筹措资金，出台优惠政策，加快建设步伐。目前，云南省普通高中在总量增长的基础上，44%的县（市、区）已有了优质高等完全中学。

近年来，云南省在逐步实现"普九"的基础上，把扩大普通高中建设作为巩固"普九"成果、满足广大城乡群众送子女继续接受教育的"民心工程"来抓。

经过各州市的努力，2007年，云南省普通高中学校数已达到465所，比上年新增13所。普通高中招生人数达20.33万人，在校生达到57.64万人，比上年增加3.1万人，增长5.7%。到2008年为止，云南省已评定一级普通高完中达到94所，比上年增加7所。全省各州市中有57个县（市、区）拥有优质高完中，在校学生人数达到23.7万人，占普通高中在校生总数的41%，高中教育教学质量明显提高。

3. 狠抓教育质量，注重规模、质量、结构和效益的统一

在教育改革的各个进程中，省委、省政府领导始终强调，要注重规模、质量、结构和效益的统一。以规模管理求教育质量，以教育质量求社会效益，以社会效益求规模发展。

云南省教育厅已连续两次召开一级高完中工作会，全面部署提高教育教学质量的要求、明确提出三年打一个质量翻身仗的目标。2007 年，云南省首次制定出台一级完中综合考评方案，从多种角度考评学校对不同生源的"加工质量"，并首次表彰了考核成绩较好的 30 所一级完中。

从 2004 年开始，云南省教育行政部门连续两年组织省内外专家与全省各州市高三各学科骨干教师进行教学质量研讨，有的放矢地解决教学中存在的薄弱问题。同时，连续两年组织全省高三教育教学质量检测，并组织专家对每一个学科的每一道题都进行了质量分析诊断，并以检测质量报告分析的形式及时反馈到所有学校，使全省尤其是基层学校更有针对性地解决教学中的难点弱点问题。全省上下教育部门和学校围绕质量求效益，形成了动脑筋、想办法，敢抓、会抓、善抓教育质量的良好氛围。

4. 千方百计筹措资金支持高中发展

云南省财政逐年加大对基础教育的投入，每年均以超过 10% 的速度增长。

5. 坚持正确的发展方向和原则

一是普通高中与义务教育并重。云南省始终坚持九年义务教育重中之重的地位不动摇，不断巩固提高九年义务教育的成果，力图把高中教育的发展，置于坚实的基础之上。

二是外延扩张与内涵发展并举。在加快高中扩招，扩大办学规模的同时，坚持着力提高教育质量，深入推进素质教育。

三是市场调节与教育公平兼顾。在坚持教育的公平性与公益性前提下，通过政府的引导，把办学效益放在首位，实行多元化多模式办学，逐步建立高中教育成本合理分担机制。

四是注重高中阶段教育的协调发展。

西部区域校本案例分析一：
甘肃省兰州一中的办学特色与发展历程

一、兰州一中基本情况

甘肃省兰州第一中学创建于 1902 年（清光绪二十八年），最初叫"甘肃文高等学堂"，不久改名为"甘肃省高等学堂"。1912 年 10 月，更名为

"全省中学堂"，附设师范简易科。1913 年 10 月 29 日，改名为"甘肃省立第一中学校"，为四年制普通中学。1924 年学校招三年制初中，1927 年设高中，至此学校成为一所完全中学。1952 年学校改名为甘肃省兰州第一中学，并被确定为省属重点中学，为全省首批办好的重点中学之一。2000 年 5 月 13 日，顺利通过首批全省示范性普通高中评估验收，并于 2000 年 12 月正式挂牌。

多年以来，学校高考升学率连年保持在 95% 以上，50% 左右学生进入全国重点大学。

学校重视体育艺术教育，培养了一大批体育、艺术特长人才，被确定为排球、田径传统校，多次被授予全国全省群众体育先进集体；学生交响乐团闻名遐迩，多次参加全国、省市重要演出及文艺活动并屡屡获奖，还应邀对匈牙利、美国进行了友好访问。2007 年 7 月参加维也纳国际青年音乐节获得铜奖。

近年来，学校坚持开放创新的思路，着力加强对内对外交流与合作，加入全国知名中学科研联合体，与新西兰里卡顿高级中学、匈牙利绍莫吉州文法和卫生中等学校、美国俄克拉荷马州数理高中建立了友好校际关系。学校积极开展支教活动，认真贯彻甘肃省教育厅党组的支教精神，统一思想、提高认识，自 2003 年以来，先后赴通渭马营中学、临夏中学、武威六中、庆城中学、永靖一中、岷县一中、环县一中、甘南合作一中、会宁三中、静宁一中、秦安一中等学校举行了 30 余场讲座，赢得了当地中学师生的好评。

二、兰州一中办学特色及形成条件

（一）教育理念

兰州一中的教育理念是"养德、开智、健体、立美"。

（二）办学特色

兰州一中的办学特色是：第一，以升学预备教育为主；第二，因材施教、发展特长，不断提高学生综合素质，培养学生创新精神和实践能力。

（三）"两个工程、三个样板"

两个工程是指：第一，优化工程。优化教学管理，促进教学质量再上台阶；不断完善配套设施，优化办学环境和条件。第二，名师工程。加强学校领导班子建设，加强教师队伍建设，特别是青年教师培养。

三个样板是指：

第一，学校课程建设样板。以学科基础知识为中心的课程建设和开发，积极推进课堂教学实验，创立新的教学模式。学校主要抓了三种形式的活动类课程：一是以德育为主，包括社会实践和军训的专题活动类课程；二是以研究性学习为主的活动类课程；三是以科技文化体育艺术为主的活动类课程。

第二，"校本科研"样板。近几年学校确立了"以课题为龙头，以课堂教学研究为载体，以学情研究为特色，以教师的广泛参与为渠道，以《中学教育科研》杂志和校园网为平台，在以校为本的教学研究、德育研究和管理研究三大块上做好文章"的指导思想。学校科研管理制度健全、配套政策完善，教师参与积极性高，80%以上的教师参与教育科研。

第三，校园文化建设样板。学校一方面加强校园绿化、美化工作，增强校园的文化氛围。另一方面积极支持学生社团开展各种活动，促进学校的文化建设。学生交响乐团成为该校校园文化建设的龙头，校园文化艺术广场、学生体育运动队、学生模拟联合国大会、学生模拟法庭和各类兴趣小组活动的开展，《弘毅采风》《九思》等一批学生自办刊物脱颖而出，大大丰富了校园文化的内容。

（四）制度建设

为进一步加快依法治校的步伐，加强学校教育教学管理，加大学校内部运行机制改革的力度，完善校内各项管理规章制度，落实教师队伍建设的措施，在学校原有的岗位职责、管理制度、规章制度等有关内容的基础上重新修订汇编了《兰州一中管理规章制度》。学校管理制度是以条文形式规定了广大师生员工必须遵守的行为准则，这一行为准则的实现关键在于教职员工把它内化为自觉的行动。

（五）师资队伍建设

学校强化"名校培育名师，名师支撑名校"、"教师是学校的筋骨，教师是学校的灵魂"的队伍建设理念，充分体现教师在学校的主体地位。近年来，充分发挥各级骨干教师在教育、教学、科研上的模范和学科带头人的作用。目前，学校青年教师比例越来越大，已占全校教师的70%以上。学校提出"青年教师的培养和教师队伍建设工程"，出台青年教师培养计划，制订"一、三、五、十"奋斗目标,即一年合格,三年成才,五年骨干,十年名师,将青年教师的培养、使用和教师队伍的建设作为学校实现新的发展的奠基工程。学校对青年教师的培训、提高和使用有措施、有目标,有制度保障和政策支持,给他们创条件、给任务、压担子。一大批青年教师的迅速成长为学校注入了新鲜的活力,成为教育教学的骨干力量。

(六)学校文化建设

兰州一中不但有着百年悠久历史、光荣的传统和深厚的文化积淀,而且也有布局合理、景色宜人、设施先进的校园,这些都是形成学校厚重的文化氛围的有利条件。

1. 继承和弘扬校训,把校训内化为师生的自觉行动。兰州一中的校训是"弘毅",并诠释为八个字,即"志向远大,意志坚强"。

2. 谱写和传唱校歌,通过校歌的传唱使"弘毅"校训进一步深入人心,使"弘毅"精神插上飞翔的翅膀。当每天早晨和下午学校广播站播送"滔滔黄河源远流长,兰州一中百年流芳,'弘毅'精神永志不忘,求实作风光大发扬"时,在每一位师生的心里都会荡起勤奋学习、努力工作、奋发向上的激情。

3. 以学校学生交响乐团为龙头,以年级组活动为渠道,以学生的积极参与为主体开展生动活泼的周末文化艺术广场活动。我国著名交响乐指挥家姚关荣、李心草、张艺、卞祖善,德国指挥家丁乙留及我国著名交响乐演奏家吴阳、舒承一、司徒志文、王冠、张诚心等先后光临我校为乐团指导排练。兰州一中学生交响乐团的组建和成长不仅体现了学校"课内打基础,课外求发展"、"全面发展,学有特长"的办学特色,而且为具有音乐特长的学生搭建了一个展示才能、健康发展的平台,同时也展现了学校在全面实施素质教育中取得的成就,从而成为外界了解学校的一个窗口。

4. 在教学楼、实验楼、图书馆走廊悬挂师生绘画、书法、摄影作品,组织、引导、扶持学生组建文学社团,创办学生刊物《弘毅采风》《九思》,每学年编辑学生社会实践论文集、研究性学习论文集、军训日记选集,组织学生举办模拟法庭活动和主题辩论会、演讲会。这些活动不仅体现了学校贯彻落实素质教育的理念,而且体现了学校培养学生"全面发展,学有特长"、"融入集体,张扬个性"的办学特色。

5. 加强班级文化建设。学校在班集体建设中明确制订了"五爱、五一"目标。"五爱"即爱父母、爱老师、爱同学、爱学校、爱班集体,只有爱父母才会爱老师，学生只有爱老师，才会爱学校；爱班集体爱同学，才会做到学习第一、纪律第一、团结第一、卫生第一、体育锻炼第一。每学年开学初，班主任和同学们商定班级公约，确定班级发展目标，为形成良好的班风而出谋划策。

6. 举办丰富多彩的教工活动。学校工会在努力搞好教工的福利之外，积极推动教工文体活动的开展。这些活动不仅促进了教工的身心健康，而且极大地增强了各处室和教研组教工的凝聚力。

（七）改革与创新

从20世纪90年代，特别是21世纪初以来，学校全面贯彻教育方针，大力推行素质教育，遵循"养德、开智、健体、立美"的教育理念，坚持"以德育为主，以科研为先导，以教学为中心，提高学生的素质"的工作思路，在以下几个方面进行了改革与创新。

1. 管理理念创新

学校管理不断向制度管理、文化管理的高度提升。学校根据实际情况的变化，不断完善各项制度，并使各项制度逐步内化为广大教师的日常教育教学行为。通过文化建设，营造文化管理的氛围，增强广大教职工的凝聚力。

2. 德育工作创新

制订了《兰州一中德育工作的目标、途径、方法》《兰州一中学生行为规范和学习过程评价办法》，加强以"五爱、五一"为主要内容的班级建设目标管理，坚持五项评比活动，定期进行班级德育考评；实行学生值周，建立学生自我教育管理体制；认真开展法制教育、安全教育、心理健康教育、举办模拟法庭活动，聘请法制副校长，开设法律、心理咨询室；开展模拟联合国大会活动；认真开展军训和社会实践活动。

3. 教学管理的创新

学校在课堂教学方面抓教学方法的改革和课堂质量的评估，确定了"明确目标、体现三维、容量要大、结构要紧、重点突出、难点解决、设问要巧、效果要好"的课堂评价要素，根据这一评价要素学校制订并实践了《课堂教学评价量表》，提高了教学效率。学校改革了不合理的教学结构，建立、健全、完善了各项教学管理制度，加强教研组建设，实行教研组目标考核制度，开展"说、听、评"课及课堂教学改革实验，积极推进教育信息化和教育技术手段现代化。加强教室多媒体网络化建设，引进和运用现代教育技术，全面推进信息技术与学科课程、教学方法的整合。对高三学生实施了分层辅导讲座、师生结对子帮扶等措施。这些工作的开展，使学校保持了教育教学质量的稳定增长。

努力探索有特色的创新教学模式，如语文组的创新作文实验教学、物理组的单元活动教学实验、英语组的任务型教学途径方法，创设了和谐、愉快、发展的教学环境，颇受学生欢迎，也提高了教学效率。

4. 教育科研创新

近几年学校确定了"科研兴教、科研强校"为基本理念的"校本科研"思路，狠抓教育科研。学校校本科研坚持以学校教育教学的实际问题为切入点，积极为教师创设宽松、和谐、有序的科研工作环境，积极办好省级学术刊物《中学教育科研》杂志，调动教师教育教学改革的主动性，展示教师的科研能力和科研水平，为全方位展示学校形象搭建了平台，促进了学校教育教学质量不断提高。

5. 培养学生的综合素质

学校积极组织学生参加科技创新大赛，鼓励学生积极参加体育活动。

学校组建的学生合唱团，现已初具规模和水平。

三、兰州一中特色形成及演进过程

从学校创办到兰州解放，是学校特色形成的起始阶段。1919年6月，水梓任校长期间，制订了《甘肃省立第一中学学则》，规定学校的宗旨是以完成普通教育为主旨，辅以职业教育、预备教育造成健全国民，定"弘毅"二字为校训。在民主革命时期，正是在这种精神的激励下，许多一中学子以天下兴亡为己任，投身革命，为中国的解放事业作出了突出的贡献。

新中国成立以后，1954—1965年华遵舜任校长期间，学校发生较大变化，培养了一大批优秀人才、办学成绩显著，1960年学校出席全国文教群英会，获国务院颁发的"红旗奖"。

1985年1月，以刘鸿勋校长为核心的学校领导班子按照"全面发展，学有特色，求实创新，独具一格"的构思，全面深入进行教育改革实践，兰州一中特色建设进入了一个新的发展阶段。

1989—1998年，宋伯言校长任职期间，学校进一步确定兰州一中校训为"弘毅"。明确了学校的优良传统：热爱祖国、追求真理；崇德严教、无私奉献；勤学苦练、全面发展；团结友爱、文明礼貌。学校的校风为：团结、勤奋、求实、创新；学校教风为：勤奋、严谨、善诱、慎行；学校学风为：勤学、好问、多思、求实。

1998—2002 年，白春永校长任职期间，确定了学校办学模式：以升学预备教育为主，兼创名校特色；办学目标：做一流业绩，求最佳效益，育四有新人，创示范学校；工作重点：抓三风，树形象，强队伍；抓管理，重课堂，高质量；抓科研，促改革，求发展。进一步强化了教育科研，创办了《中学教育科研》杂志，作为教育科研的重要平台。1999 年，兰州一中加入全国知名中学科研联合体，与国内 100 多所重点中学建立了教研协作关系。在德育方面，制订并实施《兰州一中德育工作实施目标、途径、方法》。

2002 年以来，冯永宁校长在"继承、创新"思想的指导下，提出了"做好两个工程、树立三个样板"的工作重点，紧紧围绕学校的发展、学生的成才、教师的成长，使该校办学特色更加鲜明，教育教学质量得到全面、持续提高，学生素质得到全面、良好的发展。伴随着新课程改革的推行，一中人更加注重自己的历史文化资源，更加注重自己的特色建设。兰州一中这所陇上名校，一定会办出自己鲜明的特色，为社会提供优质的教育。

西部区域校本案例分析二：

陕西师范大学附属中学以生态体验下校园文化建设引领改革创新

一、创建特色高中的背景及意义

目前基础教育中存在着"应试教育"和片面追求升学率的倾向，在很大程度上缩小了德育的空间，挤占了德育的时间，甚至导致德育成为一个学校教育中脱离智育、体育等的单独领域。

素质教育是面向全体学生的教育，是促进学生全面发展的教育，是促进学生个性健康发展的教育。建设优秀的校园文化是落实素质教育的一条重要途径。

为认真落实《中共中央国务院关于进一步加强和改进未成年人思想道德建设的若干意见》的文件精神，该校于 2005 年积极申请加入全国教育科学"十五"规划教育部重点课题《生态体验：培养健康人格的德育模式研究》并获准立项了子课题《生态体验下校园文化建设研究》，学校同时也被确定为中央教育科学研究所—田家炳基金会学校德育研究与发展计划项目学校。2008 年 5 月，两个课题结题，获得了专家好评，被中央教科所和田家炳基金会评为优秀德育课题。

优秀的校园文化不是与生俱来、天然形成的，而是历史和文化的积淀。她的形成，包含了学校的物质文化、精神文化、制度文化和行为文化。

校园文化的内涵和效果是通过每个学校人的个体行为得以显现的，使每个学校人具有高尚的言行习惯是优秀校园文化建设的最终目的。

生态体验是建设优秀校园文化的一种有效模式。

生态体验是把外求与内求有机耦合的内外交融的道德教育形态，它在保留生态德育和环境教育之内核的基础上，在内外交融的形态下由体验者进行内外全息感悟，恢复了道德的自觉性和共生性。生态体验包含有自然生态体验、类生态体验和内生态体验。自然生态体验是体验者在自然之境中的体验，它侧重于对人与大自然之间关系的领悟；类生态体验侧重于人与人之间的交流与合作；内生态体验是我们自己内心世界的感受和领悟，如何把领悟的东西内化为自己的思想和行动，完善自我，是三重生态体验的最高境界。

校园生态是对德育工作影响最大的生态环境，它为德育工作提供各种物质环境和精神环境。校园生态又有着自己的生态环境，主要有自然环境、社会环境、文化环境。校园生态本身是一个开放的系统，它不断地与外界交换物质、能量和信息，从而使自己变得有序。自然环境、社会环境和文化环境则通过对校园生态的影响间接地对德育工作发生影响。

二、研究的主要内容和目标

体验教育的提出是对教师能力的一项挑战，课题组研究的一个重点内容就是对教师的培训，一支高素质的队伍是建设优秀校园文化的灵魂。对教师的培训侧重于对班主任和学校中层以上管理队伍的培训，因为他们是和学生接触最多，对学生和学校影响最大的人。

要建设优秀的校园文化，大力开展校园文化活动，营造浓烈的校园文化氛围，让学生在道德情感的体验过程中，自己去探索、自己去体验、自己来悟出道理，学会做人、学会劳动、学会健体、学会共处、学会生活、学会学习、学会审美，形成生态德性和健康人格。

该校重点研究生态体验下的校园物质文化、精神文化和行为文化的建设。注意研究校园物质文化、精神文化对师生的作用和影响。让校园的一草一木发挥作用，让校园的墙壁也能说话，让自然环境陶冶学生的情操，让学校人文环境的建设提高学生的审美能力，让每个学校人具有高尚的言行习惯，"处处德育场，人人德行师"，构建和谐生态校园。

三、研究方法

体验教育不同于一般的经验形成教育，它具有新的教育理念：一方面，强调个体的亲身经历与自我认识；另一方面，在价值观上，又重视人与人的理解与合作，重视人的全面发展。这一教育理念落实在教育行为上，就是要强调受教育者的情感体验与道德体验。

从三重生态的视界，坚持回归生态，回归生活，深入感受生命个体的心灵世界，在三重生态圆融互摄的体验场中开展现场扎根性研究，作全身心沉浸式体验和领悟。力图做到理论思考与实践探索的结合、逻辑与生活的结合。

营造体验场、开放式对话和反思性表达与提升，是生态体验模式实践路径的简要概括。进入生态体验之境，放下或悬置颠倒执著的知识经验、思想观念和行为方式，出现全息沉浸、灵肉融通、诉说性对话分享并进行反思性表达，让体验者懂得如何融通过去的生态阅历、未来的生命梦想和当下的生命感受，找到生命健康成长的丰沛雨露和和煦阳光。

四、研究结论与重要成果

（一）校园物质文化建设已见成效

该校注重研究人与环境的对应关系，从生态学的角度审视校园，让校园的一草一木发挥作用，让校园的墙壁也能说话。学校的目标是"处处德育场，人人德行师"。

学校东门外的围墙上写有"为学生可持续发展奠基"的办学理念；学校西门长廊修建有文化墙，涵盖爱国、修身、立志、进德、处世等内容，突出了基本道德观念的教育。所选的每一条格言都注明出处，解说大意，图文之间相互映衬，富有启发意义。

学校的草坪上塑有该校原国文教员、人民艺术家、《松花江上》创作者张寒晖先生的雕像，先生的"做人不易，唯是是宗"时刻提醒着附中师生做人的道理。

草坪上温馨的提示语，诸如"小草也有情"、"碧绿点点，温馨无限"、"水清鱼读月，花静鸟谈天"、"行人两边绕，绿草迎风笑"、"得好友来如对月，有奇书读胜看花"、"一片芳草，一份希望"等也体现了校园物质文化的建设成果。

（二）全校教师德育理念发生转变，德育理论水平和实践能力得以提高

1. 教育叙事——"传记"生活，分享感悟

教育叙事是一种教育生活体验的"传记"，是对教育生活的描写。我们经历着故事，在故事中成长；我们讲着自己的生活，听着别人的故事；我们读着故事，与别人交流；在故事中我们相识与理解，在故事中我们沉思、成长。

在学习教育叙事研究方法理论知识的基础上，全校所有班主任结合个人的教育生活体验，将自己教育实践中的亲力亲为以教育叙事的方式写了出来。学校每学期召开德育工作研讨会，大家进行交流和分享。这种"类生态"的体验，促使大家的"内生态"也发生了积极的变化。

2. 拓展训练——磨炼意志，熔炼团队

2006 年 5 月 20 日、21 日，该校全体班主任和课题组成员一起参加了拓展训练营的活动。拓展训练对人的体能要求并不高，更多的则是对心理的挑战。因此有人形象地称它为"小游戏、大道理"。更确切地说拓展是一种感悟、一种体验，让我们重新认识自我，起到"磨炼意志、陶冶情操、完善人格、熔炼团队"的作用。闭营仪式上，大家相拥而泣，许许多多的感动把大家联系在一起，让团队更加坚强有力。

3. 生态体验——触动心灵，专业反思

2007 年 3 月 24 日、25 日，我校组织了体验式教育亲验活动。参加亲验活动的 70 位教师体验了滚雪球、成长三部曲、无家可归、解开千千结、同舟共济、突围闯关、偶数游戏、行动力自我评估、教师的一天、名字的故事、心灵之旅（盲行）、优点轰炸、搭高塔、避难所的选择、生命线等一系列亲验活动。

2007 年 8 月 27 日、28 日，刘惊铎教授针对该校德育工作的校本问题，量身定制，规划、设计了体验活动方案，精心组织了主题为"生态体验：走向魅力德育"的培训活动。该校参加培训的 95 名班主任和青年教师全息沉浸、感受心灵的震撼。"让我们荣辱与共"的体验活动充分展示了 10 个小组的风采以及大家对未来的希望。"多彩光谱"活动，大家认识到，有益有效的德育和教学，在于发现和激发人。"遵从指令"活动，大家体验到要宽容，要学会融通，要理解学生。"撕纸"活动让大家领悟到应该尊重差异性、多样性，并在多样性的分享中开启智慧、丰满自己的人格。

这些亲验活动，让大家意识到传统德育工作空洞的说教是多么的乏力，

应该为我们的学生创设体验真、善、美的教育情境，注重在体验中关注学生的成长，建立和谐美好的师生关系。教师们实现了德育理念从抽象化、空洞化的说教向充满生活情趣和人性关怀的体验式德育理念的转变，并逐渐开始运用生态体验教育理论影响自己的工作和生活。

4. 效能训练——专业发展，师生和谐

通过参加生态体验德育课题的研究，大家认识到，一个学校可持续发展的原动力必然是教师的专业发展。学校于 2007 年 11 月至 2008 年元月、2009 年 5 月分别在高、初中组建了两个教师效能团体，尝试利用团体动力学，借助团体活动形式，让教师们在一个相对安全的人际氛围内，体验活动，相互交流，反思分享自己教师生涯中的点点滴滴，探讨教师专业素养对教师职业生涯的影响。实践证明，教师效能团体真正实现了在生态体验"理论引领"下，在教师"同伴互助"创造的一种学习与探索的精神氛围中，通过同伴之间的相互切磋和相互借鉴以及对"自我经验"的反思，有效提升了个人的教育智慧和整体团队的教育素养。

(三) 构建学生"内生态"体验教育模式，提升德育的有效性

该校设有心理辅导室，面积达 100 多平方米。从功能上分为 4 个室，即个别咨询室、团体辅导室、放松室、心理测试兼阅读室。2004—2006 年，该校承担了陕西省教育科学研究所基础教育科研项目"中学生团体心理辅导的实践探索与研究"。2008 年，该校设置了高一学生心理班委，组织了团体培训。2009 年 5 月，组建了初三学生学习成长小组，优化学生的学习心理。大家发现，团体心理辅导无论在内容上还是方法上，对学校德育的内化都是一个有效的补充。

(四) 德育理念得到家长支持

学校特别重视社会、家长这样的"类生态"资源，形成了"社会教育—学校教育—家庭教育"三级德育网络，全面做好德育工作。学校在每学期每个年级的家长会上安排专题讲座，结合不同年级学生的生理和心理特点，请专家和家长面对面交流，普及心理健康知识，共同关注学生的心理健康成长。家长的信赖、支持也推动了校园文化的建设。

(五) 多姿多彩的校园文化实践活动，积累生活智慧，诱发生命感动

课堂是德育的主阵地，各科教师都能结合学科特点，带给学生润物细无

声的体验。除此之外，学校开展了多姿多彩的校园文化实践活动，丰富和积累学生的体验，培养生活智慧，诱发生命感动。

1. 国旗下讲话

每周一清晨，庄严的升旗仪式之后，该校师生要在操场举行"国旗下讲话"活动。讲话稿由值周班级准备，该班学生代表宣读。讲话撷取校园文化生活中大家最关心的话题进行，内容健康、积极、向上，有激励和鼓舞作用。国旗下讲话，人人都有一种自豪感和责任感，有利于学生健康情感的熏陶和培养，有利于学生审美情趣的形成和提升。

2. 学生社团活动

该校的学生社团有话剧团、模拟联合国社团、国学社、管乐队、民乐队、合唱队、舞蹈队、时装设计与表演队、初高中男女篮球队、高中男女排球队、初高中男子足球队、田径队、航模队、校刊编辑部等。社团每周活动一次，每学期汇报表演一次。新学年社团纳新时，学生报名都很踊跃。2009年年初，学生会为满足同学们的兴趣要求新开办了街舞、魔方、动漫三个社团。社团活动获得家长和师生好评，形成了一定的良好社会影响，推动了该校校园文化建设的发展。

2008年3月6日—9日，北京大学全国中学生模拟联合国大会（PKUN-MUN 2008）聚集了来自全国各地60余所中学的555名优秀学生代表，他们扮演不同国家的外交官，按照联合国的会议形式，进行游说、辩论、讨论、磋商、结盟、达成共识、通过决议草案等。该校模拟联合国社团刚刚成立半年，第一次走出校园，就在此次大会中有出色表现，用他们身上的智慧与魅力赢得了大会成员的一致好评。2009年3月，该校宁玉婷同学又荣膺北大"模联"最佳阐述奖。

3. 汉语风采大赛

大赛分演讲（或即兴演讲）、（古）诗文诵读、广告创意、心有灵犀、小品剧（2009年第五届大赛要求高一年级必须为原创心理情景剧）表演等五个环节，包括初一、初二、高一、高二年级四组。以班为单位参赛，奖励各年级总分前三名并颁发各环节单项奖。大赛的目的在于激发同学们对汉语学习的兴趣，挖掘潜能，展现个人汉语才华和团队合作精神，体现汉语博大精深的内涵。学生们承担了许多以往由教师做的工作，角色转变的体验，不仅增强了学生的主人翁意识，还带来了更多的思考和学习、生活方式的改变。

几年来，通过这项活动，学生学习汉语的兴趣大大提高，能力不断增强。在准备与参赛的过程中，加强了师生之间的沟通与交流、同学之间的团结与协作，培养了学生的创新意识，竞争意识、合作精神、宽容态度和创作的乐趣。风采大赛成为校园生活的一大亮点，真正成为展现学生风采的舞台。

4. 英语风采大赛

大赛以班为单位，分个人演讲、趣味猜词、广告创意、英文歌曲演唱、电影配音五个环节。

5. 经典诵读

把经典诵读和平时的教学工作结合起来做，利用课前三分钟来抄写、背诵、解释和感悟。分初高中选读古诗文，让同学们关注优秀的文化传统和经典作品，提升自己的文化修养和道德水准。

6. 体现团队精神的多种文体比赛

每学期分年级组织男女生混合篮球联赛、男子足球联赛、趣味跳绳比赛、乒乓球赛、"阳光伙伴" 28 人 29 足绑腿跑活动，每年举办一届田径运动会。每学年组织器乐比赛、书法、绘画、摄影比赛、校园歌手大赛、大合唱比赛等活动。这些体验活动，充分展现了同学们的运动和艺术天赋，培养了合作精神、拼搏精神、创新精神。

7. 结合校史和重大节日，开展纪念活动

在纪念张寒晖先生诞辰百年之际，先生的雕像落成典礼在附中校园举行，全校三千余名师生合唱《松花江上》，参加典礼的陕西省音协主席、《蓝花花》的曲作者贺艺先生感慨地说："如此大型的群众文化艺术活动，已多年不见，教育意义深远。"

在纪念抗战胜利六十周年大会上，全校再次组织千人合唱《松花江上》。《松花江上》也成为该校每年大合唱比赛的必唱曲目，所有从陕西师大附中毕业的学生都会唱这首歌。

2009 年第二届中国诗歌节开幕式，该校是唯一的学校参演单位；在大雁塔北广场举行的"盛世中国，诗意长安"——西安市万名中小学生集体诗歌朗诵中，开场和结尾表演均由该校承担。

五、收获与体会

（一）全校一半以上的教师参与到课题研究中，基本掌握了生态体验这种有效的、具有魅力的道德教育模式，并逐渐运用到自己的教育实践中。教师们也领悟到生态体验就在自己的日常生活、学习和工作之中，就在你我他的平常交往之中。

（二）通过校园文化建设研究，营造浓烈的校园文化氛围，学生的个性得以张扬，天赋、特长和爱好得以展示和发挥，综合素质得到提升，可持续发展后劲儿大。

（三）通过课题研究，培养出了一批高素质的教师队伍，抓住了校园文化建设的核心。

（四）在生态体验中，教师们学会了享受职场幸福，学生们学会了享受生活和学习的乐趣。生态体验有效促成我校德育理论与实践的有机结合，达到"让理论生根，让经验生翅"的德育发展新形态。

（五）借助科研课题研究推动德育工作，有助于打造学校特色。

西部区域校本案例分析三：
内蒙古通辽一中在深化改革中与时代同步发展

一、办学条件与背景

一个历经八十余载风雨洗礼的品牌，一个见证三十年改革开放成果的地方，一个承载科尔沁教育理想的摇篮，一所培育数万名优秀人才的学校，春风化雨，桃李芬芳，这就是与时代同步发展的通辽一中，一朵在科尔沁草原上吐蕊怒放的教育奇葩。

通辽一中始建于1926年，1978年被吉林省确定为首批办好的重点中学，1979年通辽市划归内蒙古自治区，通辽一中又被确定为自治区首批办好的重点中学。一所自治区级重点高中和示范性高中，经过几代一中人的艰苦奋斗、努力拼搏，通辽一中薪火相继，学脉相传，弦歌不辍，历程辉煌。现在，南北校区共有在校生近9 000人，正式教职员工680名，校园占地面积513亩，建筑面积18.5万平方米。通辽一中现在已经成为自治区校园占地和建筑面积最大，在校师生员工最多，现代化设施最好，办学层次最为齐全的学校。

长期以来，学校坚持"以人为本、以德立校、依法治校、科研兴校"的办学理念，凭借优质的教育教学资源，积极推进素质教育，全面加强学校管理，不断提高教育教学水平，努力创建和谐共进的教育环境，为通辽地区教育事业的发展作出了应有的贡献。

二、特色高中创建路径

(一) 首先重视学校领导团队建设

按照新时期对干部政治业务素质和领导能力的要求，学校不断加强领导班子和中层干部队伍建设。班子九名成员注重学习，加强沟通，相互支持，相互促进；坚持以科学发展观指导工作，深入实际，密切联系群众，及时解决问题，不断提高领导和驾驭学校工作的能力，形成了一支战斗力强、凝聚力强的领导团队。

(二) 切实抓好教师队伍建设

多年来，学校坚持以师德建设为基础，以提高业务能力为中心，以打造师德高尚、业务精湛、结构合理的教师队伍为目标。通过不断实践、创新和探索，学校在培养青年教师的过程中，形成和完善了完整的"教研组—年级组—学校"三级培养模式和"一三六九"模式，即一年站稳讲台，三年成为达标教师，六年成为校级骨干教师，九年成为市级骨干教师。配合这一模式，相应地辅之以制度上的激励、资源上的共享、业务上的培训、活动中的培养。学校坚持"走出去、请进来"相结合的办法，学习先进，完善自己。近几年校长先后带领部分教师到东北师大附中、大连育明高中、辽宁鞍山一中、本溪高中、河北衡水中学等校学习取经；先后邀请北师大陈会昌教授、哈尔滨心理学校曲伟杰教授、中央教科所刘惊铎教授、姚亚萍博士等专家学者到学校举办讲座，现场指导；先后七次组织教师参加计算机培训465人次。通过教师业绩考核、听课评课、学生问卷、师生代表座谈会等形式，逐步建立起一整套教育教学反馈和评估机制，从而促进了教育教学水平的提高。

(三) 创造条件提升校园硬件建设水平

凭借改革开放带来的活力，经过几代一中人的不懈努力，学校发生了翻天覆地的可喜变化：由解放初期的几排简陋的平房教室发展到今天的两大校区楼舍林立，设施精良，环境优美，供给完备。近年来，为适应教育信息化的要求，学校共投入550万元安装了多媒体教室，投入50余万元改建了实验室，并为每个办公室配备了电脑；2007年完成南北校区的计算机联网工作，实现了资源共享。

现在的通辽一中现代化、数字化、人文化的校园南北辉映，气势恢弘，未来发展之路更为广阔。

三、以德育改革统领整个学校工作全面和谐发展

（一）全面育人，真抓素质教育

结合教育新形势，学校依托完善的规章制度、丰富的文体活动、优美的校园环境，形成清新、健康的校园文化，促进学生良好行为习惯的养成；通过优秀学生和先进班集体的评选、新生入学教育和军训、校园艺术节、暑期夏令营、校园演讲比赛、田径运动会、主题班团会等活动，全面推进素质教育，促进学生健康发展。1986 年学校被自治区政府授予"内蒙古自治区先进单位"称号；1988 年被国家教委评为"德育工作先进校"；2000 年被教育部评为"全国中小学德育工作先进集体"。

（二）建章立制，创建平安和谐校园

在过去的三十年中，学校不断进行探索，积累了丰富的办学经验。学校坚持"一把手"负总责，建立健全学校安全工作责任制，制订了《通辽一中创建平安校园活动实施方案》和《通辽一中校园安全应急预案》。同时，不断加大人力、物力和财力的投入，定期进行检查和整改，学校的治安工作得到了上级有关部门的好评。2006 年被自治区授予"社会治安综合治理长安杯"荣誉称号；2008 年被通辽市市委、市人民政府评为"平安建设先进单位"，被市人民政府评为"落实消防工作先进单位"。

（三）务实求真，开创党群工作新局面

党建工作始终与学校中心工作紧密结合。2002 年以来，学校坚持以十六大和十七大精神为指导，围绕学校教育教学重点，积极开展党建常规性、基础性工作，党组织的凝聚力和战斗力不断增强，党员的先锋模范作用进一步发挥，学校党总支连续三次被通辽市教育系统党委评为"先进基层党组织"。

2007 年学校认真开展市直机关党工委组织的"三创三落实"和"实现率先崛起，争做排头兵"活动。根据学校实际，调整和健全各基层党支部，召开支部工作培训会议，加强南、北校区支部书记的工作交流，并以基层支部为单位，创造性地开展了"五个一"活动，党建工作局面焕然一新。

四、依靠科学整体提高教学质量

（一）在教学领域牢固树立"质量求生存"理念

质量是教育的灵魂，是发展的保障，是学校的生命线。学校注重教育质量的提高，引导教师不断优化教学过程，在近几年的高考中，学校升学率逐年上升，社会影响力不断提高。

2005 年：通辽市文科、理科第一名；高分段人数全市第一，理科前十名中有 4 人，文科前十二名中有 5 人；文理科 600 分以上共 101 人，600 分以上人数全市第一；上重点线、二本线、三本线人数均列全市第一。

2006 年：600 分以上 94 人，上重点线 337 人，均为通辽市第一名；谢兰迟同学以 697 分的成绩名列通辽市普理第一名，自治区第三名；陈延哲以 671 分列通辽市普理第二名，应届生第一名。

2008 年高考再创佳绩：文科 600 分以上有 8 人；理科 600 分以上 86 人，位居通辽市第一名。本科一批上线 423 人（不含音体美），居全市第一；本科二批上线 838 人，居全市第一名。代倩倩同学以 633 分获全市文科状元。唐吉思同学被清华大学免试录取，成为通辽地区有史以来第一个清华保送生。

同时，学校积极开辟第二课堂，注重数、理、化、生等学科特长生的培养，在自治区级和全国学科竞赛中成绩优异：2005 年，有 56 人获得全国英语竞赛全国决赛资格；数理化三科奥赛有 1 人获自治区一等奖，9 人获二等奖；在第 24 届全国中学生物理竞赛中，有 3 名学生获一等奖。2007 年，学校被通辽市教育局评为"教育教学质量提高年活动"先进集体。

（二）以科研促师生生命样态优化，推动学校面貌深层改观

科研兴校是学校的办学理念之一，学校坚持"大科研"与"小科研"相结合，以校本科研课题为重点，把教科研工作作为学校提高教育教学质量的重要途径。2005 年 3 月，电教课题组承担的自治区级科研课题《利用信息技术在多媒体环境下优化课堂教学过程，提高课堂教学质量与课堂效率的研究》顺利结题，受到自治区电教课题组专家好评。2008 年，内蒙古教科所《关于基础教育新三片优质资源开发和利用》课题已经顺利结题，该校又申请成为全国教学科学"十一五"规划教育部重点课题《生态体验式德育的案例与问题研究》的子课题，并根据课题的核心理念分两批对南北校

区共计 240 名教师进行了专项培训，全校教师积极参与到子课题的研究中，积极性空前高涨，牢固树立起校本科研意识，推动了学校教科研水平提高。

学校通过完善教科研制度，鼓励教师从事教学研究，实现科研教学相得益彰。

（三）以特色求发展

通辽一中有着优良的体育传统，学校非常重视体育活动的开展，确定了"巩固优秀体育项目（田径），发展特色体育项目（排球）"的体育工作新思路，体育工作成绩优异。1983 年，在上海举办的第五届全运会上，学校荣获"全国群体工作先进单位"称号，并获银盾一枚；1984 年被自治区体委、教育厅命名为"自治区田径传统项目学校"；1985 年被国家体委、教委评为"全国体育传统项目学校先进单位"；遵照中央 7 号文件精神，学校正在扎实有效地开展阳光体育活动。

艺术教育方面，同样可圈可点。2003 年，由学校编排的学生舞蹈节目《校园欢歌》脱颖而出，被自治区教育厅评为"全区首届中小学艺术展演大赛舞蹈一等奖"；2004 年，进京参加会演，又被教育部、共青团中央评为"全国第一届中小学艺术展演活动艺术表演类节目二等奖"。

顺应时代潮流和教育需求及地区经济发展的趋势，学校的未来发展还要不断地加强南、北校区的内部交流和工作融合，充分发挥南校区 80 年办学经验的优势和北校区优质教育资源的优势，努力把南校区做精做强，把北校区做大、做强、做出特色。

五、把发展的文章做漂亮

（一）继往开来，八十华诞写春秋

2006 年 9 月 15 日，通辽一中举行了建校八十周年庆典活动。整个活动简朴、热烈、隆重，受到了与会者及社会各界的好评。八十年校庆不但成为校友相聚的平台，也总结了校史，凝聚了人心，振奋着精神，激励着发展，成为学校发展史上的一个重要的里程碑。

（二）科学规划，环境育人展新姿

为进一步改善办学条件和实现长远发展，学校积极申请立项在南校区建设一栋图书科技楼，解决教师办公室、图书馆和实验室不足的问题，并逐步增加电子教学和办公设备，完善教育教学信息平台的建设。进一步搞好北校区的绿化、硬化和亮化工程，以及原基建工程的扫尾、增补工作，使北校区的校园建设再上一个新的台阶。

为更好地利用优质教育教学资源，适应通辽市普及高中阶段教育远景规划的新形势，争取在 2010 年实现在校生 10 000 人，行政教学班 174 个，教职工 800 人，切实把学校做大做强。

（三）适应发展，队伍建设添活力

随着科学技术的不断进步和社会的发展，知识更新将越来越快，处在教育前沿的教师们，必须把提高整体素质放在第一位。以青年教师培养为重点，继续实施"一三六九"工程和三级培养体制，打造一批学校和市级骨干教师；实施名师工程，三年内每个年级、每个学科再培养 2～3 名学科带头人；建立起公正、合理的教师考核评估机制、人才竞争机制和奖励机制，进一步调动教职工的积极性。

（四）育人为本，和谐校园谱华章

教育大计，育人为本。在推进素质教育的过程中，学校全面贯彻党的教育方针，以社会主义核心价值体系为教育的总内涵，建立学校、家庭、社区三结合的育人网络，在不断强化全员育人的同时，充分发挥班主任队伍育人优势，挖掘岗位育人、服务育人、课堂主渠道育人的潜力，不断提高教育的针对性和实效性，培养学生具有高尚的思想情操、远大的理想抱负、坚强的意志品质、顽强的拼搏精神、良好的行为习惯。

创建平安和谐校园既是国家的整体要求，更符合学校办学实际，是落实科学发展观，构建和谐社会的具体体现。随着社会的发展，学校将继续弘扬校园文化，改善师生的学习、工作和生活条件，不断解决规模与质量、个体与整体、个性发展与社会需求等矛盾，建设诚信友善、安定有序的和谐校园。

通辽一中始终牢记自己的光荣历史，明确未来的发展目标，不辱肩负的历史使命。在全体师生员工的共同努力下，秉承传统，锐意进取，向着高质量、有特色、现代化的国家级示范性中学办学目标不断迈进！

第四节 中部区域：区域协调发展模式

区域协调发展模式指以示范性高中为核心，分层实施城乡和区域学校的联合，将示范性高中所隐含的人才培养基地、师资培训中心、教学研究中心、信息资源中心的作用显性化，促进优质普通高中教育资源合理配置，并由此带动和有效促进各地普通高中教育之区域性的整体协调发展，进而促进优质普通高中教育资源向全省的扩散，在现有经济发展条件下极大地满足广大人民群众对优质普通高中教育资源的需求，最终促成各省全省范围内的普通高中教育整体协调发展。

中部地区调研发现，在示范性高中建设实践中取得了许多宝贵的经验，同时，也显露出一些问题。为此，由省级示范性高中建设活动切入，通过规划性地建设省级示范性高中和一批市州级示范性高中行动，交流、传播示范性普通高中建设实践的成功经验，反思和总结示范性高中建设的失败教训。其工作重点是由省教育厅对第一、第二批省级示范性高中进行督导复评，对一些发展步伐缓慢、不能与时俱进的学校提出限期整改要求，既切实保证示范性高中的质量和声誉，又有效促进普通高中学校的整体发展，扩大和提升各省范围内的优质普通高中教育资源，使示范性高中逐渐成为当地基础教育改革与创新的基础平台，更好地服务于当地社会经济发展需要，满足老百姓对优质普通高中教育资源的需求。

对中部广大地区来说，广大农村地区的普通高中教育发展水平滞后，特别在财力保障和师资质量方面明显弱于城市。因此，各级政府积极调整其财政支出结构，加大对农村高中教育的预算性投入，集中财力首先解决农村教职工的工资发放，坚决制止一些县政府因财政困难减少基本的财政拨款，私自确定让学校自筹经费的现象，切实保证农村高中教育的持续稳定发展。为此，采取切实措施进一步深化农村普通高中的教育改革，使农村普通高中的课程设置能紧密联系当地农村社会经济发展的实际状况，让学生学以致用，为当地经济建设和社会发展以及家庭致富发挥积极作用。同时，政府通过制定一些鼓励性政策，引导和激励一些优秀的师范大学毕业生、教育硕士生、城市骨干教师到农村普通高中任教或支教一定时间，实现城乡之间师资的合理流动与资源共享，促进城乡教育事业的共同发展。

下面，以河南省的普通高中教育战略发展模式选择为例。

一、河南省普通高中教育发展模式选择的基础

河南省 2007 年初中毕业生 189.11 万人，高中阶段教育当年招生 136.08 万人，毛入学率达 71.96%，比上年度提高 12.09 个百分点。该省普通高中 920 所，比上年度减少 35 所；招生 70.57 万人，比上年度增加 2.82 万人，增长 4.16%，初中毕业生升入普通高中的比率为 37.32%；当年普通高中在校生达 212.63 万人，比上年度增加 11.05 万人，增长 5.48%；校均规模由 2 111 人增加到 2 311 人；全省普通高中平均班学额为 68.94 人。普通高中专任教师数量持续增加，合格学历比率进一步提高。从全省普通高中政府投入情况考量，据《2007 年河南教育年鉴》公布：2006 年全省普通高中预算内生均教育事业费支出为每生 1 304 元，比上年度增长 23.9%，位居全国第 31 位；全国当年平均水平达 2 237 元，河南省比全国平均水平少投入 933 元，仅为全国平均水平的 58.3%。全省预算内生均共用经费支出为每生 373 元，比上年度增长了 50.8%，位居全国第 18 位；全国当年平均水平达 447 元，河南省比全国平均水平少投入 74 元，为全国平均水平的 83.4%。基于上述两项政府对普通高中经费投入数据分析，河南全省普通高中基本经费整体投入水平偏低。[①]

目前，河南全省共有省级示范性普通高中 172 所，为建设优质普通高中，提升全省普通高中办学水平奠定了基础。

从河南与全国其他省（区、市）的比较分析显示：该省是目前全国人口最多的省份，据《2007 年河南统计年鉴》查证，至 2006 年年底全省总人口为 9 820 万人，人均国内生产总值 13 313 元。总体情况属人口多、底子薄，经济发展相对落后的省份。从全国高中教育发展情势看，目前河南的普通高中教育发展水平在全国处于中等发展层级，但由于人口相对众多，高考升学竞争又相当激烈，故社会对加速发展普通高中特别是优质高中需求迫切，大力发展普通高中事业具有深刻的社会需求和地区性文化需求。

---

① 资料来源：相关年份的《河南教育年鉴》和河南省教育厅、财政厅、统计局《全省教育经费执行情况统计公告》。

二、河南省普通高中教育发展的优势

（一）教育事业规模扩张，财政投入增加

1998 年至 2007 年的 10 年间，河南全省普通高中教育事业得到了迅速发展和大幅提升，高中教育的规模与质量有了明显扩张与上升，相关数据显示出一种显著性整体上升的发展态势。具体分析呈现以下特点。

一是普通高中事业规模倍速提升，普高学校数由 1998 年的 643 所发展至 2007 年的 920 所，净增 277 所，增幅为 43.08%，如图 5 – 19 所示。

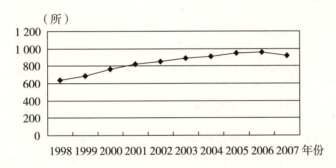

图 5 – 19　河南省普通高中学校数变化

二是高中阶段毛入学率实现了质的飞跃，普高与职高的招生比例趋于基本合理的发展态势。其高中阶段的毛入学率由 1998 年的 34.04% 发展至 2007 年的 67.7%，基本实现了倍速提升，有效缓解了社会对普高的迫切需求；普高与职高的招生比例，也由 1998 年的 1:2.03 调整至 2007 年的 1:0.93，基本缓解了社会对普通高中升学需求的突出矛盾。

三是普通高中在校生规模进一步扩张，班学额过多现象有所缓解。普通高中在校生总数由 1998 年的 51.13 万人上升至 2007 年的 212.63 万人；同时，经过 10 年的发展全省班学额也已下降至目前的 68.94 人。

四是全省普通高中专任教师队伍迅速扩张，合格学历的达标率明显上升。1998 年河南省普通高中仅有专任教师 3.75 万人，发展至 2007 年已有 9.79 万人，净增 6.04 万人，增幅达 161%；其专任教师中合格学历的达标率也由 1998 年的 64.3% 上升至 2007 年的 88.67%，且具有研究生学历数已占总数的 2.32%。

五是河南全省常住人口每万人中普通高中在校生数的比例显著提高，

普通高中教育惠及百姓的概率显著上升。1998 年河南省每万人中普通高中在校生仅有 54.89 人，发展至 2007 年已上升为 216.52 人，如图 5-20 所示。普通高中惠及了更广大的人民群众，初步缓解了当地老百姓对接受普通高中教育的迫切需求。这些事业性的规模扩张与发展为整体提升河南普通高中教育奠定了坚实基础，也为实现各级各类教育的协调发展创造了条件。

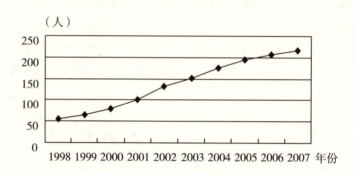

（人）

图 5-20　河南省每万人中普通高中在校生数变化

基于河南省普通高中教育近 10 年来迅速发展的基本事实，其背后必然有国家和社会的财力支撑，教育投入对教育事业发展起着至关重要的作用。以 2006 年河南省教育投入的总量分析，全省当年教育经费总支出为 417.9 亿元，比 2005 年的 355.1 亿元增加 62.8 亿元，增长 17.7%，占当年河南省国内生产总值的比例为 2.28%，与 2005 年相比上升了 0.06 个百分点；与 2000 年的支出总量 168.7 亿元相比，增幅高达 148%。这里呈现出河南省政府对教育的投入总量呈显著性增长状态。

再分析河南省普通高中教育发展中政府的财政性投入情况，2006 年河南全省普通高中预算内生均教育事业费支出为 1 304 元，比 2005 年的 1 052 元增加 252 元，增长 23.95%，高于同期教育总支出增长幅度 6.25 个百分点，也就是说河南省对普通高中的财政预算性投入增幅高于同期省内教育总支出水平。2006 年河南全省普通高中预算内生均共用经费支出为 373 元，比 2005 年的 247.4 元增加 125.6 元，增长 50.77%，高于同期省内教育总支出增长幅度 33.07 个百分点，位居全国第 18 位，高于河南省当年小学、初中和中等职业学校生均共用经费在全国的位次。从政府财政性投入保障指标分析，河南省普通高中的经费保障在省内各级教育投入中总体显示正常发展态势，基本与当地社会经济发展体系相吻合，并且近年来呈现一种较大的增幅趋势。河南省普通高中生均共用经费和生均教育事业费如图 5 - 21 和图 5 - 22所示。

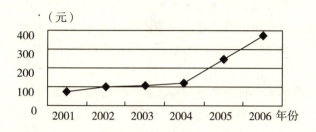

图 5 - 21 河南省普通高中生均共用经费变化

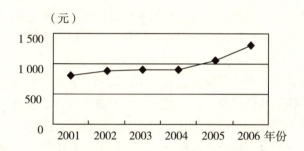

图 5 - 22 河南省普通高中生均教育事业费变化

（二）管理水平提升，优质资源增长

普通高中事业的发展与壮大，除了适度外延扩张以满足当地民众对普高的基本需求，有效降低普高班学额至合理指标外，更为重要的是通过不断优化教育政策性引导机制和科学改善学校内部管理体制，进而提升普通高中的办学质量和管理水平，以整体优化办学资源，实现教育投入的最优化，从根本上满足老百姓对优质普通高中资源的深层需求。为此，河南省早在2001年就启动了全省示范性普通高中的创建工作，并于2003年4月由省教育厅颁发了《关于普通高中教育改革与发展的意见》（豫教基〔2003〕34号），进一步明确了全省普通高中改革与发展的主要目标、基本任务和工作思路。当年7月，教育厅又颁布了《河南省示范性普通高中的基本要求和评估办法》，对省级示范性普通高中建设从办学方向、学校管理、队伍建设、教育教学、办学条件和办学效益六个方面提出了具体而明确的指标要求，并就评估原则、评估办法、评估程序等作出统一规定，文件还附有详细的评估细则等。这样一个具有政策引导性和社会影响力的示范性普通高中建设行动，对

全面提升和优化河南的普通高中教育水平、扩大普通高中的优质资源是具有巨大推动作用的。目前，河南全省共有省级示范性普通高中 172 所，为建设优质普通高中，提升全省普通高中办学水平奠定了比较坚实的基础。

虽然，河南省的示范性普通高中建设的起步并不早，但他们在创建和评估过程中所显示出来的一些基本特点还是很有价值的。主要特征有以下八个方面。

一是突出明确办学理念和办学特色，着眼长远、兼顾全局，注重从多方面培养学生的创新能力和创新精神，以开放、多元、个性化的理念来突破既有"重点高中"封闭的思维模式，探索建立一种富有办学个性的特色化发展方向。

二是完善学校发展规划，进一步明确学校发展的具体目标。

三是通过创建过程积极争取当地政府和社会的财力支持，较大程度地改善了办学条件。

四是教育教学改革不断深化，改革的举措和效果更加丰富与明显。

五是注重师资队伍建设，关心教师的专业成长与身心健康。

六是学校内部管理日益科学化、民主化、人性化。

七是校际间的合作交流日益频繁，示范性普通高中的社会辐射与示范功能得到强化。在创建示范性普通高中过程中，一方面是一些学校主动派出部分业务骨干和有专长的教师到外校或外地学习、考察、挂职等，虚心学习和借鉴别人成功办学的经验以弥补自身的不足；另一方面是各校结合自己的实际情况，主动帮助周边的薄弱学校，发挥示范性学校的辐射作用。

八是校园文化建设成效显著，办学品位不断提升。各示范性普通高中通过创建十分注重校园文化的营造，高度关注校园文化对学生和教师精神成长的特殊价值，整体优化了校园的文化环境。

（三）师资队伍壮大，教育质量上升

注重教师队伍建设，整体提升普通高中专任教师队伍素质是提高和改善普通高中教育质量的最基础也是最根本的条件。按照国家有关规定的高限师生比 1:13.5 测算，河南省普通高中专任教师在高中入学高峰时约需 11 万人，而 2000 年全省仅有 4.57 万名普通高中教师，当时缺口为 6.43 万人。经过 7 年时间的努力，至 2007 年底，全省普通高中专任教师达到了 9.79 万人，师生比已降低至 1:21.72，比 2000 年增加了 5.22 万人，增幅达 114%。虽然目前还尚有一定缺口，但整体数量呈现一种急剧增长态势，且专任教师的合格学历达标率也有明显提高，由 2000 年的专任教师合格学历达标率 71.39% 提高到 2007 年的 88.67%，七年中提高了 17.28 个百分点，其专任教师中目前已具有研究生学历者占总数的 2.32%，也有了相当程度的提升。这些足以显示河南全省普通高中师资在数量和质量上呈现的一种壮大和上升趋势。

同时，河南省在整体提升和优化普通高中师资队伍环节上还有一系列比较成功的举措。一是扩大和改革教师教育模式，丰富师资队伍补充的优质人力资源。据《2007 年河南省教育统计提要》显示，河南省目前有师范院校 15 所（含本科、专科），比 2004 年增加了 3 所；当年招生 69 343 人，其中本科生 47 061 人，专科生 22 282 人；师范院校在校生数当年达到了一个新的水平即 228 043 人，其中本科生 155 544 人，专科生 72 499 人，比 2004 年的 71 727 人增加了 156 316 人，增幅高达 218%。这些充足的师范院校生源将是河南未来师资队伍补充的主要来源。二是建立"教师发展学校"，积极探索教师教育为基础教育服务的新路径。河南师范大学、信阳师范学院、南阳师范学院、安阳师范学院等在考察了首都师大建立"教师发展学校"成功做法的基础上，每个院校建立了 3~5 所"教师发展学校"，直接为提升基层中小学校的师资发展创造了有利条件。三是引导师范院校配合国家基础教育课程改革需要，主动改革课程专业设置、培养模式和培养结构等，以提高师范院校服务于基础教育改革的适应力。四是注意强化师范类学生教师职业的专业技能训练，加强对教育实习的指导，增强师范院校毕业生对从事教育教学工作，特别是适应新课程实施的能力和适应性。五是切实加强师德建设，积极开展教师职业道德教育，宣传和弘扬优秀教师的先进事迹，鼓励优秀青年教师岗位成才。六是积极开展中小学教师教育技术能力建设计划，河南省作为全国的首批试点省份之一，全省专门举办了两期培训师资的培训班，为各省辖市培训了 1 000 余名培训骨干。七是组织开展了中小学教师网络联盟计划，即利用网络平台，大面积、低成本、高效率地开展教师培训工作。河南省与全国网络联盟紧密合作，目前河南全省有 15 000 名中小学教师正在进行网上学习。八是切实做好普通高中教师的提高学历层次教育和有计划的继续教育等，从根本上提高普通高中教师的合格学历达标率和研究生学历的比例。九是重点加强农村教师素质提高工程，推进农村教育硕士师资培养计划。根据河南省《农村教师素质提高工程》方案，到 2008 年，省和省辖市两级要为农村学校培训 50 000 名留得住的骨干教师。每年省、市两级投入专项资金 1 500 万元，专门用于培训农村骨干教师。上述举措有效推进了河南省普通高中师资队伍的建设和培养，整体提升了全省普通高中教师队伍的专业素质，以此保障了全省普通高中教育教学质量的同步提升。

三、河南省普通高中教育发展模式选择面临的问题

（一）经费保障缺口较大，学校存在举债现象

根据"利益获得"原则，受教育者由于其接受的教育而获得了高于他人的个人利益，其本人和家庭理应分担部分教育成本。因此，高中阶段教育的成本应由个人和政府共同承担。基于这一考量，由河南省发展与改革委员会、河南省财政厅、河南省教育厅联合公布的普通高中收费标准则大大低于全国平均水平。具体标准为城市高中每生每学期150元～200元，农村高中每生每学期100元～150元，仅为湖南省的五分之一，为山西省和陕西省的四分之一，为河北省和湖北省的三分之一到二分之一。另外，其普通高中的择校费水平也明显偏低，湖北省重点高中为27 000元，河北省重点高中为20 000元，而河南省仅为18 000元。这一普通高中事业性收费偏低的事实，再加上政府财政性投入与全国其他省区相比总体水平也偏低，2006年河南省普通高中预算内生均教育事业费水平在全国位次列第31位。如此之大的投入缺口，必然给普通高中事业发展带来一定的障碍。对具体学校来说，为了创建达标省、市示范性普通高中，只能负债建设、负债运营了。

（二）专任教师仍有缺口，教师待遇尚需提高

目前，河南全省普通高中专任教师数虽然较前几年有了大幅提升，2007年总量达到了9.79万人，普通高中师生比已降低至1:21.72。但是，这与教育部规定的高限师生比1:13.5推算，应有专任教师15.75万人，其专任教师总体缺口仍高达5.96万人，缺口率为37.84%。这样巨大的师资缺口必然给整体提升普通高中的教育教学质量带来很大的困难。同时，由于普通高中经费保障体系尚有较大缺口，故教师待遇普遍偏低，特别是与当地公务员的工资水平相比差距较大，据称每月平均要比当地同级别公务员低1 700元左右。另外，在河南一些农村地区还存在着某种不正之风，一些收入微薄的高中教师申报高级职称时大多需要请客送礼，据调研会上称一般花费要在5 000元～6 000元水平，这样实际上给教师们带来的经济负担就更加沉重了，这也在客观上造成一些教师有想离开河南、离开农村的想法，如河南某县实

验高中近五年内流失骨干教师就有 20 多名。另外，国家规定的教师担任班主任的津贴一直维持在 20 世纪 80 年代的水平上，至今没有调整与提高，这给学校改善教师待遇带来了很多不必要的麻烦。

（三）新课程推进举步维艰，应试教育压力巨大

2008 年秋季，河南省普通高中全面进入了新课程实施阶段，省教育厅和各地、各部门做了大量的准备工作，启动了新课程的各项培训工作。但是，面临新课程标准即将全面实施的现实局面，广大教学一线的领导和教师又存在着很大的担心。调研会上，一位资深的省示范性普通高中校长直言不讳地说："现在的实际状况是高考指挥棒考什么，学校就教什么。高中新课程实行学分制，学生毕业需获得 144 个学分，但是高考只考 68 个学分，谁能保证一名合格的高中毕业生另外 76 个学分获得的质量呢？很可能一些高中会出现有些课程都不开的局面吧！"许多基层普通高中的领导和教师十分担心，新课程标准的理念只能停留在口头上，新的教材或许也会出现"穿新鞋、走老路"的情形。大家在调研会一致呼吁，高中推进新课程关键是要在高考制度上作深入的改革，要通过新高考制度来引领学校的课程改革。

另外，河南是全国的人口大省，由于每年参加高考的人数一直位居全国首位，但实际录取人数和比例又相对较少，故高考的升学竞争更为激烈，普通高中的高考升学压力也更为巨大。2008 年是河南省历史上高考报名人数最多的一年，将近 100 万人。据统计，该年河南省普通高考全国统考类考生共 90.5 万人，比 2007 年的 79.1 万人增长 14.4%。加上报名专升本和对口生，考生总数近 100 万人，再创历史新高。河南省 2008 年普通高中毕业生净增了 11 万人，进入考生高峰年，升学压力进一步加大。但是，国家核定下达河南省的普通本、专科招生规模仅为 34.74 万人，只比上年度增加 2.12 万人，比该省上年度实际招生数减少了 0.78 万人。比该省上年度实际招生数减少了 0.78 万人。河南省教育厅研究并报经省政府同意，2008 年该省普通本、专科招生安排 38.66 万人，比去年省下达的 36.3 万人招生计划数增长 6.5%，高于全国平均 5% 的增幅。但是，河南省的实际高考录取率仍大大低于全国的平均水平，这也从客观上给普通高中带来了更大的升学竞争压力。

四、河南省普通高中教育
发展模式选择的思路与对策

（一）河南社会经济发展对普通高中发展需求的呼唤

河南省人口密度大，经济发展相对落后，教育资源比较有限，普通高中教育事业的发展必须坚持稳妥、量力、可持续的推进方针。根据有关专家研究结果，在产业结构体系中，从业人员受教育程度结构与第一产业比重的相关性不如第二、第三产业相关性大。其中第二产业劳动力所占比重与中学入学情况相关最为密切，第三产业比重与大学及中学入学情况都紧密相关。另外，根据对世界 100 多个国家的调查分析，人均国内生产总值在 1 000 美元 ~1 400 美元的发展中国家，高中入学率一般应在 60% ~90%。考虑到河南省产业结构调整对高中教育的需求，其高中阶段的毛入学率在 2007 年仅达到 67.7%，基本接近发展中国家同等经济发展水平的下限标准，到 2010 年应超过 70%，至 2015 年应接近或达到 80% 水平，至 2020 年应超过 90% 才能基本满足当地社会经济发展的需求。据此，河南省近期加速发展普通高中事业的任务还相当艰巨。

（二）政府应当承担起对普通高中建设与发展负主责的使命

积极办好并提升各类普通高中，促进普通高中资源配置的均衡化和优质普通高中资源的不断放大，对于当前推进我国基础教育逐步趋向现代化进程具有特殊的作用和价值。应当十分明确，政府对发展普通高中教育事业承担着第一责任人的主责。但是，我们在河南调研发现，从各省比较来看，河南的教育经费投入总量明显不足，各级教育间的份额分配也不尽合理。从生均经费来看，河南普通高中生均教育事业经费占人均国内生产总值的比率在全国居于中下水平，如 2006 年河南位居全国各省（市、区）第 31 位。因此，切实转变政府对教育投入的理念和认识，突出政府的教育投入行为，是拓展和提升普通高中教育资源的首要前提。要切实加大政府对发展普通高中教育事业的投入，保障普通高中教育能逐步适应并满足当地社会经济发展的需求。

（三）切实转变观念，深化普通高中办学体制的改革与创新

要在深入调研基础上，积极探索普通高中现代学校制度的试点和推进工

作。要从根本上解决普通高中办学模式的划一问题，要拓宽普通高中办学的建设和发展思路，要走普通高中特色化、品牌化建设、发展和创新之路。这是一个观念问题，也是一个深层的机制、体制问题，需要政府从公共教育政策层面给予必要的引导和推进。要大胆探索高考制度的改革，要通过更加有效、公正、科学的高考制度来引导普通高中自身的改革与发展，要注意缩小高考制度所带来的地区性不平衡、不公正状态，逐步建立起具有更加广泛的社会公信力的高考选拔机制，以此来推动和促进普通高中现代学校制度的建设和高中新课程的切实推进。

（四）从改革入手，切实加强和建设好普通高中高质量的师资队伍

首先，要从教师教育的源头抓起，要切实改善师范大学普通高中师资培养的招生机制、专业设置、实习训练、职业理想教育等，要通过有效的就业政策和待遇机制来吸引更多更优质的生源进入师范大学学习，要有整体提升和优化教师队伍质量的长远考虑。其次，要研讨和改进普通高中教师资格制度，要注意从改革的视角来综合考量普通高中教师资格的基本条件和类别设置，注意吸引更加广泛的全社会的优质人力资源进入普通高中教师队伍，要逐步建立有竞争、有调控的普通高中教师资格准入和废除机制，确保这一资格认证的质量不断优化。最后，对目前已经在岗的普通高中教师要建立经常性的科学培训机制，如定期离岗培训（三至五年有一次离岗培训），按比例推荐部分青年骨干参加学历提升教育，通过培养教育硕士的方式提高普通高中教师的教育和管理层次，专门设置普通高中教师的科研项目资助，推广在岗个性化的菜单式自主选择性师训项目工程等，有效构建普通高中教师队伍质量提升与优化的培训新体系。另外，还必须切实建立普通高中教师与当地公务员待遇水平的权威监测机制，确保普通高中教师的总体收入水平不低于当地同级别公务员的收入水平。

（五）大胆探索改革高考制度，有效推进普通高中新课程标准的实施

在河南调研期间时常可以听到许多普通高中的领导和教师对当年秋季即将在河南全省开始的高中新课程实施计划存有很大的担心与忧虑，其主要缘由即是如何使高中新课程计划能够与高考选拔制度有机衔接，并能通过改革高考制度来引领高中新课程的推进。目前的实际状况是国家课程方案在各校执行时被大打折扣，实际执行情况不容乐观。另外，对校本课程的开发与设置，也要切实加强协调与管理，要有一定的课程审定制度和配套教材的审查

机构，保证课程开设的科学性、权威性和合理性。

（六）探索和规范示范性普通高中的建设，促进优质普通高中资源合理配置

据河南省开展创建省、市示范性普通高中的实践考察，总体评价其成绩是十分显著的，特别是对于扩大和提升河南全省优质普通高中资源，更好地服务于当地社会经济发展需要和满足老百姓对优质普通高中教育之急需起到了积极的引导和保障作用。但实践中也显露出一些问题，如创建过程较多地关注学校硬件的建设与提升，比较忽略对学校文化、管理机制、人才培养和课程改革等方面的建设与示范；办学经费来源比较单一、匮乏，优质教育资源，特别是名、特、优骨干教师的人力资源严重紧缺；部分学校办学理念和发展目标还停留于口头或纸上，实际教育和管理行为对先进办学理念的执行和转化程度并不高，办学特色也仅停留于一些形式化层面，缺少深层的教育文化内涵；示范学校之间的竞争远大于合作，校际间的资源共享、合作提升明显不足，等等。要积极宣传和鼓励一些有个性、有办学文化内涵的普通高中的区域发展模式，进而引导各地探索和实践一些富有地域特色的普通高中发展新模式。

（七）切实加强对农村地区普通高中的投入，为农村普通高中提供各种优惠政策

切实制定农村普通高中教育普及发展措施和相应的财政保障政策就显得尤为重要。要切实解决农村普通高中教职工的工资保障和待遇落实问题，积极调整其财政支出结构，集中财力首先解决农村教职工的工资发放。各级政府应加大对农村高中教育的预算性投入，坚决制止一些县政府因财政困难而减少基本的财政拨款、私自确定让学校自筹经费的现象，切实保证农村高中教育的持续稳定发展。要进一步深化农村普通高中的教育改革，使农村普通高中的课程设置能紧密联系当地农村社会经济发展的实际状况，让学生学以致用，为当地经济建设和社会发展以及家庭致富发挥积极作用。政府还要通过制定一些鼓励性政策，引导和激励一些优秀的师范大学毕业生、教育硕士生、城市骨干教师到农村普通高中任教或支教一定时间，实现城乡之间师资的合理流动与资源共享，促进城乡教育事业的共同发展。

（八）关于切实加强和推进普通高中全面实施素质教育的问题

应试教育与素质教育，成为当前我国基础教育界争论最为激烈的一对矛盾。老百姓对普通高中的质量认定标准，首位和唯一的就是看其高考升学率

情况，这一点无法回避，也不可否定。但是，置身世界教育和竞争的发展现实，我们教育工作者的使命又不得不驱使我们去重新考量教育服务于社会发展的特殊功用，即教育所培养的人才参与未来社会进步和竞争发展的实际能力如何，教育对推动社会进步、促进经济繁荣的直接贡献力如何。这就必然需要上升到素质教育层面来考察了。当前，在普通高中有效推进素质教育的实质性工作，首先是找准定位，要有现实感地分析现状，不宜脱离实际地讲一些空洞"口号"，要从政策面对切实实施素质教育的学校提供方便与保护，要在高考改革中充分体现对素质教育的关注和检测，要从师资培养和课程架构层面提供实质性素质教育的目标与内容，特别要在高考内容、科目、试题类型等方面的选用上引导学校注重全面提高普通高中学生的综合素质与实践和创新能力。

中部区域校本案例分析：
南昌二中特色的形成及演进

一、发展历程

南昌二中是江西省一所历史悠久、声名卓著的优秀重点高级中学。她的前身是江西杰出教育家熊育钖于 1901 年创办的心远中学。熊育钖在办学过程中得到中国近代伟大启蒙思想家、教育家严复的悉心指导，严复还为心远中学推荐数理及英语教师，亲撰并手书心远校训、校歌。心远中学以其先进的教育思想、新颖的课程结构、开放的办学风格、优秀的办学质量，与天津南开中学、湖南明德中学并称为"中国三大私立新校"，曾经吸引了大批优秀青年从四面八方来此求学。

1949 年 9 月 10 日，江西省人民政府将私立剑省中学、青年中学与心远中学合并为江西省立第二联合中学，不久，改名为江西省立南昌二中，校址设在原联合中学。1953 年中学改市建制，正式定名为南昌市第二中学，是当时教育部中学教育改革实验基地和在全国重点联系的 30 所学校之一，由教育部直拨教学设备费。1960 年代表江西省赴北京参加全国文教群英会被评为"全国先进学校"。

二、办学条件

南昌二中红谷滩新校区，现有教学班 51 个，学生 2 806 人。在职教师

176 人，其中特级教师 4 人，高级教师 68 人，南昌市名师 2 名，南昌市学科带头人 11 人。学校数学教研组、政治教研组为南昌市名科。学校定位于"立足南昌，服务全省，面向全国，走向世界"，要办成全国一流、世界知名的现代化寄宿制示范性高级中学。是南昌市委、市政府按照"教育立市、科技兴昌"战略思想和"一江两岸"的发展格局，投入巨资兴建而成。占地 248 亩，建筑面积 50 000 平方米，校舍恢弘，设施齐全，设备一流。

三、历史遗产

1901 年，在熊氏"育"字辈中顺应潮流、首具卓识的熊元锷（族谱名育锷）联络堂兄熊育钖、熊育镐以及新建夏敬观、蔡公湛，高安邹叔忱等人，[①] 创建了一个以修研西洋实科和语言为主的新式学堂——乐群英文学堂。在征得家族同意后，借用熊氏位于南昌市东湖边的"平远山房家塾"作为校址。

熊育钖接管"乐群学堂"后，于 1903 年将其改为"南昌熊氏私立心远英文学塾"，成为江西最早的一所私立中学。1907 年改名"心远中学堂"，1912 年又易名为"南昌熊氏私立心远中学校"，熊育钖任校长。

学校十分重视教学质量，鼓励学生朝理工方向发展。为此，熊育钖不惜重金聘请省内外名教师，包括严复引荐的北洋水师学堂高材生李岑（幼堂）、陈持正（伯瓒），分任三角、几何和英语课程。学生用的数、理、化及外国史地教材一律是西文原版。除了注重英文和自然科学的教学外，熊育钖还特别强调中国优秀传统文化的涵养学习，把"四书"、《资治通鉴》、《读通鉴论》等列为学生的必读教材。学校"理化仪器，博物标本，均有相当设备。而尤以理化设备较全，且另有实验室二处，布置均堪实用；实为本省私立学校之冠。"[②] 文艺、体育等课外活动也颇有特色。民国初年，校园里便盛行足球，篮球也是心远强项，在省市战功卓著。到五四时期，各种课外活动更是如火如荼，形成高潮。以后一直长盛不衰，学校"课外作业，

---

① 南昌县冈上镇月池熊村是闻名全国的"教授村"。月池熊村得名，源于村前的一口新月形池塘。月池熊村以熊氏家族为主，目前村里只有 100 余人居住，但是在外地的月池熊氏却达 4 000 人之多。月池熊族最早是由湖南迁移过来的，过豫章（今南昌市）后分为两支，一支迁到新建县，另外一支又分成三支，分别在南昌县冈上镇的月池、兴农村和广福镇的下坊村定居下来。月池熊氏的最早先人可追溯至清代雍正至嘉庆年间。自古以来，熊氏家族就人才辈出，天下知名。清朝月池熊氏"三代皇"（熊氏三兄弟）兴盛时期，月池人考上进士、榜眼、探花、举人和秀才的可谓不胜枚举。

② 资料来源：《江西教育旬刊》第四卷第 5～9 期合刊《省督学视察私立心远中学报告》。

如游艺、体育、各种研究会，以及月刊、季刊、特刊，均有成绩表现"。①

心远中学在早期办学中，以其顺应时代办学宗旨、雄厚师资力量、新颖课程内容和出色教学质量，赢得了广泛的社会声望。它与天津南开（1904年建校）、长沙明德（1903年建校）并列为当时国内三大名校，很快享誉海内外。

心远中学的校训"勤朴肃毅"，是心远创始人之一、江西省立南昌第二中学校长熊育钖（字纯如）、学监柳藩国（字潜植）两位先生于民国三年（1914年）亲手拟订的。民国三十年（1941年），当时的校长车驹先生"殊虑谈常义失，年久神驰"，还对校训"勤朴肃毅"的"真意"作了一番"诠释"，以"期于一贯，且传永永"。许多前辈教师和校友，也对校训的深意屡有阐发。

四、教育哲学

南昌二中的校训涵容了学校的教育哲学。在新的历史时期，又不断地丰厚光大。

勤：勤能补拙；天道酬勤，勤出成果；业精于勤；勤而能熟，熟能生巧。

南昌二中现任校长吴勤在诠释学校教育哲学时，就更是详细地举出了自己进行学校管理的事例：南昌二中的业绩，来自勤于探索勤于总结而形成的科学规律，达到谋略制胜。试以高三第一轮复习为例，略作说明。这一轮时间最长，也最关键。主要任务是把高中三年（有的学科还联系到初中知识）所学知识系统化，力求高考中的基础题和中档题过关（150分试题中，把重点放在这两类题上，拿到120分，剩下30分靠临场发挥），以此作为夺取大面积丰收的指导策略。

朴：这种风气反映在德育工作上，是培养学生志向远大、情趣高尚而又质朴正直、脚踏实地的精神。

为了弘扬"朴"的校风，重视研究"天下第一难题"——独生子女教育问题。

针对现代高中学生在行为习惯、心理素质等方面的某些弱点和缺陷，他们提倡二中学生"男生要有绅士气，女生要有淑女味"。

南昌二中还认识到："朴"的深刻含义，不止反映在德育之中。"五育"

---

① 资料来源：《江西教育旬刊》第四卷第5~9期合刊《省督学视察私立心远中学报告》。

各自有其独立体系，但德育处于统领地位，在智体美各育中无不寓有德育。德育的实施，除了通过以上所说的德育过程之外，经常是通过其他各育来实现的，通过教学渠道正常进行的。反映在学习风气上，一是实事求是、求真务实，不一知半解就哗众取宠。二是潜心钻研，弄懂弄通。

南昌二中值得自许的是师生在这方面的优异表现：这种风气反映在学生日常生活中，是崇尚朴实、节俭，不在吃穿上互相攀比，不在花钱上大手大脚。眼下独生子女群体中攀比享受的风气滋生，自强忧患意识淡薄，身心整体素质有下降趋势。因此，在当今物质生活水平日益提高的情况下，南昌二中强化校训中"朴"的风气，具有重大的现实意义。车驹校长曾经题词："自奉力求俭约，赡人力求丰足。"南昌二中现任领导提倡"于己节俭简朴，戒除虚荣；于人奉献爱心，慷慨相助"。可谓一脉相承。南昌二中的学生，主要心思花在读书上，有的也许显出几分"土气"，但在捐款赈灾、扶助贫困同学等公益善举方面，都不含糊。

这种风气在教师队伍中反映尤其突出。他们自奉俭约，甘守清贫，以身作则，垂范后学。

肃：南昌二中的教师队伍，素有"铁军"之称，（"南昌起义指挥部"旧址就坐落于南昌二中老校区中，并保存完好）能征善战，敬业爱岗，循循善诱，教学有方。

热爱教育事业，关爱学生胜过自己的子女，是很多教师具备的共同品格。

南昌二中的教师特别能吃苦，以校为家，无私奉献，十分投入，远近闻名。有的教师从早读开始，直到下午放学，都在教学大楼里忙碌。有的为培养青年教师，毫无保留地拿出自己多年的教案笔记，让他们传阅摘抄；或常年让青年教师跟班听课，悉心传帮带。

毅：南昌二中校长吴勤把它诠释为"孜孜以求，持之以恒"。

其次，吴勤校长把它诠释为"开拓创新，谋求发展"。这是校训"毅"在新的历史阶段赋予学校教育哲学的新内涵。

五、学校定位

南昌二中秉承"名称永居第二位，成绩须达最高峰"的传统，坚持"以学生发展为本，对学生终身负责"的教育理念，落实孟建柱同志亲临视察时提出的三点希望，培养学生的科学精神，培养学生的创新精神和实践能力，培养学生顽强的意志品质。

六、发展规划

南昌二中于2006年10月10日制订了《南昌二中2006—2011年发展规划》，"规划"明确主要任务是：弘扬百年老校的优良传统，在管理机制、教育方略等方面构建素质教育的运行系统，形成适合走读制和寄宿制结合的办学模式、具有自己鲜明特色的办学体制和机制，努力开拓学校工作的新局面，塑诚信文明学校，办人民满意的教育，为南昌经济文化发展和社会全面进步作出新贡献。在本"规划"期内，达到90个教学班，5 000名在校学生的办学规模。为此，制订了十项学校发展的子项规划：（一）校园建设规划；（二）行政管理工作规划；（三）师资队伍建设规划；（四）学校德育工作规划；（五）学校教学工作规划；（六）学校艺术教育工作规划；（七）学校体卫工作规划；（八）校园文化建设规划；（九）学校综合实践活动教育规划；（十）学校后勤服务工作规划。并明确落实了该十项子规划的具体措施。

七、教师队伍

南昌二中有一支非常出色的教师队伍。在这里，"德艺双馨""爱生如子"绝非虚言。在这里，有献身教学改革创立"语文教读法"享誉全国中学语文界的特级教师，有战胜疾病依然像小草一般绽放出生命之光的全国劳动模范，有初出茅庐蝉联三届全国生物竞赛冠军的全国优秀教师，有放心不下几十个学生拔掉输液针头从医院赶到学校的模范班主任，有偶尔没赶上校车自己掏钱"打的"赶在铃响前走上讲台的教研组长，有编著经权威部门确定为国家数学奥林匹克竞赛教材的学者型名师，有众多长期默默耕耘在教学一线"从黑头发变成白头发"的可歌可敬的省、市劳模，巾帼英雄、师德标兵和普通教师。

南昌二中特别强调教师注重"细节"，加强自身人格魅力的修养。

学校另一个关注点是教师的专业化成长。要求大家做研究型、学习型、有创新精神的教师，不能每天讲述相同的故事，重复相同的内容。要把老课讲新，根据新的要求、新的时代，寻求新的突破。除了拥有本专业过硬的基本功之外，还要下工夫研究教学方法，创新教学模式。博览群书，更新知识与理念，不断丰富自己的学术背景。

学校把教育教学生力军——青年教师的培养，作为教师队伍建设的首要任务。近几年，学校加大培养力度，开展青年教师教学基本功大比武活动，鼓励在职或短期脱产进修（包括两名英语教师赴英国进修），有一批教师已经或正在攻读研究生学历；淡化论资排辈，大胆安排优秀青年教师任教高三毕业班，其中40岁以下教师占到80%以上。

八、课程教学

南昌二中现任校长吴勤认为：实现教育公平，是当前"关注民生"的首要话题，也是教育工作者追求的目标。学生是社会的一员，人人享有受教育的平等权利；学生的素质如何，决定未来全民的素质。从这个意义上说，教育公平，是实施"素质教育"的最大前提。学校这一教学管理理念，是通过一系列规章制度来实现的。

"备班制"原创于该校20世纪80年代，最早只限于高三，后来扩展到高一高二；现在，省内外许多兄弟学校都借鉴、采用这一制度。具体操作时间在每学期期中期末考试后一周内，高三在每一轮复习测试后一周内。班主任召集，全体科任教师参加。有的人兼教多班，由年级组统筹安排，错开时间，务必使每个班的教师全额出席。中层以上干部分头参加若干班的活动，掌握第一手资料，总结经验，形成规律。

此外是集体备课制度、听课制度、教学顾问制度、课堂教学管理常规、命题工作条例等规程，目的都是提升教学管理的公平性、科学性，均衡分配教学力量。三个年级相对独立循环，实现优质资源如名师、教案、讲座、试题等共享，惠及每一个学生。

课堂是学生在校接受教育的主要场所，教学管理的有效性原则，在这里得到最为充分最大限度的彰显。学校高度重视课堂45分钟的时间分割和教学效率，要求每个教师一踏进教室，就严格把握"浪费课堂时间就是浪费学生生命"的信条，不搞花架子，不做无用功。教师方面，提倡关键是把学习主动权交给学生，激发其学习兴趣，让他们每节课都在专注"习得"，有进步有提高；学生方面，引用一位校友介绍的经验是，"请上课绝对专注！"总之，教无定法，提倡百花齐放，形成自己的风格，但有规律可循；学有良策，也不必强求统一，总以适合自己和"有效"为最佳。

发展特长，善于引导。学校的育人方略，还在于积极引导，为学生个性发展提供最适宜的土壤。从学生的特长入手，激励表扬，帮助树立自信，把学习搞上去。无论文艺、体育、演讲，还是计算机（机器人）、电视辩论等，凡有特长和爱好的学生，学校一概创设条件，热心指导鼓励，有时校长亲自到场，让他们各显神通，在各级各类竞赛或展示中脱颖而出。

九、教育质量

学校引导教师形成这样一种共识：不能一谈教学就抱怨生源不行，生源好成绩好，是应该的；生源不理想但考得好，出了人才，真正做到"高进优出，中进高出"，这才是我们的本事。我们的学生到大学学习，毕业后在社会上都很优秀，很受欢迎，发展前景广阔，这才是我们引为自豪的质量观。观念的改变，使教师的精神状态呈现新面貌。近几年，南昌二中高考大面积丰收，全面超标完成任务，省市状元连年回归；学科联赛成绩显著，屡夺江西赛区团体个人冠军，捧回全国决赛金银铜奖；学生综合素质提高，学校连年荣获市教育局"为南昌教育争光奖"。

十、管理制度

南昌二中于2007年12月汇集、修订、增补了学校多年来陆续制订实行的各种岗位职责、教学常规、实施方案、规章制度、工作条例等，汇编成册为《南昌二中管理规程》。"规程"主要体现了以下特点：（一）学校内部治理结构的改革。对学校内部管理改革进行积极探索，其中，最关键的是体现了校本管理机制的建立、学校领导制度和学校人力资源管理制度的改革。（二）校本管理机制的建立。强调教育管理重心的下移，强调责任部门成为日常事务的决策主体。（三）学校领导制度的改革。健全了由党组织、校委会、教代会三者责权明晰的学校领导系统。各个领导职能机构明确了各自的权力和责任，形成一个相互补充、相互制衡的有机协调系统。（四）学校人力资源管理的改革。南昌二中主要包括四个方面，一是学校人力资源开发的战略规划；二是学校教职工的聘用；三是学校人力资源培训；四是学校人力资源的激励。

南昌二中重视学校与社区、家庭关系的重建建构，形成了学校、社区与家庭"三位一体"的学校教育体系。同时，根据现代学校制度的要求，学校努力将社区和家庭纳入学校管理的框架之中，并建立学校、社区和家庭的有效互动机制。

十一、文化特色

（一）物质文化建设

1. 生态馆。重建并充实了南昌二中生态馆，营造了学科学、爱科学、用科学的浓厚校园氛围。

2. 校史室。成立"南昌二中熊育锡教育思想研究会",在原有基础上充实了校友校史资料,增设了"南昌二中校友博士业绩展区"。

3. 文化长廊。建于教学大楼三楼通道。

4. 纪念碑。在校园设置"南昌二中红谷滩新校园落成纪念碑"。

5. 三贤像。将老校友吴有训、邹韬奋、傅抱石三贤像,复制雕塑于新校园。

6. 筹建"地理苑"。

7. 设置孔子七十二弟子之一澹台灭明雕像。(原墓址在南昌二中老校区)

8. 在老校园东南楼宅基处修建职工健身休闲区。

(二) 制度文化建设

印制南昌二中规章制度汇编《南昌二中管理规程》。

(三) 行为文化建设

要求全校学生,规范以下行为:1. 课堂行为;2. 图书馆阅览室行为;3. 实验室语音室行为;4. 膳厅行为;5. 寝室行为;6. 公共场合社会交往行为;7. 家庭邻里行为。做到端庄文雅,谦恭礼让;长幼有序,睦邻友善;崇尚高雅,远离低俗。男生有绅士风度,女生有淑女韵致。

专项整治课间操行为,要求快静齐,动作规范到位。

(四) 精神文化建设

南昌二中认为校园精神是校园文化的灵魂。作为一种催人上进的群体意识,它是全校师生员工人生价值观的综合反映,是师生员工理想、信念、追求、行为规范和标准模式等的综合体现。学校精神文化建设,要在激发潜力、凝聚转化、价值导向、教化塑造等方面,充分发挥其育人功能。为此,他们着手做了以下工作:

1. 进一步对校训、校徽(标)、校风、学风、教风和学校基本色调作出全面、科学的诠释。

2. 深化教育改革,更新教育观念,牢固树立正确的人才观、教育观,落实孟建柱同志在视察二中时提出的三点希望,即在全面推进素质教育的过程中,着重培养学生的科学精神,着重培养学生的创新能力,着重培养学生的顽强意志品质。

3. 在师生中形成积极进取、团结互助、合作共事、民主和谐、争先创优、爱校报国、追求真善美的精神归属感，具有自尊自爱、自立自强的生活态度，在对校园精神文化认同的基础上发展个性，完善人格。

（五）和谐校园建设

南昌市委宣传部周关部长在学校调研时指出，要努力建设教师与学生的和谐关系，学校与社会的和谐关系，学校与家长的和谐关系，学生与学生的和谐关系。南昌二中以此作为和谐校园建设的主要内容。

1. 开门办学，继续完善"学校开放日"（家长接待日）制度。每学年3月、11月向家长和社会全方位开放一天（具体日期在校园网上通知）；平常随时接待家长来访。

2. "校长信箱"全年开放，"校长接待日"每两周一次（具体日期在校园网上通知）。

3. 开设家长学校，每月活动一次（具体日期在校园网上通知）；同时，在南昌二中校园网上开辟"家长学校"专栏。

4. 健全家长委员会例会制度，每月召开一次（具体日期在校园网上通知）。

5. 继续开展"万名教师访万家"活动。

第六章

我国普通高中教育发展战略需要着力解决的问题

第一节　我国普通高中教育发展战略需要聚焦均衡与质量

当前，我国东、中、西部和东北地区的普通高中教育在发展的机会分布、资源占有和质量上存在明显差距，造成这种结果的原因是多方面的，其中教育决策方面的原因是现实存在的。鉴于此，在当前基础教育发展战略的指导下，在东、中、西部和东北地区普通教育发展战略和模式选择上，就不能采取全国不同地区一样的标准和统一的模式。而应该在认真分析和研究东、中、西部和东北地区教育发展中的各种复杂性、特殊性因素的基础上，积极寻求适合各个地区普通教育发展的不同模式。为了更好地促进东、中、西部和东北地区普通高中教育的整体和谐发展，政府有必要在当前我国普通高中教育发展的现阶段，根据不同地区普通高中发展的现实情况，制定有针对性的和切实可行的提高各个地区普通高中教育水平的政策。

深入分析发现，我国普通高中教育发展中的均衡与质量问题，在很大程度上表现为区际（区域）、校际均衡与质量问题。

一、地区间经济发展不平衡

相比较而言，西部地区是我国的贫困人口比较集中地区，尚未解决温饱的人口就达3 200多万，占全国贫困人口总数的近40%。全国592个贫困县，其中近90%的在西部地区。以1999年的统计资料来看，甘肃省86个县中就有41个国家级贫困县，贫困人口约有640万，占全省人口的近27.8%；四川省共有1.1亿人，其中43个国贫县和40个省贫县的贫穷人口达3 784万，占全省人口总数的近34.4%；云南省127个县、市中就有73个贫困县，贫困人口约700万。而且，西部与东部沿海地区的差距在逐年扩大。据《2001年中国教育绿皮书》显示，近些年西部贫困地区的经济虽然快速发展，但与东部地区的经济实力差距不是在缩小，而是呈逐年扩大之势。如今，东部地区国内生产总值接近西部的5倍，东部人均国内生产总值接近西部的4倍，仅广东省2007年GDP就与西部十二省（除四川省）GDP的总量相当。如图6-1所示。

因而，从中国区域发展的实际来看，由于区域经济发展的不协调，使得西部贫困地区与东部地区在办学实力上存在明显的差距。西部地区经济发展滞后，贫困面大，而现有的教育投入又十分薄弱，在这种情况下要实现我国高中教育的整体发展，困难是很大的。因此，政府必须进一步加大对中、西部地区的政策扶持力度，与此同时，还必须倡导和加大东部地区对中、西部地区的对口支援，以便缩小东西部之间的悬殊差距，逐步实现普通高中教育发展的相对均衡。

（亿元）

图 6 - 1　2007 年广东省 GDP 与西部十二省 GDP 的总量对比

二、普通高中教育发展不协调

普通高中教育发展不协调主要表现在以下几个方面。

（一）地区之间发展不平衡，集中表现为西部民族地区普通高中教育发展困难重重

西部地区是我国少数民族聚居地，居住着 40 多个民族，全国少数民族人口的 75% 左右生活在西部，民族居住地约占全国民族自治地方总面积的96.72%，占西部地区总面积的 85.89%，699 个少数民族地区县级单位中有638 个集中在西部。民族地区以地广人稀为基本特点，各少数民族均有与自己民族性与区域性相统一的文化体系，有自己的语言、文字（除东乡族）、教育传统和宗教习俗。文化差异严重阻碍了各民族学生的就近入学以及区域间或区域内普通高中教育的交流、联合、教育资源的共享及优化配置。区域间、区域内各地区社会发展很不协调，造成即使区域内的同一城市、同一乡镇普通高中教育学校在办学条件、教学质量、管理水平等方面的巨大差异，极大地限制了优质教育资源的进一步扩张。

西部民族地区大多自然条件恶劣，经济基础薄弱，地方财政困难，教育经费投入严重不足，普通高中学校办学条件改善、教学设施补充、教学仪器达标等方面地方财政无力保障。从民族地区师资队伍建设来看，普通高中教师数量不足和质量不高仍是十分突出的问题。

在全国 410 个"两基"攻坚县中，少数民族县就有 309 个，占 75.4%。如甘肃省临夏回族自治州下辖 8 个市县，截至 2007 年还有 4 个县未完成"两基"，尤其是积石山、东乡两个民族县，初中阶段毛入学率仅为 75.78%、33.3%，这两个民族县的基础教育整体发展水平比甘肃西部汉族地区至少落后十年。截至 2004 年，云南省仍有 23 个县没有普及九年义务教育，而其中 11 个是民族自治县。《云南省教育事业统计手册（2004—2005 学年）》中有关数据显示，迪庆藏族自治州维西傈僳族自治县农村初中阶段辍学率是 24.65%，而怒江傈僳族自治州贡山县独龙族聚居区初中阶段辍学率为 14.51%。

因此，在这些民族地区要确保 2010 年实现"两基"目标难度相当大，进一步发展普通高中教育更是难上加难。西部民族地区的经济落后制约着教育的发展，教育又反过来影响经济的发展，继而在很大程度上也影响和制约着全国经济社会的发展。

从 2003 年省级教育拨款的情况来看，东部五省区与西部五省区差距为 4.86 倍。若以最低的宁夏回族自治区与最高的上海市相比，其绝对差距则扩大至 19.46 倍。从省级财政预算内教育经费拨款的情况来看，东部五省区与西部五省区差距为 5.52 倍。若以最低的宁夏回族自治区与最高的上海市相比，其绝对差距则扩大至 17.38 倍。

从各项经费投入来看，东西部的差异都是巨大的，如表 6－1 所示。

表 6－1　2003 年东部五省区与西部五省区教育基本情况比较表（千元）

地区		本级拨款总计	占财政支出百分比（%）	财政预算内教育经费拨款						中央补助地方的教育专款	省本级补助地方的教育专款
				小计	占本级财政支出的比例（%）	教育事业费拨款	教育基建拨款	科研经费拨款	其他经费		
东部五省区	北京	3 242 296	13.13	3 052 205	12.36	2 027 299	247 670	523 393	253 843	6 300	161 309
	上海	4 499 486	15.43	4 011 946	13.75	3 089 427	447 671	296 399	178 449	2 850	309 000
	浙江	1 130 137	17.07	1 130 137	17.07	958 799	85 200	18 542	67 596	7 130	65 200
	江苏	284 588	24.25	284 588	24.25	2 446 426	229 127	41 124	128 911	3 450	86 750
	广东	1 989 221	11.48	1 989 221	11.48	1 514 743	209 285	100 959	164 234	2 050	219 220

续表

地区		本级拨款总计	占财政支出百分比(%)	财政预算内教育经费拨款						中央补助地方的教育专款	省本级补助地方的教育专款
				小计	占本级财政支出的比例(%)	教育事业费拨款	教育基建拨款	科研经费拨款	其他经费		
西部五省区	陕西	951 557	8.27	951 157	8.27	827 657	66 887	43 991	13 022	10 950	40 050
	甘肃	453 737	6.00	453 737	6.00	381 966	51 906	9 478	10 087	12 360	65 300
	青海	240 127	7.18	240 127	7.18	177 326	30 840	—	31 961	58 060	26 094
	宁夏	231 166	8.68	230 716	8.66	172 736	42 701	5 506	9 773	85 910	44 480
	新疆	480 019	6.20	480 019	6.20	322 455	62 899	1 555	93 110	16 230	99 321

资料来源：相关年份的《全国教育事业发展统计公报》。

东西部之间在这些方面的差距已经拉得很大，占全国人口28%的西部地区教育经费一直以来基本上只占全国的20%左右，而其中最困难的是财政收入和个人收入差距太大。以四川为例，2003年人均地方财政一般预算收入，四川仅396元，只及广东1 659元的24%、江苏1 076元的37%、浙江1 515元的26%、福建872元的45%、山东787元的50%。由于收入的巨大差距，实际教育水平的差距更加突出。研究表明，目前西部人均知识发展水平仅相当于东部的35%，获取知识的能力仅相当于东部的14%，交流知识的能力仅为东部的31%，互联网的普及率仅为东部的12%。西部部分人群实际上处于与知识隔绝的状态。正是这些因素，在很大程度上阻碍了西部教育特别是普通高中教育的发展。

（二）区域内部布局不协调

以云南省为例，普通高中主要集中在经济相对发达的中心城市和地州所在地，一级完全中学分布情况，如图6-2所示。

通过对比可以看出，有一半以上的一级完全中学集中在地州市政府所在地，仅昆明市就有13所，怒江自治州和迪庆自治州至今还没有一所一级完全中学。农村地区和乡镇是初中毕业生增长最快的地区，反而缺少普通高中教育资源，无法满足当地群众对普通高中教育的需求。

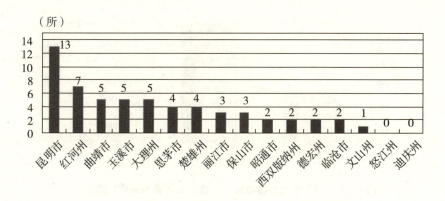

图6-2 2007年云南省一级完全中学学校区域分布

（三）城乡之间发展不协调

由于城乡经济发展存在着很大差距，而经济发展的不平衡，必然导致对普通高中教育的投入存在差异，使得普通高中教育资源配置不平衡，在学校数量、班数、硬件建设、师资队伍等方面产生极大的差距，这一问题在西部省份尤为突出。

在西部地区，普通高中教育的城乡差异问题就更为严峻。2007年云南省、广西壮族自治区、青海省城市、县镇、农村普通高中学校数和班数的对比如图6-3至图6-8所示。

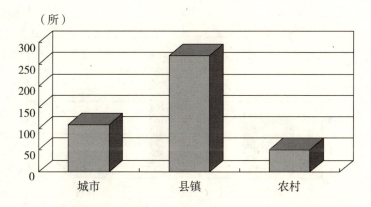

图6-3 2007年云南省城市、县镇、农村普通高中学校数对比

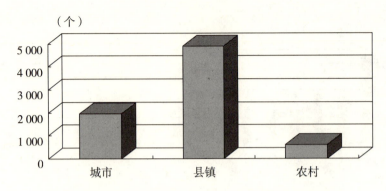

图 6 - 4 2007 年云南省城市、县镇、农村普通高中班数对比

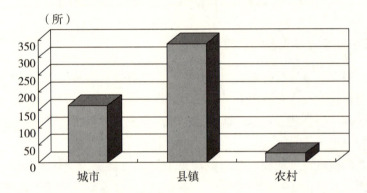

图 6 - 5 2007 年广西壮族自治区城市、县镇、农村普通高中学校数对比

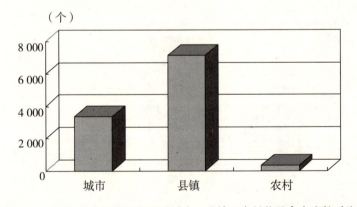

图 6 - 6 2007 年广西壮族自治区城市、县镇、农村普通高中班数对比

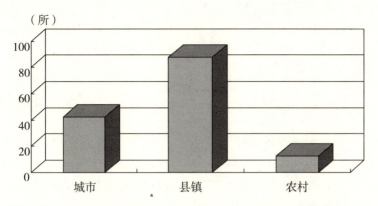

（所）

图6-7 2007年青海省城市、县镇、农村普通高中学校数对比

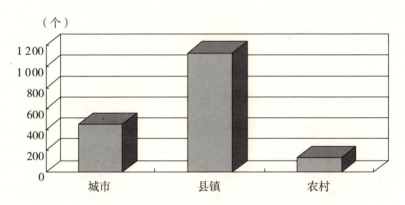

（个）

图6-8 2007年青海省城市、县镇、农村普通高中班数对比

2007年全国城镇人口占44%，农村人口占56%，全国城市普通高中学校数量是农村普通高中学校数量的5.5倍，在云南省这一比例达到7.6倍，在青海省这一比例达到10倍，在广西壮族自治区这一比例甚至达到近20倍。统计数据显示，城市人口的普通高中教育普及率明显高于农村，农村地区普通高中教育资源严重短缺。随着高等教育发展规模的扩大，普通高中教育发展的城乡差异，成为影响高等教育机会均等的瓶颈。

（四）校际之间发展不协调

在东、中、西部和东北的很多地区，都存在着校际规模落差较大的现象，其中，规模较大的普通高中学校在校生人数达到万人以上，规模较小的普通高中学校在校生人数仅有几百人，相差数十倍。另外，校际之间的教师学历达标率、职称差异也比较大，譬如，2004 年甘肃省各县区示范性高中的教师本科学历达标率在 58% ~ 92%，高级职称教师占教师总数的比例在 13% ~ 29%；而非示范性高中的教师本科学历达标率在 22% ~ 55%，高级职称教师占教师总数的比例在 0 ~ 11%。

（五）示范性高中建设政策的实施，导致地区内部普通高中发展的不均衡

2000 年后，全国各省区将兴办示范性高中作为发展普通高中教育的一条重要途径。国家创建示范性高中的初衷是要发挥各地示范性高中在全面贯彻教育方针、提高教育质量方面的示范作用，许多地区也因此把创建示范性高中作为推动高中教育水平整体提高的突破口，希望通过示范性高中的典型示范作用带动薄弱高中发展，促进当地高中教育的整体协调发展。但是，当前的情况是，很多地区示范性高中的创建不仅没有达到预期的效果，反而加剧了该地区高中教育资源区域内配置的差异，在一定程度上制约了该地区高中教育的持续健康发展。

相对充裕的经费投入促进了示范性高中师资水平的提升和办学条件的优化，使之更具竞争力和吸引力，因此又可以筹集到更多的发展资金，形成良性循环。而非示范性高中则恰恰相反，经费短缺使得师资水平和办学条件提升困难，导致学校竞争力差、吸引力弱，这又极大地削弱了学校的经费创收能力，形成恶性循环。当前很多地区非示范性高中均为薄弱学校。教育资源配置失衡加大了校际落差，导致了各省内各县区高中发展的马太效应，即好的越来越好，差的越来越差。

三、解决我国普通高中教育发展
均衡与质量问题的出路

（一）切实重视和加强东部地区对中西部地区普通高中的对口支援，重点实施县与县对口帮扶的新举措

建立与完善东西部地区、发达地区与贫困地区之间的教育帮扶机制，充分发挥东部普通高中发展的优质资源的辐射、带动的社会效应，切实促进西部地区普通高中的健康持续发展。其中，以县和县之间结对子进行对口支援，是实施东西部普通高中教育帮扶的重点，也是扶持贫困地区义务教育发展的新尝试。因为县县之间的帮扶，既可以避免省省帮扶存在较大的"空焊现象"或真空地带，也可以避免校校之间帮扶在人员、资源、经费上的局限性。采取县县帮扶能够切实实现帮扶的针对性和实效性，利用帮扶县的各种优势资源最大可能地带动被帮扶县包括普通高中在内的各项普高教育事业的发展。

（二）落实"跳出贫困地区，办优质教育"的发展战略

当前，尚需尊重不可能短期内实现教育均衡发展的事实。我们认为西部各省区可以借鉴宁夏在发展普通高中教育中"跳出贫困地区，办贫困地区的优质教育"的思路。在各省区范围内选择经济条件比较好的市（州），筹建若干所优质寄宿制高中，吸引全国的优秀教师来此任教。招生对象主要面向本省区贫困地区的优秀初中毕业生。这样的做法源自如下的理由。一是师资队伍问题可以得到迅速的解决。二是贫困学生资助政策可以得到落实。三是可以保证贫困地区的学生较快地享受优质教育资源。

（三）实施名校集团化发展战略

各省区均有一批百年名校，这些都是普通高中教育的宝贵优质资源。充分挖掘百年历史名校的发展潜力，通过"名校助新校"的思路，实行名校集团化办学，使优质教育资源迅速扩张。随着城乡名校集团化发展战略的不断成熟，应适时地将名校集团发展战略向农村和民族地区推进，逐步缩小城乡之间的差距。

（四）树立项目意识，依靠项目的实施促进西部贫困地区普通高中发展

国际、国内项目是加速西部贫困地区普通高中教育发展的有效方式。西部欠发达地区和民族地区普通高中教育是我国教育事业的重要组成部分，在保证东部普通高中教育又好又快发展的同时，加快西部欠发达地区和民族地区普通高中教育发展，提高教育质量和办学水平，具有重要的战略意义。只有在经费投入、师资队伍建设、贫困生资助等方面由国家采取特殊的倾斜政策，并吸引各种项目资源，实施切实的扶持政策和支援行动，才能切实提高西部欠发达地区和民族地区普通高中教育水平，逐步实现我国东、中、西部和东北地区普通高中教育的区际均衡发展，以及地区内部校际之间的均衡协调发展。

第二节　我国普通高中教育发展战略需要率先改革投入体制

一、投入渠道单一，经费结构不合理

西部省区与全国相比，差不多只是全国平均投入水平的一半。经费投入结构不合理表现为高中教育投入多元化发展缓慢，仍以政府投入为主，其他方面的投资所占比例较少，如图6-9所示。

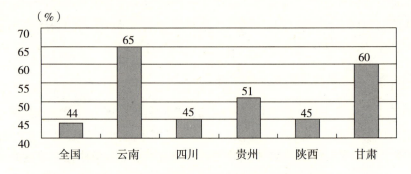

图6-9　2003年预算内教育经费占总经费额的情况

经费结构不合理的另一种表现是，西部省份的普通高中总的经费中，教育事业费所占的比重较小，人员经费支出比重过大，主要是教师工资和福利待遇上的消费。经费结构不合理导致普通高中教育发展用于学校办学和事业发展的经费奇缺。所以西部省份普通高中教育发展滞后就不鲜见了。

二、普通高中贫困生完成学业难以得到保障

截至2004年末，按年人均纯收入低于668元的标准计算，全国绝对贫困人口为2 620万人，大多数分布在西部。

虽然部分省份如河北、山东、江西等已经开始把普通高中纳入政府资助体系，再如昆明市从2006年制定了《昆明市高中阶段贫困学生助学金管理办法》，健全和完善了对昆明市普通高中阶段贫困学生实行"一补两减免"的救助长效机制。但是，国家尚未建立完善的普通高中贫困生资助体系，难

以保障重点优抚对象家庭、城市低保对象家庭、残疾人家庭、农村低保对象家庭、因灾难或患大病等造成经济困难的家庭的普通高中贫困生群体顺利完成学业，这成为整个国民教育资助体系的一个缺陷。

三、解决普通高中教育发展投入问题的途径

一是建立和完善符合社会主义市场经济发展要求以及公共财政体制的高中教育拨款政策，努力改变当前教育经费投入不足的状况。

二是建议中央政府将对西部贫困地区和民族地区普通高中教育的投资列入教育财政经常性投资规划和计划，并以专款形式直接下达到县。

西部贫困地区普通高中教育经常性补助专款　中央政府可以设立"西部贫困地区普通高中教育经常性补助专款"。按照一定的标准，以专款的形式直接拨给西部地区贫困县，专门用于这些地区补充公用经费、培训师资等，从而保证西部贫困地区普通高中提高教育教学质量。

西部贫困地区普通高中建设专项资金　用于普通高中改善办学条件、危房改造等。

西部贫困地区普通高中教师任教津贴　设立"西部贫困地区普通高中教师任教津贴"，可以切实提高西部贫困地区和民族地区的教师待遇，鼓励他们安心工作，真正做到西部农村学校的师资能够"下得去、留得住、用得上、干得好"。

第三节　我国普通高中教育发展战略需要着力 改革考试招生制度

初中毕业与高中招生考试制度，体现着国家对国民素质及人才素质最基本的要求，某种程度上发挥着维护国家智力安全的作用。它既是满足个人教育发展需求的调节器，同时也是调整教育资源适应社会进步发展的调节器。由于考试的导向作用，实际上成了义务教育教学阶段教育教学的"指挥棒"（不一定从负面来理解）。由于牵涉到人才的选拔和教育资源的分配，初中毕业与高中招生考试成了高利害的考试，从不同角度影响到教育乃至社会的各个方面。招生考试顽强地派生出了负面的导向。怎样通过初中毕业与高中招生制度改革发挥这个指挥棒对于实施素质教育的正面导向作用，这一直是

摆在我们面前的一个重大课题。

一、近年来国家关于高中招生制度改革的要求和不懈努力

根据党中央、国务院的要求，教育部作出了不懈的努力。1997 年，教育部基础教育司组织进行了九年义务教育课程实施状况调查，根据调查发现的有关问题，在初中毕业、升学考试改革方面采取了一系列举措：1998 年启动语文学科中考改革试点；1999 年和 2000 年两次下发关于初中毕业、升学考试改革的指导意见；1999 年组建全国初中毕业升学考试评价课题组，自 1999 年以来连续五年组织全国中考评价；2000 年、2001 年、2003 年三次组织全国命题单位的研修培训；《关于积极推进中小学评价与考试制度改革的通知》（以下简称《通知》）下发后，2003 年初，为了落实《通知》精神，基础教育司又组织"初中毕业与高中招生制度改革项目工作组"，与实验区一起力图建立一个与新课程相适应的初中毕业与高中招生制度。

2004 年，17 个国家基础教育课程改革实验区将有首批初中毕业生面临毕业和升学，进行基础教育课程改革与招生考试制度改革的接轨。根据《通知》精神，为了建立一个与基础教育课程改革相适应的初中毕业与高中招生制度，教育部下发了《国家基础教育课程改革实验区 2004 年初中毕业考试与高中招生制度改革的指导意见》，要求在两年课程改革、评价与考试改革探索的基础上，积极稳妥地推进初中毕业考试与高中招生制度改革，为推动、保障基础教育课程改革向纵深发展，并为 2005 年在更大范围内进行初中毕业与高中招生制度改革奠定基础。

2008 年 6 月，全国几乎所有地区都实行了新课程中考。这标志着普通高中招生改革已经进入全面推广阶段。在质量成为教育的核心问题，在学生的发展与幸福成为教育界的注视焦点之时，作为义务教育阶段的终结性评价和普通高级中学选拔性考试，新课程中考受到前所未有的关注。

但是，任何改革在推进过程中都会遇到问题，否则那就不是真正意义上的改革。普通高中考试招生改革虽然取得了可喜的进展，但对照素质教育的要求和新课程的目标，仍然有较大差距，还存在着一些需要进一步研究和探索的问题。

二、关于考试改革的价值取向

改革价值取向是普通高中考试招生改革的关键。命题的实质就是借用题

目表达一定的价值观，以及建立相匹配的具体价值标准。命题成员对选择招生考试价值取向的决定是非常有限的，实际制约中考命题价值取向的是社会价值观、行政主管领导价值观。因此，保障普通高中考试招生改革成功的关键就是建立与中考价值主体价值取向相适应的评价主体。这个任务只有国家才能完成。中考改革的最大困难在于，没有监督具体实施的中考是否满足中考价值主体需要的机制。

三、现行高中招生制度存在的问题及对课程改革的影响

（一）在学业考试方面

现行招生考试的科目设置过分关注部分学科，忽视所学课程的全面考查（考试、考核、考评等）。相当数量的学校采取的对策是"考什么教什么，不考就不教了"，因此，新课程方案中一些"非考试科目"成了"课表中有，课堂上无"的"课表课程"（如体育与健康、艺术甚至地理、生物等课程），而有的地方安排现行考试权重较高的科目（如语文、数学、英语）的周课时则高达 10 余节，几乎是课程计划的 3 倍，造成学生结构性的知识能力缺失甚至群体偏科。

现行招生考试的形式基本是纸笔测验，忽视对实践和探究能力的考查。因此造成综合实践活动课程无人关注，不少学校科学类课程的实验课仍然是"黑板上做演示""试卷上做实验"，这种状况严重影响对学生创新精神与实践能力的培养。现行招生考试的题目仍然青睐肢解教材中的"知识点"和解题技能，关注"高难度、高密度、高速度"的现状，导致死记硬背、机械训练在一些学校仍然是教学的"基本方式"，造成"新课程，老教法；穿新鞋，走老路"。

（二）综合素质评价结果使用方面

据了解，作为高中招生的依据，各地也存在将综合素质评价结果"软挂钩或假挂钩"现象，如将其作为普通高中招生投档线或入围条件，由于一些地方"门槛儿"（所谓投档线或入围条件）过低，综合素质评价结果对高中学校录取所起的作用也相应减弱。采用差额投档者，由于各地多采用分数表达成绩，成绩相同者很少，"差额"比例也过小，导致综合素质评价的结果只在极小范围内产生作用。另外，综合素质评价作为衡量学生是否达到

初中毕业标准和高中阶段学校招生标准的重要依据。然而，教师特别是西部贫困地区的教师目前的教育评价能力不能适应需要也是客观存在的问题。

（三）在普通高中招生制度改革方面

为改变长期以来形成的学校落差过大、"择校热"的局面，促进教育均衡发展与教育公平，各地根据教育部的要求，采取了诸如指标分配、推荐、保送等多项举措，以推进教育资源的公平配置。也有的地方对此毫无作为。各省的一些示范性高中也在全省范围内进行普通高中招生，其他地区的优质生源为此大量流失。所以，各地市、各县区每到招生考试之前，生源抢夺之争就会展开，不均衡问题愈演愈烈。另外，由于学业考试成绩以百分制呈现，过多地倚重"精确"量化的结果，招生录取以学科分数简单相加作为唯一标准，"一分定终身""一分值千金"的现象顽强地影响着新课程的教育教学，派生出片面地追求升学率的应试倾向。

由于上述种种问题，实验区的教师、学生及家长反映，招生考试制度不改，新课程改革的成果很可能付诸东流。为了素质教育的真正落实，为了课程改革的顺利实施和健康发展——也就是为了每一位学生的发展，为了中华民族的伟大复兴，初中毕业与高中招生制度的进一步改革势在必行。

四、对初中毕业生学业考试与普通高中招生制度深化改革的方向

（一）提高对普通高中考试招生制度的认识水平

改革高中招生制度，必须按照《通知》要求，明确改革的指导思想及目标。首先要继续贯彻以往对中考改革的指向。其次是必须坚持"有利于发展"的指导思想，从而构建一个促进发展的评价考试体系。因此还应坚持以下四个"有利于发展"的基本指向：即有利于学生的全面、和谐及有个性地发展；有利于学校的创新和有特色地发展；有利于课程改革的健康发展；有利于基础教育的均衡发展。

（二）着力解决普通高中考试招生制度存在的问题

教育部2008年工作要点中也提出要"全面实施初中毕业生学业考试与综合素质评价相结合的高中阶段招生考试制度改革"，对中考改革工作提出了很高的要求。因此需要进一步明确中考改革的指导思想，坚持做以下三个

方面的工作。

1. 在学业考试方面

首先，可建立和完善中考命题的审查和组织保障制度。通过建立和完善审查制度，规范中考按价值主体的需要运行。为了提高命题水平，保障中考的质量，应建立命题和阅卷成员资格证书制度，对命题和阅卷成员的资格进行认证。

在考试内容和形式上，要进一步推广统一考试与校内考试相结合、考试与考查相结合的办法，鼓励采用纸笔测验、开卷考试、实验操作、听力测试、成果展示及面试答辩等多种形式，逐步增加对学生动手操作能力、实践探究能力、创新思维能力的考查和评估。以此鼓励学校开齐课程、开足课时，促进学生的全面、和谐、有个性地健康发展；引导教师教学理念的转变和教学方式的改进，重视培养学生的创新精神和实践能力，促进学生学习方式的转变；继续推进以等级方式表达学生学业成绩，科学评价学生，为综合素质评价结果的使用留有空间，改变"一分值千金"的现象。切实保证考试形式与考试内容有利于课程改革的健康发展和素质教育的落实。（余慧娟，2008）

2. 在综合素质评价方面

对综合素质评价结果在高中招生中的使用要提出明确要求，避免"软挂钩"，防止"假挂钩"。要在现有电子档案的基础上，扩大容量、完善功能、明确使用程序和权限，建立省、地、县、校学生电子档案系统，为建立诚信制度奠定基础。

使用综合素质评定的结果进行招生录取，是一项全新的尝试。目前在各实验区的招生录取方案中主要有四种使用方法：

（1）基础条件。是指录取时首先考虑综合素质的评定结果，规定考生在综合素质评定结果的最低标准（投档线或入围条件），而录取时主要按学业考试成绩进行择优录取。

（2）必要条件。是指在招生录取时，"综合素质评定结果"与"学业水平考试成绩"同时作为依据且具有同等重要的地位，两者不可偏废（如优质高中要求：学业成绩全优，综合素质评定结果亦须为优）；某学生的学业考试成绩再好，如果综合素质评定的结果达不到规定的等级要求，也不得被录取。

（3）决定条件。是指录取时，首先考虑学业考试成绩；在成绩相同的情况下，按照综合素质评定结果来决定是否录取。

（4）结构条件。即作为录取的一项条件，相当于一门学科的成绩。个别地方的方案将综合素质评定结果纳入总成绩，即将综合素质的评定结果视为一门学科或占一定的分值比例。

上述做法都在一定程度上体现了"综合素质评定结果作为毕业或招生的依据"这一要求，可因地制宜进行探索和尝试。但应注意其中可能存在的一些"陷阱"。

无论作为怎样的条件，在招生录取中，都应注意：一是评定结果一定要有较高的社会公信力；二是等级比例划分应统一并恰当地控制。

综合素质评定一般由学校负责进行。为了体现招生录取的公平公正原则，保证评定结果的基本等值，各等级划分的比例，须由县以上教育部门根据招生涉及的地区统一规定。不同教育质量的学校和班级的比例可有适当的差别。

3. 在普通高中招生制度方面

各地应按照有利于体现教育公平、均衡教育发展、扩大优质教育资源、促进学校创新发展的原则，结合当地实际，积极探索多样化的高中招生办法。近年来高中招生实践中探索尝试的一些制度及办法值得借鉴：

（1）综合评价录取制度。主要是指坚持将学业成绩和综合素质评定结果共同作为招生录取的主要依据，择优录取。这是2004年国家实验区招生制度改革的基本制度。

（2）招生名额分配制度。可依据当地高中普及程度与各初中学校的办学水平将部分招生名额直接分配到对口的初中学校，以缓解招生竞争给初中学校带来的压力。

（3）适当扶持薄弱初中制度。为了促进基础教育均衡发展，体现教育公平，在对薄弱初中学校办学水平、教学质量进行考察的基础上，在本地区优质高中的招生计划中，划出一定的招生指标给相对薄弱的初中学校，或对薄弱初中的毕业生酌情降低招生标准。

（4）特殊学生推荐制度。对于品学兼优的毕业生或在某方面表现突出或具有突出特长的学生，以及平时表现和成绩突出，因故考试失常的学生，高中招生时可采用依据两名资深教师或学校推荐委员会的推荐，通过必要的调查核实或特长测评后破格录取。

（5）特色学校招生制度。鼓励学校根据自己的办学特色和人才培养需要，逐步扩大招生自主权。如外语特色学校，可以适当加试外语或进行口语测试；艺术体育特色学校可以增加艺术体育特长招生名额；优质高中应加强对学生科技创新特长、研究能力考查等，以逐步形成科技创新或研究特色。

（6）高中学校加试制度。要逐步扩大高中招生自主权，经地方教育行政部门的批准，高中学校可以组织加试，加试内容应主要考查学生的创新精神和实践能力，以及综合运用所学知识分析问题和解决问题的能力，如参照学生初中阶段的研究性学习成果，采取面试、答辩等多种形式进行。

（7）免试保送制度。对于市地或县区级以上三好学生、优秀毕业生、优秀学生干部、优秀团干部等，经考查由所在初中学校保送直接进入高中学校学习。

（三）建立多样化高中考试招生制度的保障措施

要加强管理，把好"决策、执行、监督"三道关，无论是地方教育部门还是学校，采用何种招生制度或办法，都要注意加强行政管理，要坚持决策科学民主、执行坚决有力、监督透明公正的基本要求。各地应实行严格的公示制度、诚信制度、监督制度、培训制度和监控评估制度。

1. 坚持"积极稳妥"的原则

高中招生制度改革要求实现"三个突破"，力度很大。

首先要坚持积极推进改革的态度。改革的最低要求是实现三个突破，一定要坚持实质性的突破。我们赞同这样的理念：没有最好，只有更好；两利相权取其重，两弊相权取其轻；值得做的事情，即使不那么完美也要做。

在实现"三个突破"基本要求的基础上，考试改革应注意稳妥，不追求一蹴而就，一劳永逸。出台高风险的改革措施，要十分慎重。

2. 公示制度

各地初中毕业考试与高中招生制度改革方案，包括初中毕业生综合素质评定的内容、方法、程序，考试费用的收支，以及多样化的高中招生办法等，应提前向社会公示，征求意见，接受社会监督。要加大宣传力度，争取社会各界对改革的理解与广泛支持。

3. 诚信制度

逐步建立初中生学业考试、综合素质评价和高中招生录取的诚信机制。参与命题、审题、阅卷、综合素质评价、招生录取的有关人员，要签订诚信协议并建立诚信档案；同时要采取有效措施，督促有关人员严格履行诚信责任和义务。构建诚信机制的基础是建立科学的制度和机制。如对特殊学生的具体推荐，应当由两名教师推荐，以便接受社会监督，切实负起责任；如果由一个较多人参加的"委员会"推荐，则可能形成"长官意志"，结果谁也不负责任。

4. 监督制度

纪检监察、教育督导、教育行政等部门应对学业考试、综合素质评价及高中招生录取工作，包括考试费用的收取与使用等进行监督，实行领导责任制。同时应有相应措施，实行社会监督。学生、家长、教师和其他社会人士对于学业考试、综合素质评价及高中招生中可能危害公平、公正的现象和行为，或者对结果存在异议的，可向实验区评定委员会投诉，评定委员会应给出书面答复。

5. 培训制度

教育行政部门要采取措施保证每个参与综合素质评价的人员得到及时有效的培训，提高其职业道德水平和综合素质评定能力，以确保评定结果的可信度。

6. 监控评估制度

教育行政部门全面负责学业考试、综合素质评价及高中招生录取工作，要全程监控工作的进程，充分了解有关情况，对出现的问题要及时予以处理。

未来普通考试招生制度改革的方向，就是把已经探索得到的比较成熟的经验用制度形式固定下来，对仍然存在的问题开展扎实的研究与探索，从统计学、测量学、政策学等角度提高考试招生制度的科学性，使考试招生制度真正为素质教育保驾护航。

第四节　我国普通高中教育发展战略需要大力深化课程改革

随着课程改革的逐步落实，普通高中学校的教育定位、教育理念、培养目标、课程设置、教学用书、评价体系以及高考等都发生了重大变革。在这次课程改革的过程中，所有的普通高中学校都在同一起跑线，都将迎来新的一轮挑战。

一、普通高中课程改革实施中存在的问题

（一）课程改革组织结构系统内部的问题

1. 组织者和实施者的认识不足

本次高中课程改革实施之前，尽管对教育行政人员和学校校长、主任、

高中教师都进行了专门培训，但是全新的教育理念并未在课改组织者和实施者头脑中真正树立。新课改中自主、选择、探究、合作、和谐等素质教育元素未得到有效培养。作为学校领导，在常规工作中实质追求的依然是高考升学率。作为教师，虽然已使用了新教材，但还是按传统的模式教新教材。

2. 课程实施过程中的问题

必修课程和选修课程：很多教师没有正确把握好必修课程与选修课程的关系，在教学过程中加深难度，增加课时，课堂上也很少有学生自主学习、合作探究的过程。学生学习负担重，学习任务多、任务紧，作业难于应付，考试难于应付。"日清、周结、月考"，学生为应付考试疲于奔命，教师亦然。选修课程是最能体现学生自主选择的课程，全国多数课改实验省份都没有按课改要求实施，选修课成了所有学生的必修课，课程结构改革大打折扣。

综合实践活动课程：《普通高中课程方案（实验）》中规定研究性学习每周3课时，虽然可以分散和集中使用，但课时得不到保障，一般学校能保证每周一节课就很不错了，而且也常被有的教师占为他用或被其他活动挤掉。社会实践和社区服务基本上没有时间搞，每个假期都上课，或者学校没有组织。

学分制管理：一些学校没有学分制管理的细则，缺乏操作性，学分制管理涉及面广、工作量大。并且，学校管理者和教师至今还并未把它作为高中毕业标准来对待。

综合素质评价：很多学校并未认真实施综合素质评价。首先是许多学校还未制订学生综合素质评价方案。其次，基础工作未做或做得不扎实，学生成长记录袋并未建立。许多学校没有做或做得不扎实，到高三时随便给学生一个综合素质评价等级，失去了对学生评价的作用与价值。

3. 普通高中课程配套改革发育迟缓

因普通高中教育时刻处在"紧张战斗"的前线，必须使评价改革先行。但目前却缺乏这方面较为成熟的配套改革，特别是评价制度改革发育迟缓，甚至于存在着某种程度的缺位状况。

4. 高中课程和初中课程缺乏内在的逻辑线索和适切的过渡衔接

成熟形态的普通高中课程和初中课程之间，应该在科学文化知识体系和思想道德教育方面有一个科学严密的内在逻辑线索和梯度设计。但由于体制机制和历史文化原因，目前的教育政策管理部门之间、课程开发的专家队伍和组织管理单位之间、高中和初中学校之间，都存在着明显的"分而治之"

的状况。

5. 教师专业素质培训缺乏效能，不能满足广大教师的需求

从目前课改实施所面临的问题中看出，高中课改的岗前培训存在着较大的"软肋"。在一定程度上有"一刀切"和"走过场"的痕迹。无论是课程改革的领导者、组织者，还是培训的实施者，对培训对象未给予充分的分析，对其在接受培训前的理论认知基础，在接受培训时的心理状态等方面缺乏了解。仅靠一蹴而就的三五天的集中培训，是很难奏效的。

当代教师渴望效能培训。对于知识面明显拓宽、通识性培训机会广泛的当代教师来说，其在专业素质培训方面已经出现"水涨船高"的新问题和新需求，他们期盼能享受到可以震撼心灵、感动生命的生态体验式优质师资培训。但目前还有许多高中学校没有机会参与这种符合时代特色的效能培训，限制着高中教师队伍的专业化成长空间。

6. 硬件资源的支持不利

新课程改革课程设置、排课、学分制管理、综合实践活动材料及过程管理，学生综合素质评价管理及学生档案，都需要用计算机软件系统来处理，学生成绩及各种材料分学期、学年录入，要具有真实性和历史价值，不得随意更改，这样才能对学生平时作为和表现有促进和制约作用。目前在一些学校，尤其是农村地区的普通高中学校，不具备信息化管理的硬件资源设备，这对学校的教育管理造成很大的影响。

（二）课程改革的外部环境堪忧

就学校和课程而言，其外部环境系统对普通高中课程改革有很大影响。普通高中课程改革是一个开放的系统，是社会环境大系统中的一个子系统，与自身系统之外的环境相互作用和影响。

1. 地方政府和教育行政部门对学校的影响

在当前各种环境给学校的压力中，地方政府和教育行政部门对学校高考的压力，严重影响着学校的正常工作和课程改革实施。市、县教育行政部门甚至举行专门的高考经验总结和表彰会议，这也是对学校不断施加高考压力的表现。教育行政部门的领导没有新课程改革理念，不仅不能正确组织和指导新课改工作，也会影响到当地政府领导对学校工作的正确的认识。

2. 教育督导未能发挥应有作用

教育督导应分级进行，年年都有，对新课改督导，应当从教育理念、课程改革结构体系、课改技术系统及操作、课改外部环境等方面进行。对教育

督导部门干部职员也应当进行新课改教育培训。

3. 社会群众并不十分理解和支持课程改革

在社会群众的认识中，考上大学就是高中生的唯一选择，为了考大学，可以牺牲一切，甚至是学生身体健康和心理健康。

二、普通高中课程改革实施中问题的解决途径

（一）加大政府对课改的指导与监控力度，促使课改工作有序进行

首先要建设有力的课程决策系统，从上到下要建立课改领导小组、课改办和专家工作组分别承担决策、组织和咨询的工作，为科学地决策提供组织保证。其次是建立科学的决策程序。重视调查研究，讲究决策程序，加强民主参与。对课改决策，能开放的尽量开放，尽量让教师广泛参与。再次是要形成科学的决策基础，对高中课改的重大决策，都要坚持项目研究先于决策，样本实验先于推广，项目研究和样本建模为决策的科学奠定良好的基础。

从目前看，省、市两级教育行政部门在课改实施阶段对广大高中学校的指导与监督力度明显减弱，有"接力棒"转移之迹象。普通高中的课改固然需要"校本化"，但牵扯到全局性的一些问题时，尚不能让学校来各自为政。如学分评价问题，对学生的过程评价问题，高考方案对学校教学的理性引领问题，都具有整体与局部的互为因果、相辅相成的关系。地方政府和教育行政部门该制定指导意见的，则应该及时拿出指导意见；该放权的则明言放权；该支持的则应宜早不宜迟地给予支持，从而解除学校从领导到教师徘徊观望、缩手缩脚、不敢大胆改革的心理问题。如果表态不明确，支持不及时，势必会影响学校在课改进程中的热情和积极性。

（二）科学实施课程方案，确保学校课改工作的有效性

第一，通过按计划排课，解决好传统高考科目的超量排课问题，留足地方、学校和师生课程的自主空间。第二，尊重权利主体，保障主体权利。努力创造条件，鼓励学校、教师和学生自主开发和选择课程。不能因条件、方法欠缺而拒绝课程选择和放弃学分管理。选课和学分管理除了有利于课程对学生的适应性外，其对学生学习权利和个性差异也是一种尊重。选课和学分管理制度是体现和保障学生课程学习权利的制度，是对课程学习主体状态、

学习习惯和自主反思的培养。也是对每门课程所占位置、权重的一种表达和衡量方式。学生如果对自己的学习没有任何选择的权利，则是教育的缺失，不尊重学生课程选择的权利，不让学生参与课程管理，再谈学习责任、个性发展、主动发展全都是空话。第三，积极谨慎地推进地方和学校课程。对地方课程和学校课程，做到规范课程设计、强调充分论证、讲究审定程序、坚持学生自愿、抓好试点先行。鉴于学校教师现有的课程开发和管理能力，地方和学校课程不能一拥而上。学生的学习时间本来就紧张，安排课程必须慎之又慎。

（三）正确对待高考改革方案与常规教学的关系

高考改革方案，包括考试大纲，固然对学校的教学工作起着十分重要的导向作用，但真正意义的指挥棒并不在这里；或者换言之，高考改革方案的出台也是要被另一根"指挥棒"所指引，那就是高中课改方案。对于学习领域及科目的"指挥棒"，应该是为各学习领域和科目所制定的《课程标准》。如果与传统教育相比较，《课程标准》的功能作用有点类似于过去的"教学大纲"（不指性质与内涵），课程标准才真正是指导教学工作的"指挥棒"，它上可以指挥高考改革，在路径上与高考改革既是总分关系，又是因果关系。有什么样的课程改革方案与课程标准，就应该有什么样的考试方案；有怎样的教，方有怎样的考。目前应该担心的倒是，怕吃亏而久久观望徘徊于课改的岸边而不敢锐意进取者，恐怕以后会是最大的"吃亏者"。

（四）加强培训的针对性和有效性，真正实现教师思想观念的转变

全面、深入地学习新课标，反复地解读与诠释新课标，对照新教材落实。就目前看，有必要把前期培训中未能解决好的问题再度提到议事日程上来。策略是：一要加大专业引领的力度，再度引发"头脑风暴"，让广大教师重温课改理念，并使之带着问题与困惑去学，真正寻求到理念上的、智力上的与行为上的支持；二要加强培训的针对性和有效性，关注于解决他们的行为与策略问题；三要通过真实情境的演示，让他们从教学的角度看到可借鉴的榜样与力量，产生"行为培训"的效果；四要把根扎在"校本"上，使之在教学中时时、处处与"培训"挂钩，把培训落实于行动中。

（五）加强校本教研制度建设，提升教师实施新课程的能力与水平

《普通高中课程方案（实验）》中明确指出："学校应建立以校为本的教

学研究制度，鼓励教师针对教学实践中的问题开展教学研究，重视不同学科教师的交流与研讨，建设有利于引导教师创造性实施课程的环境，使课程的实施过程成为教师专业成长的过程。学校应与教研部门、高等院校等建立联系，形成有力推动课程发展的专业咨询、指导和教师进修网络。"

校本教研是"基于学校，在学校中，为了学校"的一种教育教学开展的研究活动，与实践紧密融合。学校应建立相应的校本教研制度，创建新的学校文化，构建专家支持网络，确保校本教研顺利开展。学校建设校本教研制度可以从以下几个方面进行。

1. 建立理论学习制度

教师要不断地学习相关的教育教学理论，学习课程改革的新理念，不断完善自身的知识结构和理论素养，学会理性地思考教育教学问题。

2. 建立自我反思制度

教师要养成实践反思的习惯，养成写教育教学日记、教育教学故事、典型教学案例、案例评析等的习惯，不断强化自我反思的行为，在反思中实现专业成长。

3. 建立合作交流、同伴互助制度

确定集体备课制度、结对互助制度等，加强教师间的交流切磋。学校经常举行教学观摩、案例分析、问题会诊、专题研讨、教研沙龙、讲述自己的教育故事等活动，让教师在观念的碰撞与交流中，汲取营养，共同分享教学经验与成果，彼此支持，共同发展。

4. 建立课题研究制度

帮助教师发现自己教育教学实践中的问题，确立研究课题，并在教育教学实践中跟踪研究，使教学过程充满浓厚的研究氛围，在实践的探索与总结中找到解决问题的途径。学校应有专门的部门加强对课题确定及研究过程的管理与指导。

5. 建立学术支持制度

学校定期邀请专业研究人员对学校的校本教研活动和教师的课题研究进行专题辅导与实践指导。积极邀请各级教研员参与学校教研活动，争取专业指导与支持。

6. 建立保障制度

确立"校长是校本教研的第一责任人"制度，确立学校的"科研兴校"办学理念。校长应将主要精力用于教学研究和教学管理，并在教研经费投入、开发校内外研究资源、建立教研激励机制以及对教师的人文关怀等方面为校本教研创造有利的条件。为教师提供展示成果的机会，并定期奖励研究成果，尊重和保护教师研究的积极性和创造性，增强教师的职业信心，促进教师专业化成长。

学校可以借鉴的校本教研展开途径有以下几种途径。

（1）群体学习式教研：全校教师以教研组、课题研究小组、自愿者组合等形式，在探索教改之路，"摸着石头过河"的同时，加强群体学习。

（2）先导小组式教研：校长或学校中核心人物如果接受了一个新的理念，通过建立一个由少数人组成的"先导小组"方式先行实践，在实践的过程中带动更多人的认识，引发学校更多人的自觉实践，最后达到共同长进。

（3）骨干教师引领的教研：充分发挥校内骨干教师的引领作用，成立专门的工作室或研究小组，与一般教师组成一个实践共同体，对学科教学、课改中的热点与难点问题进行深入的研究与实践。

（4）不同专业背景教师组合的教研：学科间联系、人文与科学融合的教研活动。

（5）连环跟进式教研：教研活动中，由多位教师接连上同一内容的课（也可以是同一位教师接连上几次课），每次上课都进行深入的观察、分析、比较，并提出改进建议，通过不断的实践反思，提高教师的教学行为水平。

（6）中心学校辐射的教研：主要利用中心学校（示范高中、样本学校）的人力资源、物力资源和信息资源，支持周围的一般学校，共同提高教师的教学研究水平，这对解决农村、偏远地区教育资源相对匮乏问题，具有突出作用。

（7）联片教研：学校之间共同合作，相互开放，相互交流，在立足于自己学校开展教学研究的基础上，充分挖掘不同学校的潜力和资源，从而实现优质资源共享、优势互补，谋求共同发展。

（8）任务驱动的教研：以一个阶段内教师们比较关注的、来自于教学实际中相对集中的问题，作为一个活动主题或研究的专题，对教师而言，任务本身是一种教学研究，也是一种探索的驱动力。

（9）项目合作的教研：学校参与专业机构主持的某一个项目的研究，成为实验点或承担部分研究工作，通过教师与专业研究人员的亲密合作，能提高学校教研活动的层次。

（10）有技术介入的教研：学科教师与负责现代信息技术的教师组合起来，建立教研的技术平台，甚至试行"网上虚拟教研"（如录像带分析）。

（六）促进实验区不同学校的协调发展，保证区域内整体教育质量

从目前看，各实验区的普通高中学校，受客观条件与主观认识上的制约，在课改推进中存在着较大程度的不均衡。单从对课程改革的态度上讲，可分为三类：第一类是积极进取、勤于探索的，不仅领导能身先士卒，引领课改，而且在带领全校教师共同走进新课程上也下了大力气。持这种表现的大多是一些普通高中。第二类是学校领导持保守观望态度，教师仍靠老方法教学，学校仅在一些刚性管理上做了些"手术"，在实施过程中还是延续过去追求升学率的老一套。第三类是学校领导不重视课改，不积极寻求"优化"的途径，悲观于条件差、师资差；反映在教师身上，对课改的认识与理解比较肤浅，缺乏应有的热情和积极性。

面对这些不同表现，教育行政部门、政府教育督导部门要动真格，加大宏观监控力度，步调一致，统一部署和要求，以扭转这种不利于课改的局面，从整体上保证课程改革的质量。

（七）加强宣传工作，争取全社会对课改的理解和支持

进行普通高中新课程改革，不仅需要教育系统内部认真学习，提高认识，统一思想，开拓创新，而且必须争取社区、家长的积极配合，建立学校、家庭、社区有效参与课程实验的新机制，努力营造有利于新课程改革的良好社会氛围，形成领导重视，群众理解，全社会对高中新课程实验广泛理解与支持的环境，这样才能确保普通高中新课程改革各项目标的实现。因此，必须切实加强普通高中课程改革的社会宣传工作。

社会宣传应突出宣传以下主要内容：一是普通高中新课程改革的背景和意义；二是普通高中新课程改革的目标和内容；三是实现普通高中新课程改革目标需要社会各界的广泛参与；四是普通高中新课程改革给本地高中教育发展带来的挑战和机遇；五是省、市、县、学校普通高中新课程改革实验方案；六是组织社会参与课程改革的工作计划等。

社会宣传要利用多种途径，采取多种形式和方法。一要利用各种新闻媒体，进行广泛深入的报道。根据电视、报纸、广播、教育期刊等传媒的不同传播特点，发挥新闻媒体传播及时、快捷、影响范围大的优势，通过各种形式，广泛宣传普通高中新课程改革的理念、目标和预期效果。二要实行学校与学生家长的联动。通过"家长委员会""家长学校""家长培训班""家长会""致家长的一封信"等渠道和方式，宣传高中新课程改革，释疑解

惑，促进家长对新课程的理解和支持。三要发挥学生、教师的积极影响。利用教师、学生对家长和社会的影响力，从亲身的感受和体验出发，身体力行地宣传新课程。四要积极鼓励和引导家长参与课程建设和课程管理。学校、班级要创造条件，鼓励和引导家长积极参与课程决策、学生选课、课程评价等，充分发挥家长课程资源的作用，引导家长在参与中理解、认同和支持新课程实验。

教育系统自身要正确认识和对待课程改革，用新课程的理念统领新课程的社会宣传。对家长、对社会发出的声音要有利于高中新课程实验的平稳有序推进，力求达成共识。

第五节 我国普通高中教育发展战略需要大胆改革管理体制

普通高中教育的发展与建设，一方面靠政府的投入，另一方面要创新管理体制，调动社会各方面积极性，充分挖掘、利用、优化组合各种教育资源，整体推进普通高中的发展与建设。广泛吸纳社会资金，积极鼓励企事业单位、社会团体、公民个人举办高中。要用政策吸引社会广泛参与，进一步推进多元办学体制，解决初中毕业生升学难的问题。但是从普通高中教育管理的情况来看，一些问题的存在影响着普通高中教育发展。

一、对普通高中教育认识存在问题

"十五"期间，虽然在政府投入普通高中的财政性经费总量、普通高中在校生总数、在优质普通高中就读学生总数、普通高中占地面积等方面都取得了翻倍发展，全国高中阶段教育的毛入学率已接近60%，但是，也表现出一系列问题。

（一）普通高中产品属性不清

按照美国学者萨缪尔森（Paul A. Samuelson）在1954年提出的公共产品"非竞争性和非排他性"标准理论，凡是同时具有非竞争性和非排他性的产品就属于"纯公共产品"，凡是只具备一个标准而另一个标准不具备，或者两个标准都不具备而又具有正外部性的产品就属于"准公共产品"。显然，普通高中教育是准公共产品，具有竞争性、排他性和正外部性。由于准公共产品之"公共性"界定存在弹性空间，因此，政府要按多大比例进行财政投入？学生要按多大比例进行成本分担？普通高中教育要不要提教育公平？从办学体制上看，有教育部直属高校附属普通高中、省市直属普通高中和县镇直属普通高中三种形式，如果要提教育公平，那么由谁来保障普通高中的教育公平？是中央、省市还是县镇？是保证基本的入学机会公平还是保证享受有质量的教育过程公平？对于达不到国家最低办学条件要求的学校，要追究谁的责任？对于没有能力来保证普通高中发展的县镇来说，谁来为这些学校保底？应该说，这些问题是不清楚的。这些问题定位不清，就必然导致国家的高中教育政策法规不完善，难以从根本上解决普通高中的发展问题。

（二）示范性高中角色认定不准

对于教育行政部门来说，搞示范性高中评估的目的是为了重点打造、规模扩张，还是拼争生源、追求应试？学校在较薄弱的基础上实现了快速发展，在办学上形成了鲜明的特色是不是示范？示范性高中评估究竟是导致了千校一面还是促进了学校特色和个性的形成？这些都是值得反思的问题。我们为什么需要示范性高中，是谁更需要示范性高中？如果我们取消了示范性高中评估又如何？这些问题定位不准，就难免导致政策具体执行中的扭曲和混乱。

（三）普通高中发展规划不明

目前，我国普通高中发展正处在关键时期。如何判断我国普通高中的发展形势？未来10年普通高中应采取什么样的发展战略？如何统筹城乡普通高中教育的空间和资源布局？如何引导普通高中多元化发展，以给每一个青年提供适合的教育？从总体规模上看，虽然农村生源在未来几年内还有一定的增长空间，但是在一些大城市生源总量已达到饱和，未来几年生源不足现象即将出现，生源和学校之间的结构性矛盾将会日益突出。上海、北京、天津等地过剩的高中教育资源到不了农村，农村旺盛的生源又找不到合适的入学机会。所以，普通高中未来的发展战略应该是稳定规模、提高质量、发展特色。从未来人口流动变化规律看，没有10万人以上的常住人口就养不了一所普通高中，普通高中向县城集中、向优质学校集中也是大势所趋。因此，一些校长抱怨职高争生源、抱怨学生都到城市读高中，是没有用的，现在的关键是抓质量、抓特色。

二、普通高中管理目标缺乏创新

普通高中传统管理目标较为单一，大都以升学率作为学校管理的唯一终极目标，学校激励机制的形成、教师的奖惩、评优、年度考核、职称申报等均以升学率为唯一依据。这种管理模式扼杀了学生特质潜能的发展，妨碍了学生综合素质的培养和学生的全面发展，淘汰了一批"学困生"，导致了教育的不平等。传统管理目标单一化的弊端，客观上要求学校构建多元化的管理目标。

为此，对学生的培养目标重新进行新的定位：以培养学生的基础性学习能力、发展性学习能力和创造性学习能力为基础，以培养学生的综合素质、特质潜能为核心，为大学输送更多合格新生，并为他们以后成才打下早期基础。也就是说，学校管理目标由原来的单一升学目标，发展为培养学生学会做人、学会求知、学会合作、学会生存，有特长、肯创新等多元目标。需要强调的是，做学校管理工作的不能走极端，也就是说，强调升学率不是学校管理的唯一目标，并不意味着不要升学率。作为升学预备型的普通高中，向高校输送合格生源是责无旁贷的第一要务，是社会强烈而又热切的现实需要。因此，不但不能弱化普通高中的升学功能，相反，必须通过实施素质教育的途径来强化这一功能。只有实施素质教育，才能面向全体学生，既让"学优生吃得饱一点"，又让"学困生吃得好一点"，使所有学生都能在自身基础上有所发展、有所提高。

三、普通高中管理体制缺乏创新

现在的普通高中在管理体制上普遍实行校长负责制。这种管理体制在实际操作过程中也暴露出一些问题，影响了教育教学质量的提高，因此亟待改革和创新。

（一）制定的管理目标空间窄、弹性小

督导评估指标和示范性高中办学标准定得过细、过死，一刀切，一个模式，一套标准，千校实行，无特色、无个性。这实际上是"教育上的计划经济"，它与市场经济背景下的个性化现代教育理念是不相吻合的。

（二）人事自主权不到位

校长负责制下的学校用人权力大都仅局限于校内教职工工作岗位的调配和形式上的建议权。而学校进出人员的关键环节和决定权仍在当地教育局和人事局，学校急需的人才分不进来，而用不起的庸人却大量涌进。因懒散、素质低、工作能力差而落聘的教职工，往往通过各种关系得到上级领导的庇护，一些上级领导还亲自出马，要求学校对该职工要"善待"等，造成学校管理上的被动和工作上的负面影响。

（三）财权不到位

现在我国均实行"分级办学分级管理"体制，基础教育由地方政府主办，其教育经费由地方财政拨款。如贵州省经济落后，贫困面大，财政收入偏低，教育经费短缺。尤其是县级普通高中的办公经费主要靠学费维持，而学费中的50%用于基础设施建设，20%用于偿还贷款，学校经费拮据程度可想而知。校长手中没有钱，财权就是空的，吸引人才、建立激励机制、稳定教师队伍没有物质作保障，就只能是空中楼阁。市场经济强调职、责、权、利的一致性，而现在的校长，特别是县城普通高中的校长往往是有责、无权、无利，实在不对称。

（四）民主管理和科学决策机制尚未得到真正落实

观念上，民主意识淡薄，认为校长负责制就是校长一人说了算，校长的话就是绝对真理。谁提意见，校长就认为谁在跟他过不去，甚至认为民主机制会削弱校长的权力，给校长的管理带来麻烦等。教职工也普遍存在主人翁意识淡薄问题，认为民主管理不过是一种形式，走走过场而已，不愿参与学校事务的管理。一些教职工和校长把民主管理与校长负责制人为地对立起来。以上存在的问题在一定程度上降低了学校管理效率，不利于学校教育教学质量的进一步提高，需要改革创新。

四、提高普通高中管理水平的途径

（一）加强领导、提高认识

随着广大人民群众对多层次、多形式高中教育日益增长的需求，必须深

化改革，创新机制，强化措施，提高质量，进一步办好让人民满意的高中教育。（刘晓晨，2007）

各级各部门要切实将高中阶段教育发展摆上重要议事日程，通过加强统筹规划、宏观调控、政策引导、组织协调，积极为学校发展提供高效能的服务。一是要及时研究和解决影响高中教育发展和质量提高的体制、机制和政策问题，充分发挥教育督导评估的行政职能，对学校的活动和行为进行引导、调节和监督。二是要建立和完善教育发展目标责任制、定期研究制度，形成上下整体联动推进的工作机制和发展格局。三是要积极引导全社会树立科学的教育观、人才观和发展观，使全社会更加理解、关爱、支持高中教育。拓宽渠道，进一步加大高中教育投入力度。教育要发展，投入是关键。因此，各级政府应积极承担发展高中教育的责任，加大对高中阶段教育的投入，并使之制度化、经常化。

（二）创新高中学校管理机制

公办高中要推行"全员聘任，岗位管理"的人事制度改革，积极探索学校人事制度改革的新路子，鼓励学校引进优秀教师和管理人才，进一步提升学校管理者和教师队伍整体素质。

一所学校的硬件再好，管理水平跟不上，或师资、生源、教学内容及其他任何某个方面跟不上，就没有发挥它最大的教育效益，造成资源的闲置和浪费。作为示范性高中自身来说，应充分挖掘学校内涵，提出响亮的办学口号，将口号变成特色。教育行政部门要正确引导，防止出现学校光在设施设备上的简单攀比。应建立一种示范性高中教育教学水平定期公布制度和激励机制，示范性高中的立项中期评审和评估验收，都要充分从办学思想、教育观念、队伍建设、管理水平、教学改革、教育科研、教育实绩、社会效益和办学条件等方面对学校作出全面评价。

普通高中要加快建设与发展，必须在强化管理，塑造学校精神，凝结教职工人心上下工夫。在管理目标上，要克服过去盲目、随意的倾向，而应建立起符合学校发展的目标定位、发展方向、发展战略与发展思路；在管理方法上，要加强管理的针对性，建立健全系统、科学、规范的管理制度和与之相适应的管理机制；与此同时，要加强管理的可接受性，忽视管理对象的管理是一种无效管理，科学管理只有建立在人文管理的基础上，管理才能取得效益；科学有效的管理，就是要将领导的管理思想与管理目标凝结成全体教职工的共同意志和共同行动，进一步调动全体教职工的热情，塑造学校的精神。

（三）明确普通示范性高中的建设原则和示范功能

示范性高中建设的原则是建设过程中的指导思想和行为准则。建设示范性高中应遵循以下几个原则。

1. 优先发展的原则

加强示范性普通高中的建设，是优化我国基础教育结构，满足人民群众对高质量的高中教育需求，全面提高基础教育质量，培养高素质人才教育的重大举措。各级教育行政部门要紧紧依靠当地党委、政府，在全面实现"两基"目标的基础上，把示范性高中建设作为提高基础教育水平和质量、全面推进素质教育以及"十一五"期间教育发展的战略重点，予以高度重视和重点投入，并在干部配备、队伍建设、引进资金等方面予以政策倾斜。

2. 协调发展的原则

示范性普通高中的建设，要充分考虑到各地区经济、社会和教育发展的不平衡性，既要做到布局合理，又要因地制宜、分期分批地进行。在设点布局上，要充分考虑地域性差异，力争做到基本合理；在建设速度上，基础较好的学校，短期内基本完成建设，而基础相对薄弱的学校，建设期可以延长。同时，示范性高中建设还要考虑办学模式的多样化，既要有以升学预备教育为主的示范性高中，也要有以就业预备为主的综合高中、富有特色的职业高中等办学模式。

3. 质量与效益并重的原则

从对学校规模要求来看，《国家示范性普通高级中学标准》中规定，"示范性高中的年招生规模一般应达到 12 个教学班以上，班额不超过 56 人。"这个规定是言之有理的。现有相当多的完全中学，仅仅是初中上面戴一个高中的帽子，每个年级只有一两个班，教师配备不全，实验设备不齐，效益不高，缺乏基本教育氛围，谈不上有什么高质量。具有一定规模的示范性高中要完善场地和设施建设，充分满足教学活动的需要，要提高生均占有教育资源的比例，创造条件实现办学条件现代化。教育质量是学校的生命线，要建立示范性高中教育教学评估制度和评估组织，按照素质教育的要求对示范性高中的教育教学质量作出全面评价，要建立示范性高中教育教学水平定期公布制度和激励机制，对教育教学质量不达标的学校出示黄牌或取消称号。

4. 内涵发展的原则

示范性高中建设要走内涵发展为主的道路，要以队伍建设、制度建设和教育教学改革实验带动学校整体水平的提高，在重视硬件达标的同时更要重视软件建设，示范性高中的立项、中期评审和评估验收，要充分体现学校办学的整体实力和整体水平，要从办学思想、教育观念、队伍建设、教育实绩、社会效益和办学条件等方面对学校作出全面评价。

5. 多方参与原则

要动员全社会都来关心示范性高中的建设。示范性高中建设的指导思想、主要政策和措施、建设进度和评估结果等均应通过一定方式向社会公布，接受群众的监督，争取社会各界的支持。由当地政府向上一级政府申请建设示范性高中，争取经费，争取优惠政策。

6. 整体性原则

建设示范性高中要本着有利于实施高质量义务教育和改变普通高中薄弱环节的原则进行。示范性高中应通过适度扩大高中规模，兼并、联办和对口支援，改变薄弱学校面貌。凡申报示范性高中的地方，当地教育行政部门必须要有加强薄弱普通高中的规划、措施。《国家示范性普通高级中学标准》中明确规定，"没有普及九年义务教育的地区，原则上不启动示范性高中建设。"这在一定程度上避免了地方政府在政策和经费上过于向示范性高中教育倾斜的现象。在抓示范性高中的创建过程中，绝不能放松对一般学校和薄弱学校的建设，特别是学校之间的办学设施装备、师资队伍建设、生源素质基础、教育教学管理、教育质量和水平的差异程度，不能过分悬殊。《广西示范性高中立项建设评估方案》中规定，"对薄弱高中建设没有规划，工作没有成效的地区，一律不进行示范性高中的评估验收。"

示范性高中重在示范，贵在示范。要"示"贯彻党的教育方针之"范"；"示"严格执行各项教育法规之"范"；"示"素质教育之"范"。示范性高中应成为辐射和带动当地基础教育发展的信息中心和资源中心，从而牵动一个区域、一定范围内高中教育的发展。从某种程度上说，这也是示范性高中对自身不断完善和丰富的过程。

（四）取消中学行政级别，实行校长职级制度改革

中学职级制是指将中学校长的职位，按照不同的任职资格、条件、岗位职责要求，分为若干个等级，形成职务等级系列，为校长的任用、考核、奖惩、晋升、工资待遇提供依据和管理标准。它既是一种职务（岗位）的标志，也是校长学识、资历、教育教学水平、管理能力以及业绩的综合体现。推行校长职级制的好处在于：（1）校长职级制的考评指标能促使校长的办

学目标更符合教育发展的规律；（2）校长聘用制的改革，带动学校人事制度改革，扩大学校用人自主权，给学校教师资源的优化配置注入活力；（3）校长的职级待遇同校长的办学业绩成正比例关系，有利于提高校长办学的积极性、主动性和可持续性；（4）有利于进一步完善校长负责制，职级制能较好地弥补校长负责制的缺陷，解决好校长负责制中存在的有责无权无利、一言堂、家长制等一系列问题，实现校长职、责、权、利的有机统一，从而提高管理效率，确保教育教学质量的稳定提高和学校的可持续发展。

（五）决策程序科学合理化

校长负责制下的校长对学校管理具有拍板权，这是无可非议的，但这并不意味着校长的拍板就一定是正确的，也并不意味着校长一人的智慧就胜过全校教职工的集体智慧。校长们往往忽视或不愿正视的恰恰是这一点，因此需要通过管理创新来确保决策的正确性，也就是需要建立科学合理的决策机制。在目前的背景下，要解决这个问题可以采用两个手段。其一是建立集体决策机制。学校的重大问题通过学校党政工团主要负责人集体议政，校长拍板，以避免因校长个人能力素质有限而导致决策失误。其二是建立科学、合理的决策程序。即校长根据管理目标提出所要解决的问题，组织教职工民主讨论，校长再按自己的思想，并参照讨论结果形成决策草案，交由党政工团负责人联席会议集体讨论并达成共识，再经学校专家组充分论证，最后经教代会审议通过后再由校长签字执行。这一决策程序依托民主办学基础，充分发挥集体智慧的优势，合众为一，可以形成强大的办学思想库和科学的决策程序，极大地提高决策的正确性，从而确保教育教学质量的稳步上升。

（六）管理方法和手段现代化

学校管理创新既要体现在软件上，也要体现在硬件上，学校管理应实实在在地将系统论、信息论、控制论等现代科学理论运用到学校管理中去，革新传统的管理方法和手段，以提高管理效率和教育教学效益。管理方法和手段的现代化在目前信息社会背景下，应首先实现以电脑和通信设备为主体的办公自动化。办公自动化使学校事务管理不再以手工操作处理，从而提高了处理事务的速度和质量，管理人员不必在"原始办公"中消耗大量的工作时间和精力。学校管理方法和手段现代化，可提高管理效率，降低管理成本，增大办学效益，提高教学质量。

（七）加快学校管理的民主化进程

师生员工的主体意识越强，就越能实现管理的高效。学校管理的民主化是指学校管理过程中，把学校的师生员工以及学生家长视为管理的主人，依靠他们，尊重他们，使它们具有参与学校管理的意识和权利。现阶段中学的民主管理应从以下几方面着手。

1. 强化民主意识

民主氛围和民主机制，既可以防范主观、片面、武断的不良作风，又可以增强决策的准确度，减少失误，而反面意见本身就为决策者提供了不同的选择方案。因此，学校各个不同层次的管理者，都应具有随时虚心听取反面意见和建议的意识，并善于在反面意见中不断丰富自己的智慧，提高自身管理水平。同时，对于广大的普通教职工来讲，也应勇于参政、议政，做学校的主人，建设自己的家园。

2. 集中领导与分权管理相统一

既要充分保证校长的决策权和指挥权，又必须把一定范围的决策权、执行权、监督权、咨询反馈权等分到各个相应的处室中去，保证其各自的管理权限，使它们有相对的独立性，才能充分调动各职能处室管理人员的积极性和创造性。如果学校管理权过于集中，统得过死，校长也总是事必躬亲，则整个学校管理系统就会缺乏活力，妨碍集体智能的发挥，造成个人专权，破坏集体领导的现象，降低管理效能。所以，学校管理民主化强调的是集中领导与分权管理相统一。

3. 依靠师生办学，吸收师生参与管理

在学校，最基本的群众主要由学生和教师组成。学生数量最多、散布最广。在学校管理中，必须重视学生的主体作用，吸收他们参与某些管理。学生参与这些管理，是和学生的自我教育相联系的，其主要目标是培养学生学会自己管理自己，学会学习，学会生活，学会做人，学会发展。教师是教育专职人员。在教学中，教师要发挥主导作用，在思想教育和其他教育活动中，班主任是班集体的教育者、组织者和领导者。因此，学校必须依靠师生办学，吸收师生参与学校管理，使教育主体释放出更多的教育能量，取得更大的教育效果。

4. 建立健全教职工代表大会制

学校领导要从思想深处重视教代会的作用，健全完善教代会的民主管理机制，尊重教职工代表的民主权利，充分保护、爱惜普通教职工参政议政的

积极性，为他们营造一个宽松、和谐、民主、平等的工作环境，使他们从内心深处感到自己是学校的主人而不是佣人，从而积极主动地为学校的发展献计献策，并倾注其毕生精力。只有这样，学校才能形成强大的凝聚力，心往一处想，劲儿往一处使，最终实现学校管理相对最佳的整体效能，使学校管理工作更富有成效。

5. 建立家长协调机制

学校教育是一项系统工程，涉及方方面面的工作以及相应的社会人际关系，因此办学仅仅依靠教师是不够的，需要社会的关照和各界人士的支撑，其中学生家长的鼎力支持是不可或缺的因素。学生家长来自社会各阶层、各行业、各单位，这种来源广泛的家长结构形成了大量有形和无形的教育资源，所以学校要善于开发、整理、保存、利用这些宝贵资源，以加快学校发展步伐，提高教育教学质量。为此，学校应建立"学生家长资源库"，组建"社区学生家长委员会"，形成学生家长教育协调机制，以提高学校的整体管理效率，为教育教学质量的提高创造良好的外部条件。

第六节　我国普通高中教育发展战略需要重点加强师资队伍建设

教师是教育事业的第一资源和核心，全面实施普通高中课程改革，推进素质教育，关键在于教师的作用；全面提高教育质量，核心是教师的素质；推进教育均衡发展，瓶颈在师资配置。

一、普通高中师资队伍存在的主要问题

（一）教师数量不足

我国普通高中学校实际需要教师与缺少编制之间的矛盾突出，一方面学校教师超编，另一方面学校专业教师不够，民族地区尤其突出。与国家规定的标准相比，我国东南部经济发达省份教师基本能够达到国家标准，但中西部省份教师缺口较大。以甘肃为例，普通高中生师比为18.07，比全国2007年平均值（17.48）高0.59，远高于全国平均标准（13），若按全国平均值计算则缺教师1 789人。

（二）教师整体素质不高

教师学历反映了受教育程度和文化素质，是从事教育工作所应具备的基本条件，也是反映教育质量的重要指标。因此，教师法规定高中教师任职资格应具备大学本科以上学历。但从我国当前普通高中教师学历合格率情况来看，经济发达省（区）的情况较好，经济欠发达及经济落后地区教师学历合格率与国家要求还有一定的差距。

（三）教师结构不尽合理

根据新的基础教育课程改革方案，新课程在结构上有很大改变，增加了一些新的知识和技能，如信息技术、通用技术及综合实践活动课程等，突出了课程的选择性、均衡性、综合性。而目前我国大部分省（区）普通高中教师队伍的现有结构不能适应普通高中课程改革的需求，教师队伍建设已由单纯的总量不足转变为结构性矛盾突出。

教师队伍专业结构不合理与新课程的要求形成了较为突出的矛盾，总体来看语文、数学、英语、物理、化学教师基本适应新课程的需要，历史、生物、政治、地理、信息技术学科的教师缺乏，体育、通用技术、音乐、美术等科目教师特别缺乏。

（四）教师队伍区域发展不均衡

从数量上看，经济发达省份教师数量较为充足，相比国家的平均标准来看，有一定的优势；中部地区虽然存在教师缺编情况，但与国家要求差距不大，经过若干年的努力，情况会有所改善；但西部地区和民族地区教师缺编问题最为严重，与国家平均水平差距最大。在质量上，同样存在上述问题。可以看出经济水平直接制约了普通高中师资队伍的发展。

二、普通高中师资队伍建设与发展的途径

普通高中教师队伍建设的主要目标应是：教师数量基本满足普通高中教育事业发展和普通高中新课程改革的要求，教师队伍整体素质明显提高；全面实施教师资格制度，所有普通高中教师具备相应的教师资格，达到国家规定学历；教师队伍结构进一步改善，教师队伍的学科结构进一步调整优化，城乡分布趋向合理，教师职务岗位设置实现结构比例控制；骨干教师队伍建

设取得突破性进展、校长队伍建设进一步加强，校长公开选拔竞争上岗制度和校长聘任制全面推行，校长培训和持证上岗制度得到巩固和完善；人事制度改革在更大的广度和深度上进行，全面推行教师聘任制，依法理顺教师和校长管理体制，努力形成适应课程改革和发展要求的师资和人事管理新模式。

（一）加强领导，提高认识

各级教育行政要充分认识，教师是教育事业的第一资源和核心要素，是建设人力资源强国的核心战略，教师队伍建设在教育改革发展总体格局中处于最为优先的战略地位，是国家发展的战略需要，也是教育规律所决定的。在一定意义上讲，全面实施素质教育关键在教师的作用；全面提高教育质量，核心是教师的素质。师资水平决定教育水平，教育的差距说到底是教师的差距。教师队伍的整体素质是国家综合实力之所系，全民族素质之所系。

我国上千万中小学教师属于国家公务人员，履行着神圣的公务职责，教师资格、任用、培训和师资配置无不体现国家意志。在市场经济条件下，政府对教师队伍建设的责任非但不能减弱，更要加以强化。特别是在当前教师职业还缺乏足够吸引力的情况下，更需要政府和公共财政的支持。

（二）拓宽师资来源，扩充高中教师队伍

在我国普通高中教育发展战略中，教师队伍建设是重点和关键。目前普通高中教育资源固然短缺，但更短缺的是优质教育资源。优质教育资源往往是长期形成的，并且是多种因素促成的，如丰富的办学经验、专业的领导班子、优越的办学条件、优良的教学设备等，但最关键的是要有一支搭配合理、素质良好的教师队伍。

1. 将高中教育发展纳入地区教育事业发展规划，增加教师编制

各级政府应坚持以改革促发展，加快教育体制、机制改革创新。促进教育与经济的紧密结合，确保教育的优先发展，坚持社会主义现代化建设必须依靠教育，发展经济从教育抓起，提高教育为经济服务的能力。发展高中教育应按照谁受益谁投入的基本原则，完善政府对高中教育的投入机制，包括与人事部门、编制办等单位的协调，合理规划当地高中教育的发展之路，为高中教育的发展提供师资和经费保障。制订高中教师引进和培养提高计划，拓宽师资的来源渠道，认真抓好落实。

2. 引进优秀人才到高中学校任教

一是把高中教师需求量纳入高等教育培养计划，以师范院校为主，鼓励

综合性大学和其他非师范类高校举办教育院系或开设获得教师资格所需课程，培养高中教师。二是根据教师资格条例，鼓励和引导综合性大学毕业生，经过一定培训取得教师资格后到高中应聘任教，确保高中合格新师资及时得到补充；吸收其他行业的合格人才到高中任教，改善高中教师队伍的结构，为高中教育均衡发展提供师资保障。

3. 政府建立普通高中特岗教师制度

对于高中教育，特别是农村地区的高中教育的发展，应借鉴国家对义务教育发展实施的特岗教师计划的经验，在普通高中教育发展同样试行此项制度暨对发展农村高中教育的特殊政策。通过公开招聘高校毕业生到农村高中学校任教，引导和鼓励高校毕业生从事农村高中教育工作，创新农村高中学校教师的补充机制，逐步解决农村高中学校师资总量不足和结构不合理等问题，提高农村高中教师队伍的整体素质，促进城乡教育均衡发展。

4. 在农村和贫困地区采取特殊优惠政策鼓励优秀大学生从事高中教育

要采取特殊政策，扩大为贫困地区和民族地区定向培养本科及以上层次师资的计划，建立鼓励毕业生到贫困和民族地区高中任教的激励机制，对到贫困和民族高中任教的毕业生减免助学贷款或给予学费补偿。

许多农村地区出现了"招不来、留不住"大学毕业生当教师的局面，对此可以将农村教师培养定向化，就是各地每年委托培养一定数量的自愿当农村教师的大学生，建立为贫困地区和民族地区普通高中培养合格教师的机制。

（三）提高师范院校的师资培养水平

基础教育改革和发展的核心问题和关键环节之一是实行基础教育课程改革，课程改革被鲜明地提到促进素质教育取得突破性进展的关键位置上。师范院校应针对基础教育课程改革的需要，制订适应新课程实施的新型教师的培养规格，以全新的教育理念来为新师资的培养目标定位。

要调整现有的师资培养课程结构和内容：一是加强基础课程，打破旧的学科界限，开设综合课程，对师范生加强科技教育和人文教育，拓宽师范生的知识面，提高师范生的科学素养、人文素养和综合素养，同时加强外语教学和信息课程教学，从各方面夯实师范生的知识基础，使其"厚基础、宽口径"；二是精选学科专业课程，使师范生在学科专业素质上不低于类似专业非师范专业学生；三是强化教育类课程，突出师范生的教育专业优势。

现有的师范院校教育类课程与发达国家相比差距很大，如课时数太少、课程门类单一、理论性太强，等等。因此，应该对照素质教育对新型教师的要求，增加课时比例；增加课程门类，不仅有教育理论课，还需设置教育方法与技能课，增强实践性；加强教育类课程与教育改革和发展实际的联系，特别是强化适应 21 世纪基础教育改革和发展的教育理念。

（四）逐步提高教师待遇

稳定师资队伍的基础和关键是提高教师待遇，较高的待遇才能有较强的吸引力，才可提出与之相适应的要求。特别是对于解决优秀人才到农村任教"下不来、留不住"的问题，提高教师待遇显得更加迫切。

提高教师待遇应表现在提高教师的社会地位、政治待遇、收入水平等方面。可以参照公务员制度切实提高教师待遇，从根本上解决教师收入分配、医疗保险、子女入学等方面的问题，让教师没有后顾之忧，全力投入到教育教学工作当中。

（五）建立激励机制，树立典型，培养教育专家式教师

在新一轮基础教育课程改革的背景下，教师的竞争意识不断加强，自我发展、终身学习的需求明显提高，为此应从教师的需求、特点出发，制订新的、合理的、有效的激励方案——物质激励与精神激励相结合的激励机制，使教师充分发挥积极性、主动性、创造性。

在完善激励机制的同时，学校要通过组织教师学习、进行教研活动、开展讲课或教学基本功比赛等方式，加强骨干教师的培养，让优秀的教师脱颖而出，尽快成为骨干教师，并起到带头作用。特别出色的骨干教师，学校要鼓励其发展成为专家型的教师，引领本地区学校教育教学的又好又快发展。

要改革现行的教师任用制度，在保持教师队伍基本稳定的基础上加强教师交流，强化教师合理流动的激励和约束机制，促进地区区域内教师的均衡分布。逐步建立经济发达地区高中教师到贫困地区学校、城镇高中教师到农村学校、示范高中教师到薄弱学校定期支教的制度，通过教师的示范和合理流动，不断提高高中教师的整体素质。

（六）加强新课程研修，提高有效实施新课程的能力

新一轮基础教育改革冲击着传统的课程观、教学观、学生观和评价观，教师专业化和教师专业发展问题被提上改革日程。教师只会传授知识和技能是不够的，要不断提高实施素质教育的水平和能力。作为学校就应把校本研

修的重点放在如何促进教师的专业发展上，积极工作，主动服务，努力促使教师专业发展走上健康、快速发展的道路，适应课程改革对教师提出的新要求。学校应积极选派教师尤其是农村教师到高校或较好的学校进修，从工作、经费上予以支持。选派教师到高校学习教育教学理论，到较好的高中学校学习教育教学方法，可以使教师开阔眼界，更新观念，增加知识，提高教育教学水平。同时，学校要发挥校本教研的功能，针对学校和教师实际，由学校自主确定研修目标、研修内容、研修方式，解决教育教学实际问题，全面提升教师整体素质。

积极开展教育教学的科研工作，加强教育研究。每学期应多组织教师听课、评课，引导教师总结教育教学经验，不定期举行教育教学研讨会，同时还可以积极为教师创造条件，参加各种学术会议和教育教学会议，加强沟通和交流，促进学习，提高竞争力。学校还应积极申报课题，要求每位教师根据自身的特长和优势承担教改实验，进行课题研究，促进教师教育研究能力的提高，从而提高教师的教育教学能力。

结　语

普通高中发展战略选择的必由之路是坚持特色办学

回顾我国高中百年历史名校的兴衰发展道路，比较国际普通高中学校的历史变迁，我国普通高中战略选择的必由之路应当是坚持特色办学。只有特色办学，才能获得无法替代的核心竞争力。普通高中学校只有拥有核心竞争力，才能在日益强调生态多样性、价值多元化和实践多样性的国际国内环境中，健康稳定持续和谐地发展，立于不败之地。而要做到这一点，无论是哪一所普通高中学校，应当秉持一些万变不离其宗的稳定的思想方法和实践智慧。我们以为，至少包括以下一些基本方面。

1. 高中名校需要想什么

高中名校应当准确把握后普及时代人民群众日益变化和增长着的教育需求，理清基础教育发展的宏观思路，分析教育发展赋予高中名校的新的历史使命，思考新的历史条件下高中名校的价值定位、发展目标、内涵与特征，对高中名校发展战略在理论与实践策略上进行系统的理性思考，明确深化改革的实践着力点。

2. 高中名校需要比什么

高中名校发展战略的核心是学校效能的提高。香港学者郑燕祥认为：学校效能的第一个层面是内部效能，完成预定目标；第二个层面是外部效能，社会各方面人士对教育服务感到满意，教育对公众负责；第三个层面是面向未来的效能，满足个人、社区、社会的适用于未来的需要。我们认为，这些因素都是衡量学校效能的重要指标。但在目前情况下，特别要强调的是，高中名校在促进学生学业水平提高的同时，理应更加重视学生情感、态度、价值观、实践能力和创新精神的进步，并在以上方面起到导向示范作用，而不要过分强调与一般学校或同类学校在应试成绩上比争高下。

3. 高中名校需要做什么

我们必须认识到，高中名校发展战略构想实现的主要途径是学校组织的变革。学校组织的变革是一种整体式的改革，它是沟通宏观教育体制变革和微观教学改革的桥梁。为此，一是高中名校要从各自的实际出发，形成与时俱进、注重可持续发展的战略规划，特别要处理好学校传统与文化创新的关系，促进学校的文化转型，发挥在素质教育改革和新课程实施中的示范作用；二是高中名校要强化主动、自觉发展意识，形成内生的动力机制，在校本发展模式中实现教育质量和办学效益的提高；三是高中名校要创新制度设计，使教育行政制度和专业发展制度两轮并驱，并逐步强化后者的主导作用，形成良好的教育发展生态环境。

4. 高中名校需要丢掉什么

从国外适度办学规模的研究和国内普通高中办学规模的现实情况出发，

研讨分析高中名校办学的适度规模，这对正处于建设和发展关键时期的我国高中教育尤其重要，这也应当是普通高中教育发展的题中之义。特别要处理好示范高中办学规模扩张与非示范高中发展的关系。高中名校在已经占有投入经费和优质生源等方面的明显政策倾斜的情况下，更要注意不能以牺牲非重点高中的发展为代价，高中名校建设应充分体现其注重教育管理改革与教育研究的宗旨，而不是以无度占有高中的优质资源为手段和目的去获得所谓唯我独尊的失去生态制衡的疯长式"发展"。普通高中发展必须以均衡化发展为其根本价值取向。

综上所述，我国普通高中学校发展的方向和思路越来越清晰，发展的时空越来越广阔，发展的机遇越来越众多，发展的资源越来越雄厚，发展的道路越来越通畅。但是，我国普通高中学校要想脱离目前相互攀比、相互壁垒、相互挤压的发展怪圈，就必须树立大格局意识，养成大战略眼光，提升大竞争（合作竞争）气概，形成大发展的环境氛围。针对发展现状，我国普通高中学校至少应当着重实现三大超越。

第一，应当超越战术界面，上升到战略发展层面。调查结果显示，我国有些地方的一些省级示范高中或重点高中，甚至都没有能够很好地贯彻党和国家的教育方针，过多地强调升学率，忽视了对受教育者的思想道德和创新能力的培养，影响了学生的健康全面发展。在这样的战术界面内，升学率越高，离开党和国家的教育方针就越远，距离人民群众的需求和满意度就越大。需要看到，现代社会生活的节奏明显加快，学校兴衰变化的周期短，如果没有战略发展的眼光和战略紧迫感，就会出现左顾右盼，就会错失发展良机，而发展机遇往往稍纵即逝，一去不回。"凡事预则立，不预则废。"当学校发展受到内外部环境制约时，不能望洋兴叹，怨天尤人，更不能心血来潮，盲目决策；要积极创造条件，科学谋划，发挥全校教职工的积极性，群策群力，化危为机。因此，像这样的普通高中学校，其未来发展的重点就应当是超越战术界面，上升到战略发展层面，形成战略思维，培养战略敏锐性。

在这里，最重要的战略发展思维是：要全面贯彻党和国家的教育方针，全面落实科学发展观，全面推进素质教育，研究充分享受改革开放成果的广大人民群众的时代性新需求、新期待，以人为本，立德树人，培养德、智、体、美等方面健康全面和谐发展的社会主义建设者和合格公民，真正办让人民满意的高中教育。

第二，应当超越技术线路，将发展思路上升到思想智慧层面。有些省级示范高中或重点高中，它们注重规范办学行为，带动薄弱学校进步，推进基础教育改革，端正办学方向，提高办学水平。但是，这些学校将较多的精力放在了具体事务方面，他们更多地体现为教师群落的"加班加点"、学生群落的"题海战术"，师生和校长缺少独立的长远办学思路，更多地沉沦于疲于奔命的生存状态，"当一天和尚撞一天钟"，背离了普通高中教育的办学宗旨。大量经验证明，思路决定出路。因此，类似这一类普通高中学校未来的发展重点，就应当是超越技术线路，上升到思想智慧层面，即基于自己的校本真问题，重视和加强教育科研活动，校长教师要自觉地开放自己，通过走出去请进来等方式，不断地吸收借鉴国际国内普通高中名校的发展经验，开阔办学眼界，扩大办学胸怀，丰富教育教学方法，使学校的发展少一些单纯的肉身生命投入，更多一些思想智慧含量。

第三，应当超越外延发展水平，将发展思路上升到内涵发展境界。有些省级示范高中或重点高中，它们有着深厚的文化底蕴，先进的办学理念，但它们的发展受到外界诸多社会浮动因素的制约，也受到经验办学"定势"的影响，盲目上规模、争夺生源、走媒体路线，放松了办学品质，限制了学校的发展层次。经验告诉我们，即使今天拥有优质教育资源，如果故步自封，坐享其成，就只能原地踏步；如果放任自流，信马由缰，发展会陷于盲目；如果陶醉于已有的辉煌业绩，不思进取，危机就在眼前。另一方面，在如此激烈的教育竞争大背景下，普通高中学校如果只想发展，忽视怎样发展，缺乏科学的发展观，美好的动机就很难实现，甚至会误入歧途，事与愿违。也应当清醒地看到，当今的时代，社会各个方面都呈现出发展速度快、质量要求高、竞争激烈的基本特点，于是这些高中学校的发展也面临着严峻的形势。

像这一类普通高中学校未来的发展重点，就应当是超越外延发展水平，将发展思路上升到内涵发展境界。这类普通高中学校的内涵发展，应注重发展规划和实施落实，而且学校的发展规划及其实施落实应在充分调查研究的基础之上才能更好地奏效。毛泽东指出："没有调查研究，就没有发言权。"调查研究要深入学校的基层，深入师生群众之中，通过深入的交流、座谈，了解学校的质量目标、办学特色、管理策略及其落实效果。要认真研究学校的历史和传统，研究本校的发展规律，研究普通高中学校的兴衰变化；要集思广益，取得上级的支持和指导，得到群众的广泛参与，获得社会积极支持。这也就是说，普通高中学校要科学谋发展，就要以科学发展观为指导，以促进发展为目标，以人事改革为契机，以学科建设为龙头，以队伍建设为根本，以制度建设为保障，以提高质量为核心，以学校文化和学校精神创新为灵魂。特别需要注意的是，普通高中学校的管理创新要在实际工作中出新招儿、出实招儿。在学校管理中，对不切实际的观念、机制、体制要大胆进行改革，使育人、教学工作更加符合学校的实际，符合育人规律，符合全校师生的利益。工作创新要以科学、理智和务实的态度推进。创新不是标新立异玩花架子，绝不是形式主义的乱贴标签，更不是别出心裁的哗众取宠、折腾师生的各种运动。

换言之，达到内涵发展境界的普通高中学校，应当是充分尊重学校的历史文化传统，自觉加强学校的班子和队伍建设，在以现代学校制度建设为底线保障的基础上高度重视师生的思想道德素质、科学文化素质和身心健康素质建设。在此境界之上，进一步加速校内外思想文化的交融，重特色，创品牌，科学规划，整体协调发展，形成全新的国际国内文化联动机制，不断地吸收借鉴国际国内优质高中的办学经验，大胆进行制度创新，着力培养创新人才，为全面建设小康社会和中华民族的伟大复兴作出应有的贡献。

参 考 文 献

中文部分

[1] 埃德加·莫兰. 2004. 复杂性理论与教育问题［M］. 陈一壮, 译. 北京, 北京大学出版社：26.

[2] 波·达林. 2002. 理论与战略：国际视野中的学校发展［M］. 范国睿, 等, 译. 北京：教育科学出版社.

[3] 曹如军. 2006. 基础教育考试改革的五大取向［J］. 现代中小学教育 (10).

[4] 丁洪亮. 1999. 小小留学生带走大市场［N］. 人民日报, 1999 – 08 – 14 (7).

[5] 丁文江, 赵丰田. 梁启超年谱长编［M］. 上海：上海人民出版社, 1983：26.

[6] 杜威. 1981. 杜威教育论著选［M］. 赵祥麟, 王承绪, 等, 编译. 上海：华东师范大学出版社：1.

[7] 费正清. 剑桥中国晚清史 (下卷)［M］. 北京：中国社会科学出版社, 1985：390.

[8] 改革开放 30 年中国教育改革与发展课题组. 2009. 教育大国的崛起［M］. 北京：教育科学出版社.

[9] 过基, 钟河. 2003. 日本中小学生学业成绩下降［J］. 课程·教材·教法 (4).

[10] 贺斌. 2004. 关于高中招生制度改革的思考与构想 (上)［J］. 教育理论与实践 (9).

[11] 贺斌. 2004. 关于高中招生制度改革的思考与构想 (下)［J］. 教育理论与实践 (11).

[12] 何学林. 2005. 战略决定成败 细节主义缓期执行［M］. 北京：企业管理出版社.

[13] 胡锦涛. 2007. 高举中国特色社会主义伟大旗帜 为夺取全面建设小康社会新胜利而奋斗——在中国共产党第十七次全国代表大会上的报告［M］. 北京：人民出版社. 胡锦涛. 2006. 坚持把教育摆在优先发展战略地位 努力办好让人民群众满意的教育［EB/OL］. (2006 – 8 – 30)［2010 – 9 – 6］. http：//www. gov. cn/ztzl/ywjy/content_ 470102. htm.

[14] 胡庆芳. 2006. 美国高中教育普及的历程与现行改革［J］. 全球教育展望 (2).

[15] 胡瑞文. 2009. 2020 年我国基本实现教育现代化的展望［J］. 教育发展研究 (3).

[16] 黄光扬. 2004. 关于基础教育考试评价改革若干问题的探讨［J］. 课程·教材·教

法（5）．

［17］江泽民．2002. 全面建设小康社会，开创中国特色社会主义事业新局面——在中国共产党第十六次全国代表大会上的报告［M］．北京：人民出版社．

［18］克劳塞维茨．1978. 战争论（第一卷）［M］．中国人民解放军军事科学院，译．北京：商务印书馆．

［19］李爱萍，肖玉敏．2005. 20 世纪美国基础教育改革的演进与启示［J］．外国教育研究（4）．

［20］李博．2000. 生态学［M］．北京：高等教育出版社．

［21］李桂林，戚名琇，钱曼倩．1995. 中国近代教育史资料汇编·普通教育［M］．上海：上海教育出版社：815.

［22］李其龙．2006a. 德国高中规模发展的理论与实践［J］．全球教育展望（2）．

［23］李其龙，徐斌艳．2001b. 德国中小学课程改革动向与启示［J］．全球教育展望（4）．

［24］李水山．韩国新总统李明博德中大教育改革路线和社会反映．未发表．

［25］李水山．日本与韩国高中教育发展趋势．未发表．

［26］李维，韦立君．2006. 美国高中改革的"三 A 计划"［J］．全球教育展望（2）．

［27］联合国教科文组织．2002. 为了 21 世纪的教育——问题与展望［M］．王晓辉，赵中建，等，译．北京：教育科学出版社：292 – 293.

［28］刘晓晨．2007. 对加快高中教育发展的思考［N］．教育导报，2007 – 9 – 20.

［29］刘学．2009. 战略：从思维到行动［M］．北京：北京大学出版社．

［30］娄立志，孙亚军．2007. 当代美国高中［J］．教学与管理（5）．

［31］卢立涛．2007. 全球视野下高中教育的性质、定位和功能［J］．外国教育研究（4）．

［32］吕达．1989. 英国第六学级与我国普通高中改革［J］．当代教育科学（03）．

［33］马克思，恩格斯．2002. 马克思恩格斯全集（第 3 卷）［M］．北京：人民出版社：324.

［34］毛泽东．1981. 中国革命战争的战略问题［M］．北京：人民出版社．

［35］欧阳桃花．2004. 试论工商管理学科的案例研究方法［J］．天津：南开管理评论（2）．

［36］钱源伟．2003. 基础教育改革研究［M］．上海：上海科技教育出版社．

［37］璩鑫生，唐良炎．1991. 中国近代教育史资料汇编·学制演变［M］．上海：上海教育出版社：317.

［38］孙海法，刘运国，方琳．2004. 案例研究的方法论［J］．科研管理 25（2）．

［39］孙孔懿．2007. 学校特色论［M］．北京：人民教育出版社．

［40］石伟平．1999. 战后英国课程发展的基本走向与变革趋势［J］．外国教育资料（6）．

［41］王凯．2006．英国高中教育的历史嬗变及其价值核心［J］．全球教育展望（2）．

［42］王伦信．2002．清末民国时期中学教育研究［M］．上海：华东师范大学出版社．

［43］温家宝．2009．教育不适应社会发展［N］．新京报，2009－10－12（A04）．

［44］温家宝．2005．中国的教育当前面临三大任务［EB/OL］．（2005－9－9）［2010－9－6］．http：//www. china. com. cn/chinese/sy/966411. htm.

［45］温家宝．2006．把教育摆在优先发展的战略地位．［EB/OL］．（2006－11－21）［2010－9－6］．http：//news3. xinhuanet. com/edu/2006－11/21/content_ 5359342. htm.

［46］雾满拦江．2006．蓝海中国战略——从决策到执行［M］．北京：中国民航出版社．

［47］雅斯贝斯．1989．雅斯贝斯哲学自传［M］．上海：上海译文出版社：19．

［48］叶甲友．2005．论普通高中如何加快建设与发展［J］．黄石教育学院学报（1）．

［49］余慧娟．2008．让中考改革走上制度化、科学化道路——访教育部基础教育司巡视员朱慕菊［J］．北京：人民教育（Z2）．

［50］余来文．2005．战略决定成败［M］．北京：蓝天出版社．

［51］郑金洲．2002．教育研究专题·案例研究［M］．上海：华东师范大学出版社．

［52］朱小蔓，等．2007．破解"上学难、上学贵"问题，促进教育公平发展［M］//朱小蔓．对策与建议（2006—2007年度教育热点、难点问题分析）．北京：教育科学出版社．

［53］张德伟．2006a．日本高中教育普及化的发展进程［J］．全球教育展望（2）．

［54］张德伟．2006b．略论日本高中教育普及化的基本特征［J］．比较教育研究（11）．

［55］张德伟．2006c．日本高中教育普及化的影响因素分析［J］．外国教育研究（8）．

［56］张梦中，马克·霍哲．案例研究方法论［J］．中国行政管理．2002（1）．

［57］周国平．1999．发现的时代［M］//季羡林．我的中学时代．福建：福建教育出版社：199．

［58］曾业英．1984．蔡松坡集［M］．上海：上海人民出版社：36．

［59］翟海魂．2004．关键在于启动需求和改善供给——英国高中阶段教育的教训、经验与启示［J］．红旗文稿（19）．

［60］钟启泉．2000．美国高中课程目标的界定——美国高中基础学科解析（一）［J］．外国教育资料（1）．

［61］赵鑫．2006．日本普及高中教育的政策与措施［J］．世界教育信息（3）．

［62］郑作广．2001．加快广西普通高中教育发展的基本思路与改革措施［J］．基础教育研究（1）．

［63］张华，石伟平，马庆发．2000．课程流派研究［M］．济南：山东教育出版社．

［64］张华．2003．普通高中课程改革的问题、理念与目标［J］．全球教育展望（8）．

［65］钟启泉，崔允漷，吴刚平．2003．普通高中新课程方案导读［M］．上海：华东师范大学出版社．

英文部分

[1] KORMONDY E J. 1996. Concept of Ecology [M]. Prentice Hall, Inc.

[2] ADELMAN C, JENKINS D, KEMMIS S. 1977. Rethinking case study: notes from the second cambridge conference [J]. Cambridge Journal of Education 6: 139 – 150.

[3] YIN R K. 1994. Case study research: design and method [M]. Sage Pulications.

[4] GEE WILSON. 1950. Social science research methods [M]. New York: Appleton-century-Crofts, Inc.

[5] NISBET JOHN, WATT JOYCE. 1978. Case study [M]. University of Aberdeen: 5.

[6] DALE E. 1960. The great organizers [M]. New York: McGraw-Hill Book Co.

[7] KOONTZ H. 1961. The management theory jungle [J]. Journal of the Academy of Management4 (3): 174 – 188.

[8] KOONTZ H. 1980. The management theory jungle revisited [J]. Academy of Management Review5 (2): 175 – 187.

[9] EISENHARDT K M. 1989. Building theories from case study research [J]. Academy of Management Review14 (4): 532 – 550.

[10] CHANDLER A D. 1962. Strategy and structure: Chapters in the history of the American industrial enterprise [M]. Massachusetts: MIT Press.

[11] OUCHI W. 1981. Theory Z: How American business can meet the Japanese challenge [M]. MA: Addison-Wesley.

[12] PETERS T J, Waterman R H. 1982. In search of excellence: Lessons from America´s best-run companies [M]. New York: Harper Collins Publishers, Inc.

[13] SCHEIN E H. 2004. Organizational culture and leadership [M]. CA: Jossey-Bass.

[14] Schein E H. 1999. The corporate culture survival guide [M]. CA: Jossey-Bass.

[15] KOTTER J P, Heskitt J. 1992. Corporate culture and performance [M]. New York: Free Press.

[16] KOTTER J P. 1995. Leading change: Why transformation efforts fail [J]. Harvard Business Review73 (2): 59 – 67.

[17] KOTTER J P, Cohen D S. 2002. The heart of change: Real-life stories of how people change their organizadons [M]. Boston: Harvard Business School Press.

[18] PRAHALAD C K, Hamel G. 1990. Core competence of the corporation [J]. Harvard Business Review68 (3): 79 – 91.

[19] HAMMER M, CHAMPY J. 1993. Reengineering the corporation: A manifesto for business revolution [M]. New York: Harper Business.

[20] KAPLAN R S, NORTON D P. 1995. The balanced scorecard: Measures that drive performance [J]. Harvard Business Review70 (1): 71 – 79.

责任编辑　石雷先
版式设计　沈晓萌
责任校对　曲凤玲
责任印制　曲凤玲

图书在版编目（CIP）数据

中国普通高中教育发展战略研究／"中国普通高中
教育发展战略研究"课题组著 . —北京：教育科学出版
社，2011.5
（中央教育科学研究所 2008 年度科研业务费专项资金
项目成果丛书／袁振国主编）
ISBN 978 - 7 - 5041 - 5420 - 0

Ⅰ.①中…　Ⅱ.①中…　Ⅲ.①高中—学校教育—发展
战略—研究—中国　Ⅳ.①G63

中国版本图书馆 CIP 数据核字（2010）第 237853 号

出版发行	**教育科学出版社**			
社　　址	北京·朝阳区安慧北里安园甲 9 号	市场部电话	010 - 64989009	
邮　　编	100101	编辑部电话	010 - 64981258	
传　　真	010 - 64891796	网　　址	http://www.esph.com.cn	
经　　销	各地新华书店			
制　　作	北京金奥都图文制作中心			
印　　刷	北京人卫印刷厂	版　　次	2011 年 5 月第 1 版	
开　　本	169 毫米×239 毫米　16 开	印　　次	2011 年 5 月第 1 次印刷	
印　　张	20	印　　数	1 - 3 000 册	
字　　数	336 千	定　　价	40.00 元	